PADRE PIO
SOB INVESTIGAÇÃO

Francesco Castelli

PADRE PIO SOB INVESTIGAÇÃO

A "AUTOBIOGRAFIA" SECRETA

Paulinas

Dados Internacionais de Catalogação na Publicação (CIP)
(Câmara Brasileira do Livro, SP, Brasil)

> Castelli, Francesco
> Padre Pio sob investigação : a "autobiografia" secreta/ Francesco Castelli ; tradução Paulinas-Lisboa. – 3. ed. – São Paulo: Paulinas, 2012. – (Coleção investigando a história)
>
> Título original: Padre Pio sotto inchiesta : l' "autobiografia" segreta.
> Bibliografia.
> ISBN 978-88-8155-438-6 (Ed. original)
> ISBN 978-85-356-3025-1
>
> 1. Pio, de Pietrelcina, padre, 1887-1968 I. Título. II. Série
>
> 12-00072   CDD-922.2

Índice para catálogo sistemático:
1. Padres católicos : Biografia   922.2

Título original da obra: *Padre Pio sotto inchiesta
L' "autobiografia" segreta.*
© 2008 Edizioni Ares, Milano

Direção-geral: *Flávia Reginatto*
Editora responsável: *Luzia M. de Oliveira Sena*
Assistente de edição: *Andréia Schweitzer*
Tradução: *Paulinas – Lisboa*
Copidesque: *Ana Cecilia Mari*
Coordenação de revisão: *Marina Mendonça*
Revisão: *Ruth Mitzuie Kluska*
Direção de arte: *Irma Cipriani*
Gerente de produção: *Felício Calegaro Neto*
Capa: *Manuel Rebelato Miramontes*
Editoração: *Sandra Regina Santana*

3ª edição – 2012
8ª reimpressão – 2024

Nenhuma parte desta obra pode ser reproduzida ou transmitida por qualquer forma e/ou quaisquer meios (eletrônico ou mecânico, incluindo fotocópia e gravação) ou arquivada em qualquer sistema ou banco de dados sem permissão escrita da Editora. Direitos reservados.

Cadastre-se e receba nossas informações
www.paulinas.com.br
Telemarketing e SAC: 0800-7010081

Paulinas
Rua Dona Inácia Uchoa, 62
04110-020 – São Paulo – SP (Brasil)
📞 (11) 2125-3500
✉ editora@paulinas.com.br
© Pia Sociedade Filhas de São Paulo – São Paulo, 2009

AGRADECIMENTOS

Devo a muitas pessoas a publicação desta obra. Em primeiro lugar, ao arcebispo de Taranto, Dom Benigno Papa, pela sensibilidade cultural que o caracteriza e pela paterna atenção demonstrada para comigo desde o nosso primeiro encontro. Durante longos anos, demonstrou ser um verdadeiro pai para mim e um pastor iluminado. Por ele e pelo seu encorajamento, sempre aberto e inteligente, alimento um reconhecimento filial.

Estou muito grato a Dom Pierino Galeone, fundador do Instituto Secular dos Servos do Sofrimento, que me acolheu como filho e discípulo e me ajudou no meu caminho, interior e intelectual. Com relação a este livro, ofereceu-me preciosas indicações e significativos aprofundamentos sobre a espiritualidade e a personalidade do capuchinho que, durante longos anos, conheceu de perto, assimilando profundamente o seu estilo de vida e os seus ensinamentos. Também a ele exprimo, de modo singular, profunda gratidão e afeto filial.

Da mesma forma, desejo expressar ao doutor Vittorio Messori uma especial gratidão e estima: o seu amplo prefácio oferece a possibilidade de ler, no turbilhão de tantas vozes e opiniões discutíveis, o juízo penetrante de um mestre a quem muito devo, mesmo para o meu caminho pessoal, espiritual e intelectual.

Dom Emanuele Tagliente, vigário do Instituto Secular dos Servos do Sofrimento e professor de Direito Canônico no ISSR (Instituto Superior de Ciência Religiosa) Romano Guardini, e o professor Dom Carmelo Pellegrino, oficial da Sagrada Congregação para as Causas dos Santos e docente da Pontifícia Universidade Gregoriana, foram os inspiradores deste livro e quiseram-no tenazmente. Também lhes agradeço sinceramente, com afeto fraterno e estima profunda.

Por sua disponibilidade e pela sua culta competência, merece o meu sincero agradecimento Dom Alejandro Cifres, diretor do Arquivo da Sagrada Congregação para a Doutrina da Fé. Ao doutor Daniels Ponziani, oficial do supramencionado arquivo, devo preciosas indicações bibliográficas e a constante atenção ao sugerir-me esclarecimentos e pistas de investigação arquivística. A ambos agradeço de coração pelo seu contributo.

Devo formular um caloroso agradecimento às Edizioni Ares e, de modo particular, ao doutor Riccardo Caniato. Desde o nosso primeiro contato, demonstrou viva sensibilidade intelectual pela minha proposta editorial, acolhendo o convite para uma publicação, sugerindo integrações e esclarecimentos úteis. Estou sinceramente agradecido por sua constante disponibilidade, sempre atempada, e por seu grande empenho profissional em favor do êxito desta obra.

Também sou grato ao Padre Francesco Colacelli, diretor de *Voce di Padre Pio*, por ter-me concedido amavelmente a publicação das fotos do arquivo da revista, mostrando-se disponível e atento aos meus pedidos.

Devo um sincero agradecimento ao Padre Ildefonso Moriones, postulador-geral dos Carmelitas Descalços, por sua completa disposição em conceder-me a bibliografia necessária para o estudo do Cardeal Rossi e pela concessão do *copyright* de algumas fotos do servo de Deus, cujo processo de beatificação está atualmente em curso.

Quanto ao perfil histórico, o rascunho deste livro foi revisto e criticamente meditado pelo meu irmão, o professor Emanuele Castelli, doutor de investigação em Ciências Históricas e docente da Pontifícia Universidade Gregoriana. A nossa ligação fraterna é para ele o meu agradecimento concreto.

No perfil estilístico, o esboço desta publicação foi pacientemente relido e iluminado pelas indicações e sugestões do doutor Alberto Fornaro, médico-chefe radiologista e escritor. Estou profundamente ligado a ele por vínculos afetivos e, agora, por dívidas intelectuais.

Além disso, estou grato ao amigo professor Padre Luciano Lotti, diretor da revista *Studi su Padre Pio*, a quem frequentemente me refiro por sua vasta erudição sobre o Padre Pio e pelo valor das suas indicações sobre problemas e questões particulares.

Agradeço ao ISSR Romano Guardini de Taranto, por ter apoiado a publicação.

Por vários motivos e com profunda gratidão, reconheço e muito devo a alguns dos meus caríssimos amigos: a doutora Gabriella De Donato, Giovanna D'Oronzo, a doutora Irene Errico, Giuseppe Gaeta, Sara Iaculli, Antonella Introcaso, Luciana Introcaso, Daniele Pulpito, Annunziato Russo, Luca Tenneriello. Pela ajuda e constante apoio, a todos agradeço com afeto profundo e forte amizade.

Devo especialmente exprimir o meu afeto e a minha gratidão a minha mãe, que, durante longos meses, teve a paciência de ver-me mergulhado no trabalho, aceitando a minha dedicação radical à publicação e acompanhando-me com a sua operosidade eficaz e o seu amor materno.

Por fim, quero expressar o meu "Obrigado!" a quem do céu olha para mim com amor imerecido e me acompanha em todos os passos da minha vida sacerdotal.

Francesco Castelli

PREFÁCIO
"SOU UM MISTÉRIO PARA MIM MESMO"

Um documento excepcional

"O futuro dirá o que hoje não se pode ler na vida de Padre Pio de Pietrelcina." Estas palavras, escritas em janeiro de 1922 por Dom Raffaello Carlo Rossi, bispo de Volterra* – o inquisidor enviado pelo Santo Ofício a San Giovanni Rotondo, em junho de 1921, quando Padre Pio tinha somente 34 anos –, eram, então, certamente um modo de protegê-lo. Sua intenção era evitar que o frade fosse encerrado numa prisão apertada, pois todos aqueles acontecimentos, como veremos a seguir, pareceram ao Prelado, incumbido de fazer uma investigação sobre o frade estigmatizado e o ambiente em que vivia, algo certamente fora do comum, mas também substancialmente honesto e sincero. Contudo, ao mesmo tempo, isso se revelou uma profecia até muito simples.

Ao lermos essas palavras, agora que Padre Pio, finalmente e depois de muitas oposições e peripécias, foi proclamado santo em 2002, não podemos deixar de sorrir. De fato, hoje sabemos muito

---
* Diocese do extremo sul da Itália. (N.T.)

bem o que o futuro disse sobre aquele frade, desde menino, rico de carismas extraordinários, e que foi – diria necessariamente – atentamente observado pela Igreja e submetido a uma severidade que, por vezes, pareceu excessiva.

Temos conhecimento disso porque, não obstante a sua humildade e reserva, a missão a que tinha sido chamado teve um eco extraordinário, ultrapassando rapidamente todos os confins e encaminhando milhões de peregrinos a San Giovanni Rotondo. Um evento que, independentemente de qual fosse o julgamento que se pudesse fazer a seu respeito, atraiu a atenção de todos, crentes e não crentes, contribuindo notavelmente para corroborar a fé de muitos.

Por isso, em razão de já se ter escrito muitíssimo sobre ele, tanto com base na visão de especialistas como também para fazer divulgação, dever-se-ia saber praticamente tudo a seu respeito. Mas, ao contrário, não é assim. É o que demonstra esta obra do historiador Francesco Castelli, que tem por tema, inclusive com comentários, aquilo que em gíria se chama o "Voto" (isto é, como já se disse, o texto da investigação de Dom Raffaello Carlo Rossi, redigido por ordem do Santo Ofício), além de trazer alguns textos mais breves de aprofundamento, como a própria *Cronistoria di P. Pio*, feita por um dos seus diretores espirituais, o Padre Benedetto Nardella de San Marco in Lamis.

Trata-se de textos quase que completamente inéditos e de notável valor documental, pois, uma vez que foram mantidos em segredo, não se incluíram entre as fontes presentes nos arquivos de San Giovanni Rotondo, ficando, portanto, esquecidos por um longo tempo. Mas, como bem se sabe, em 2006, Bento XVI permitiu o livre acesso aos arquivos do antigo Santo Ofício até o ano de 1939, consentindo que, assim, se pudesse finalmente examinar também o que lá se guardava sobre o frade de Pietrelcina. Tudo isso teve como consequência relançar ulteriormente a investigação, que parece nunca se exaurir, sobre esse santo tão profunda e longamente amado e, ao mesmo tempo, tão discutido e olhado com tanta desconfiança. Por isso, estes últimos anos assistiram ao reacendimento das discussões – que, com a canonização, pareciam estar adormecidas – tanto a favor como contra o capuchinho com os estigmas.

Assim, precisamente ao estudar alguns documentos guardados no antigo Santo Ofício, em particular a denúncia de dois farmacêuticos anexada ao Relatório "Lemius", fez muito alarde o texto de um historiador judeu, Sergio Luzzatto, *Padre Pio. Miracoli e politica nell'Italia del Novecento*. O autor também menciona brevemente a visita de Rossi, mas sua intenção é lançar uma luz ambígua sobre a figura do frade estigmatizado, apoiando-se nos seus detratores, a começar pelo Padre Gemelli. Ato que Luzzatto realiza levantando dúvidas sobre a "verdade" dos estigmas, segundo as quais não podem ser excluídos os fatos psicossomáticos nem a utilização de produtos químicos para criá-los e mantê-los. De acordo com esse autor, grande parte do "fenômeno" Padre Pio seria, em substância, naqueles anos da história da Igreja, fruto de uma íntima ligação com a política italiana, em especial com o clericalismo-fascismo, unido ao fanatismo das massas católicas, que, subitamente, teria tornado praticamente intocável o capuchinho, que, em palavras suas, estaria, pelo menos, consciente disso.

No devido tempo, pude intervir de maneira a sublinhar que a leitura feita por Luzzatto, utilizando categorias histórico-políticas, quando não ideológicas, é completamente insuficiente para descrever e penetrar em fenômenos – como o que é objeto deste livro – que, embora façam parte da história, são ao mesmo tempo meta-históricos. Só a fé, que não é fanatismo nem sentimentalismo, como, às vezes, seria cômodo fazer crer, proporciona aquela visão de mundo e, por isso mesmo, da história, que, admitindo Deus como hipótese, aceita todas as suas consequências. Por essa razão, reconhece-se até mesmo o fato de Deus realizar eventos extraordinários numa pessoa como o Padre Pio e, através dele, agir poderosamente no mundo.

A Luzzatto responderam de modo preciso e vigoroso Saverio Gaeta e Andrea Tornielli na obra *Padre Pio. L'ultimo sospetto*, em que ressaltam não só as muitas imprecisões do historiador, mas também os seus verdadeiros erros e as diversas instrumentalizações dos textos a que recorreu para demonstrar a sua tese. O que foi feito não apenas recorrendo a inúmeras fontes, mas, sobretudo, para responder às insinuações sobre os estigmas, citando precisamente algumas passagens daquele inquérito do Santo Ofício de que iremos nos ocupar.

Mas eis que, agora, aquele documento, ao qual só pouquíssimas pessoas tiveram acesso, é divulgado integralmente também ao grande público, revelando de uma só vez as várias informações inéditas que contém, dentre as quais se destacam algumas das respostas dadas por Padre Pio ao bispo inquisidor e a análise cuidadosa que este faz sobre os estigmas do frade, oferecendo elementos novos e imprescindíveis para a investigação, uma carta de Padre Pio a uma religiosa e várias outras cartas enviadas ao frade pelo Padre Benedetto de San Marco in Lamis.

A Francesco Castelli não escapou a excepcional qualidade histórica do documento, para o qual fez uma boa introdução, realizando, por um lado, um trabalho fundamental no plano histórico e, ao mesmo tempo, oferecendo a todos a possibilidade de lê-lo e de aperceber pessoalmente não só sua peculiaridade, mas também sua beleza. Sim, porque uma característica que distingue o texto desse inquérito é a simplicidade da linguagem empregada: certamente também por mérito de Dom Rossi, o burocrata da Cúria Romana fez efetivamente um resumo, permitindo, assim, não só uma leitura fluente e, em diversos aspectos, fascinante, mas também a compreensão imediata dos textos.

"Associo-te à minha Paixão"

O quadro que emerge é realmente bastante interessante. De fato, o inquisidor procura reconstruir tudo o que se refere ao Padre Pio, não só interrogando e examinando diretamente o capuchinho, mas também fazendo uma profunda investigação através das testemunhas mais próximas: os sacerdotes que trabalhavam em San Giovanni Rotondo e os frades do convento.

Desse modo, quem lê fica com a impressão de estar ouvindo o próprio Padre Pio narrando tudo o que lhe aconteceu e o espírito com que viveu isso. Com brevidade humilde mas densa, ele conta como recebeu os estigmas visíveis – porque os invisíveis já os tinha havia muito tempo – naquele dia 20 de setembro de 1918, isto é, três anos antes. Foi numa manhã, no coro, enquanto fazia a ação de graças depois da Santa Missa:

De repente, apoderou-se de mim um grande tremor; depois, veio a calma, e vi nosso Senhor em atitude de quem está numa cruz – mas não me apercebi de que houvesse cruz –, lamentando-se da ingratidão das pessoas, especialmente das consagradas a ele e por ele mais favorecidas. Via-se, por isso, que ele sofria e que desejava associar almas à sua Paixão. Convidava-me [a] compenetrar-me das suas dores e a meditá-las; ao mesmo tempo, a ocupar-me da salvação dos irmãos. Então, senti-me cheio de compaixão pelas dores do Senhor e perguntei-lhe o que podia fazer. Ouvi estas palavras: "Associo-te à minha Paixão". Depois disso, a visão desapareceu, caí em mim e vi estes sinais, dos quais gotejava sangue. Antes eu não tinha nada.

O capuchinho nunca tinha contado de modo tão explícito esse acontecimento tão importante. Sobretudo, nunca havia revelado aquela frase decisiva para se compreender tudo: "Associo-te à minha Paixão", que é a chave para adentrar no mistério da vida de Padre Pio. E também esta outra: "Convidava-me... ao mesmo tempo [a] ocupar-me da salvação dos irmãos". Os "sinais" externos da Paixão, depois de longo período de preparação, durante o qual permaneceram ocultos, são-lhe dados a fim de tornar a sua missão mais evidente: conformado a Jesus, marcado com as suas feridas, intimamente unido a ele na dor e no amor, poderá ser instrumento, canal através do qual possa chegar aos irmãos a salvação abundantíssima.

Portanto, um acontecimento extraordinário e perturbador. E, no entanto, aceito e vivido pelo capuchinho na paz. Padre Pio admite sofrer muito fisicamente: "Em alguns momentos, não consigo aguentar", confessa. Também reconhece que, por vezes, fica espantado com o clamor que tudo isso provocou mesmo contra a sua vontade: a afluência cada vez mais numerosa dos fiéis, a pressão dos devotos – e, sobretudo, das devotas que, depois, tantos dissabores lhe causariam –, a correspondência que aumentava cada vez mais e quase consumia os poucos recursos existentes no Convento de San Giovanni Rotondo. Ele, porém, vive tudo isso com tranquilidade, realinhando-se serenamente à cruz que lhe foi dada, confiando no apoio de Deus e, também, dos confrades e superiores.

Assim, em meio a tantos carismas excepcionais, ele humildemente toma consciência da simplicidade da sua vida espiritual, entretecida de meditação, de jaculatórias e da reza do rosário. Interrogado sobre se faz mortificações especiais, confessa candidamente: "Não faço... Aceito as que o Senhor manda"; no entanto, sabemos que, na verdade, não eram poucas. Depois, fala das longas horas no confessionário ouvindo pecados, iluminando, aconselhando e absolvendo.

Seguidamente, com a mesma humildade e docilidade, mostra ao inquisidor todas as suas chagas para que as examine longamente e possa relatá-las, como efetivamente ocorreu. O que, agora, podemos ler numa descrição tão exata que chega a revelar até os pormenores. Esclarecendo, entre outras coisas, que, pelo menos naquele momento, a [chaga] no ombro direito, sobre a qual havia boatos, não existia. Também nunca se subtraía, de modo nenhum, às perguntas mais difíceis nem às suspeitas e às dúvidas sobre os produtos que alguns insinuavam que ele teria usado para tratar as chagas.

Contudo, os outros frades, ao contrário do que se imagina, enchem-nos de peculiaridades interessantes sobre a sua vida prática, sobre o seu caráter humilde, reservado em relação aos aspectos mais íntimos e, contudo, brincalhão: "Padre Pio era agradabilíssimo na conversa; com os confrades, sereno, jovial, brincalhão". Detalhes realmente surpreendentes, se pensarmos nas dores físicas que sempre o acompanhavam e na pressão psicológica que ele sofria. Assim, eles nos descrevem também o pouquíssimo com que o frade, já então, se alimentava: o copo de chocolate que, naquele período, constituía a sua ceia, e o copo de cerveja que, de vez em quando, bebia. Traços de uma vida marcada pelo poderoso selo de Deus, que, no entanto, se mantinha simples e transparente.

No fim da sua inspeção cuidadosa e aprofundada em todos os pormenores, o bispo inquisidor não pôde deixar de concluir, escrevendo:

> Padre Pio é um bom religioso, exemplar, empenhado na prática das virtudes, dedicado à piedade e, talvez, mais elevado nos graus de oração do que pode parecer; irradiava, de modo especial, uma profunda humildade e uma simplicidade singular que se mostravam inabaláveis, mesmo nos momentos mais difíceis em que essas virtudes foram, de forma penosa e perigosa, postas à prova por ele.

Um homem que se percebia distante de toda falsidade e cujo depoimento, portanto, "deve considerar-se sincero, porque a impostura e o perjúrio contrastariam demasiado com a vida e virtude do próprio Padre".

Mas também o ambiente que o circunda deixa uma boa impressão em Dom Rossi, que conclui: "A comunidade religiosa em que o Padre Pio vive é uma boa comunidade, capaz de dar garantias".

Padre Pio, os fiéis e a Igreja

Portanto, esse inquérito – que, pela primeira vez, é inteiramente publicado – é importante não só porque permite conhecer o Padre Pio em primeira mão – o qual se pronuncia depois de prestado juramento sobre o Evangelho e sob o vínculo da obediência plena e total à Igreja –, mas também por revelar um perfil realmente interessante sobre uma parte não certamente secundária da história da Igreja.

Sabemos que o nosso capuchinho foi desde logo muitíssimo amado pelos fiéis e também por muitos não crentes, que se converteram em grande número. Sabemos igualmente que foi obstaculizado, limitado, humilhado ao longo da sua vida. E isso até poucos anos antes de sua morte, que ocorreu, como se sabe, no dia 23 de setembro de 1968. Em 1923, em 1931 e, depois, ainda, em 1961, o Santo Ofício decidiu aplicar-lhe restrições ainda mais gravosas e dolorosas. Será preciso chegar a 1964 para que o Cardeal Ottaviani, então à frente do Santo Ofício, comunique a vontade de Paulo VI de que "Padre Pio desempenhe o seu ministério em plena liberdade". Até que, em 1999, finalmente, João Paulo II, seu admirador de longa data, trinta e um anos depois da sua morte, o proclama beato e, três anos depois, em 2002, santo.

Quando se abrirem os arquivos dos anos posteriores a 1939, talvez se possa dizer algo mais sobre o período que se refere à década de 1960, ano da última "perseguição" a Padre Pio. O que, contudo, desde já podemos dizer – penetrando, através da leitura dessa primeira investigação sobre o capuchinho estigmatizado, nesses arquivos que até pouco tempo atrás eram secretos – é que a imagem desse órgão dedicado à vigilância de tudo o que na Igreja pode comprometer a fé, isto é, o Santo Ofício, parece bem menos severa do que até agora se tinha crido.

O modo de proceder do bispo enviado para inspecionar é firme mas sereno. Investiga tudo profundamente, mas sem preconceitos. O seu julgamento final sobre Padre Pio é bastante positivo. Em particular, ele foi o primeiro alto representante de uma congregação romana a fazer um cuidadoso exame teológico dos estigmas do capuchinho, concluindo plenamente a favor de sua autenticidade e, também, de sua proveniência divina. Do ponto de vista histórico, essa particularidade da vida de Padre Pio revela-se única e de excepcional importância, demonstrando que, nessa circunstância, a Igreja tinha formulado um juízo preciso e fidedigno que, depois, se demonstrará exato. Os estigmas do frade são não somente reais, mas manifestam-se em uma personalidade equilibrada tanto do ponto de vista psicológico como espiritual.

Por tudo isso, o bispo dá o seguinte conselho a respeito de como, futuramente, conduzir aquela série de eventos extraordinários: deve-se acompanhar o seu desenvolvimento com prudência, porque certamente continuarão a sua caminhada, mas tomando algumas providências colaterais, e isso mais para evitar que se cometam possíveis erros do que pelo próprio Padre Pio.

Portanto, o que se põe em discussão – parece-me que isso também se aplica aos anos seguintes – nunca mais será, pelo menos da parte do Santo Ofício, o evento estigmas em si mesmo. Sobre isso, o trabalho de Dom Rossi parece de tal maneira decisivo, que, depois, nunca mais se voltará a esse assunto, pelo menos ao que se sabe até o momento. A preocupação reside no modo como essa situação é tratada: temem-se o demasiado clamor, o excessivo fanatismo dos devotos, a exploração financeira que inevitavelmente se torna cada vez maior, a possível corrupção que poderá acompanhar tudo isso. Além disso, havia o receio em atingir e envolver o Padre Pio. Preocupações legítimas e – até diria – necessárias.

O que, ao contrário, impressionou desfavoravelmente, e que sabemos ter tido grande importância nos processos disciplinares e restritivos do Santo Ofício, foi a pressão exercida sobre esse órgão da Igreja por algumas figuras do clero que, ao menos em relação ao Padre Pio, se moveram com uma morosidade realmente pouco justificável. Dentre eles, o Padre Agostino Gemelli e Dom Pasquale Gagliardi, arcebispo de Manfredonia, diocese a que pertencia San Giovanni Rotondo.

As graves restrições de Padre Gemelli – um psicólogo renomado e fundador da Universidade Católica – que chegaram ao conhecimento de Roma foi o que deu início ao inquérito publicado nesta obra. Situação que perdurou e que se apoiava, como foi amplamente apurado, nas informações que ele se gabava de possuir, mas que, na realidade, eram muito exageradas, pois só se encontrou com o Padre Pio uma vez e por alguns minutos. A esse padre juntou-se também Dom Gagliardi, que, desde o princípio, se mostrou desconfiado e hostil ao capuchinho e repetiu continuamente as suas acusações, que se revelaram totalmente infundadas, até que, em 1929, foi praticamente obrigado a pedir demissão.

É, sobretudo, neles que parece centrar-se aquela atitude preconceituosamente hostil aos eventos místicos extraordinários, que, embora não fosse completamente estranha à Igreja de todos os tempos, certamente se acentuou nestes últimos séculos de racionalismo frequentemente exasperado. O que, certamente, pesou muito, em razão do papel desempenhado pelos dois eclesiásticos.

Roma movimentou-se entre dois polos – os fautores do Padre Pio e seus opositores: algumas vezes deixava espaço aos carismas extraordinários e à missão do primeiro sacerdote estigmatizado, chamado a uma missão extraordinária e, em outras, puxava o freio e, desse modo, diminuía sua ação pastoral. Mas isso certamente não modificou o empenho de Padre Pio em oferecer tudo, como sempre, mesmo a seus próprios detratores. Um apostolado que, naquela época, era externamente limitado, mas, talvez, bem mais eficaz. "Quando eu for elevado, atrairei todos a mim", dizia Jesus acerca de si mesmo. É provável que também tenha sido assim com aquele "outro Cristo", naqueles momentos ainda mais unido à cruz do seu Senhor, ainda mais semelhante ao Mestre rejeitado, sobretudo, pelos seus. Aquele homem que Jesus tinha querido enviar-nos, com chagas como ele, precisamente no século dos piores horrores ideológicos, para que nos recordasse, mais vivo e mais próximo, o Emanuel, o Deus-conosco e a sua obra de salvação.

Por isso, creio que o texto que aqui apresentamos contribui não só para a compreensão de que a Igreja instituição – examinando-a (*post factum*) e sabendo o que sabemos – pode ter incorrido em excessiva severidade, como também que o Santo Ofício, agora com a denominação de Congregação para a Doutrina da Fé, não era e não é um lugar de incompreensão e dogmatismo desumano, o que, com demasiada frequência, se pretende fazer crer. É certo que, muitas vezes, a regra da prudência prevalece sobre as outras considerações, impondo limites muito duros mesmo a carismas tão importantes. Mas sejamos bastante sinceros: será que se arriscar a um escândalo de nível mundial por eventuais simulações de carismas ou por uma degradação destes não teria, isso sim, comprometido a imagem da Igreja e da fé e desestabilizado a muitos? Afinal, não fora melhor ter refreado e controlado uma situação que, caso fosse verdadeira, acabaria por emergir em toda a sua grandeza e profundidade?

Até porque será bom que, ao raciocinar sobre essas coisas, nunca nos esqueçamos disto: se pudemos ter um Padre Pio, também foi em razão de a Igreja conseguir, não obstante todos os limites dos seus homens (a começar por nós, entenda-se), manter íntegra e viva através dos séculos a fé em Jesus, naquele Homem-Deus encarnado que morreu por nós e, por fim, ressuscitou. Foi exatamente essa fé que nos permitiu e permite agora reconhecer no humilde e estigmatizado frade de Pietrelcina os sinais daquela Paixão e daquela Ressurreição que, agora e sempre, operam precisamente através da Igreja. Por isso, é a Igreja como Mistério que justifica e torna compreensível um Padre Pio, absolutamente inexplicável fora dela. E é justamente para proteger esse Mistério que, algumas vezes, a Igreja como instituição pode parecer demasiado desconfiada e severa.

Mas o sacrifício valeu a pena porque, no fim, como a história acaba sempre por fazer justiça, o que é verdadeiro, santo e conforme com a fé não pode deixar de emergir, mesmo depois de longo tempo. Como, de fato, aconteceu no dia 16 de junho de 2002, na Praça São Pedro, quando incontável multidão participou e rejubilou com a glória prestada a Deus através do seu santo extraordinário, imagem do Filho, obra-prima do Espírito Santo. Por isso, se houve um Padre Gemelli ou um Dom Gagliardi reprimindo e até prejudicando, também houve sempre, antes ou depois, um Dom Rossi, um Paulo VI e um João Paulo II para reabrir o caminho.

Agora, é justo que, para respeitar a seriedade histórica, se façam as devidas correções, que se identifiquem as culpas – caso haja –, também no caso do Padre Pio, que se analisem as providências tomadas e as suas eventuais limitações. Mas sempre com humildade, porque o historiador sabe que não é honesto julgar os acontecimentos passados em função dos conhecimentos e da mentalidade atuais. Há alguns decênios poderia haver dúvidas e incertezas até justificadas sobre o frade estigmatizado, mas que agora, evidente e facilmente, se reconhece não terem fundamento.

No entanto, a experiência adquirida na observação dos dois milênios de Cristianismo não permite que o historiador ignore que deve trabalhar sem arrogância, porque, no fim, também "os juízes, por sua vez, serão julgados". E nenhum deles, nem mesmo os do nosso tempo, têm certeza – o que, definitivamente, nenhum cristão possui – de nunca se ter enganado e, portanto, de ter realmente compreendido todo o Evangelho e atingido a plenitude e a perfeição ao traduzi-lo na prática. A verdade é que todos estamos a caminho de uma meta que não será fruto unicamente da justiça, mas sim nascerá sobretudo da misericórdia de Deus. E nisso somos guiados pela Igreja, certamente limitada nos seus homens, mas construída sobre a rocha que é Jesus Cristo. Embora seja nossa tarefa julgá-la, para ajudá-la, porque também é nossa, temos simultaneamente o dever de amá-la desde as profundezas do nosso coração, assim como se ama uma mãe, aceitando, quando for necessário, a sua prudente e, até em alguns casos, excessiva severidade.

Por outro lado, se é verdade que, como demonstrado pela investigação efetuada por Dom Rossi, desde o início foram os fiéis, com o seu *sensus fidei*,* os grandes apoiadores e defensores do Padre Pio – a ponto de o bispo inquisidor ter de admitir que afastá-lo de San Giovanni Rotondo provocaria uma sublevação geral –, também é igualmente verdade que o próprio Padre Pio não receou exprimir os seus temores: "Eu estava aterrado. Procurava ouvir a todos dentro do possível e trabalhar. Até mesmo a comunidade era invadida. Tivemos de recorrer à polícia". Pois sabemos que a fronteira entre a devoção autêntica e o fanatismo não é difícil de ultrapassar. Do mesmo modo, o risco de idolatria não está assim tão longe da verdade que não leve a fazer com que o sinal prevaleça sobre a realidade que está por detrás dele. Não era sem razão que o Padre Pio repetia sempre que ele era apenas um instrumento, que as intervenções extraordinárias eram obra de Deus e unicamente dele. Em conclusão, a multidão que procurava o Padre Pio era tão grande que chegava a assediá-lo; um potencial simultaneamente rico e perigoso, que um fiel poderia observar com alegria, mas que precisava ser gerido com prudência.

Alter Christus, humilde Cireneu, sinal de Ressurreição

Ao mesmo tempo que a investigação feita pelo Santo Ofício esclarece os aspectos mais visíveis e apreciáveis de tudo quanto

---
* Sentido da fé. (N.T.)

se referia àquele frade, que tinha recebido as chagas do Senhor na sua carne, ela também nos leva, de algum modo, a procurar adentrar intimamente no segredo mais profundo desse homem que repetia frequentemente que era "um mistério para si mesmo". Por outro lado, o inquérito igualmente nos mostra de que modo, repentinamente, o Padre Pio divide os ânimos: havia aqueles que o compreendiam e felizes acorriam a ele e os que olhavam desconfiados – quando não com incômodo e desprezo – para esse religioso com carismas fora do comum. Creio que tais reações são compreensíveis.

Tentemos, por instantes, pensar em tudo o que se move à volta dos estigmas: uma carne aberta que não sara; sangue que brota das feridas; pedaços de pano para vedar o sangue, os quais são confiscados pelos fiéis; crostas que se formam e, depois, caem, para novamente se formarem; multidões frequentemente excitadas e sempre cheias de problemas que se atropelam na esperança de ver milagres. Um conjunto de processos que não podem deixar de impressionar e até causar arrepios a quem não estiver em condições de compreender um significado que vai para além das aparências.

Tenhamos presente que o fenômeno dos estigmas só pertence ao Catolicismo, porque os [cristãos] evangélicos não apreciam os aspectos "miraculosos" da fé, enquanto os ortodoxos têm sobretudo a experiência de outros carismas, como, por exemplo, o da emanação da luz – que faria pensar na Ressurreição – do rosto de São Serafim de Sarov. Mas também no Catolicismo não se conhecem os estigmas antes dos recebidos por São Francisco, em La Verna, restando-nos unicamente a interpretação literal que alguns exegetas dão à afirmação de São Paulo: "[...] eu trago no meu corpo as marcas de Jesus" (Gl 6,17). Além desses fatos, houve um ou outro caso até chegar a Padre Pio, que, como já dissemos, é o primeiro sacerdote estigmatizado. A ciência investigou muito sobre o fenômeno, mas não obteve uma resposta precisa. Obviamente, excluída a fraude, nenhuma das várias hipóteses psicossomáticas apresentadas encontrou confirmação prática. Por isso, o fenômeno no seu conjunto permanece inexplicável para quem não aceita uma referência sobrenatural.

Até porque, no caso do Padre Pio, à reflexão se devem acrescentar outros elementos. O primeiro de todos é o perfume que acompanhava o frade capuchinho, fato que era salientado por Dom Rossi. Assim, aquelas chagas abertas, aquelas feridas que, normalmente, deveriam provocar mau cheiro, na realidade exalavam eflúvios de flores que atraíam agradavelmente. E o homem que traz tais feridas é atravessado por dores contínuas, tem febres que chegam a 48ºC, é, sem tréguas, oprimido por doenças crônicas e graves durante toda a sua vida. Esse mesmo pobre frade que nos aparece esmagado pela sua noite interior dos sentidos, como frequentemente confidencia em sua correspondência, é igualmente oprimido pelos pedidos de ajuda de milhões de pessoas, algo que ele suporta durante toda a vida, passando horas e horas no confessionário com tranquilidade interior e exterior. Levado por uma força extraordinária, as suas chagas não só não se curam, como não infeccionam nem supuram, mantendo-se estéreis até o seu desaparecimento, pouquíssimos dias antes da sua morte, sem nenhum sinal de cicatrização.

É compreensível que tudo isso espante e possa atrair fortemente ou, ao contrário, causar afastamento.

Creio que, nesse segundo caso, por trás da máscara de quem diz não ser tão ingênuo que se deixe enganar, se esconde uma espécie de medo ou, então, um autêntico *timor Domini*.* Sim, porque creio que o Padre Pio teve no interior da sua missão também a tarefa de espantar, de provocar interrogações, de embaralhar as cartas, de rebentar com todo tipo de certeza, mesmo as científicas. Ele que era e continua a ser um mistério inexplicável, exceto aos olhos da fé.

Um "sinal" – como já dizíamos – reconhecível e legível para quem já teve um encontro com Jesus Cristo ou para quem aceita humildemente encontrá-lo no momento em que se vê diante da sua imagem ritualizada e reproposta precisamente em Padre Pio. Porque, então, aquele sangue que brota continuamente o fere, mas não o obriga a fugir, antes o atrai, dado que reconhece naquelas feridas os mesmos sinais sobre os quais leu nos Evangelhos, resultado da morte do Filho de Deus na cruz. Assim como reconhece que aquela carne chagada tem muitíssimo a ver com aquela encarnação que deu início a tudo. Assim, nós, cristãos, devemos nos lembrar de que cremos em um Deus que não é só espírito, mas que, desde o princípio até a morte, quis assumir esta nossa carne e este nosso sangue. Carne e sangue que, exatamente por isso, não se destinam a acabar num sepulcro e a permanecer lá para sempre, porque são chamados a um destino de transfiguração e ressurreição. Diante disso, compreendemos que, naquelas chagas de Padre Pio, naquelas feridas circundadas de halos de perfumes, nós, cristãos, podemos recordar muitas outras coisas,

---

* Temor do Senhor. (N.T.)

como as aparições de Jesus ressuscitado, sobretudo a Tomé: momento em que o Redentor se mostrou glorioso, sim, mas com as feridas ainda abertas, nas quais o apóstolo desconfiado e incrédulo podia colocar o dedo. Assim, também a tradição ocidental e a oriental parecem reencontrar a sua unidade: os estigmas referem-se fortemente à Paixão, mas contêm no seu interior o mistério da Ressurreição; a luz dos rostos santos da ortodoxia remete diretamente para a Ressurreição, mas pressupõe obviamente aquela paixão que a ela conduziu.

Pois Padre Pio é tudo isso: é a recordação não só da dolorosa Paixão do Senhor, mas também, e simultaneamente, da sua Ressurreição gloriosa. Recorda-nos conjuntamente da passagem necessária através do Calvário e da manhã de Páscoa. Dá-nos a certeza de uma redenção sempre em ação, em que existe a dor e o sofrimento, mas não como fins em si mesmos. O ponto de chegada é a vida, e não a morte.

"Associo-te à minha Paixão." Também esta frase maravilhosa e terrível, que lemos no testemunho de Padre Pio, pode espantar quem dele se aproxima pela primeira vez. Remete-nos àquela poderosa afirmação de Paulo: "Completo na minha carne o que falta à Paixão de Cristo". Como entender essas expressões tão desconcertantes? Não certamente pressupondo que a oferta e o sacrifício de Jesus não foram suficientes.

Para compreender isso, devemos refletir sobre o fato de que aquela redenção adquirida há dois mil anos no Gólgota não foi um acontecimento meramente burocrático, uma espécie de taxa a pagar de uma vez para sempre, com aplicação automática em cada homem nos séculos vindouros. Não, ela significou certamente um gesto de justiça, mas, sobretudo, um ato de amor a que devemos corresponder. Constituiu uma possibilidade concreta, aberta a cada homem, de entrar plenamente no mistério trinitário e na vida divina, uma "porta estreita" através da qual deveremos entrar, ao aceitar seguir o Mestre, levando a nossa parte de cruz purificadora.

Um jugo que Padre Pio tornou leve e capaz de ser suportado, mas que nos compete experimentar. Um jugo que, no Corpo Místico, podemos compartilhar com os irmãos tornando-nos cireneus deles, assim como aquele primeiro cireneu da história o foi de Jesus. Deixando-nos, por nossa vez, ajudar nesse percurso por muitos cireneus escondidos que oferecem em silêncio os seus sofrimentos e a sua vida, e também pelos extraordinários que, de quando em quando, o Senhor quer levantar sobre o monte, como o Padre Pio, esse frade humilde e silencioso, o grande cireneu do nosso tempo. Só no além compreenderemos realmente o que esse homem aceitou que se fizesse através dele, os rios de graça que passaram através dos seus estigmas e que inundaram muitos corações transformando-os.

Doravante, podemos afirmar – creio que sem receio de sermos desmentidos – que poucos eventos, durante o século que passou, contribuíram tanto, e com ecos que durarão eternamente, para salvar a fé do Povo de Deus, para levar até Jesus muitas pessoas que tinham dúvida, eram descrentes. Tudo isso a benevolência divina quis dar-nos através da presença humilde e sofredora desse frade, desse *alter Christus.**

Vittorio Messori
Escritor e jornalista italiano

---

* Outro Cristo. (N.T.)

LISTA DOS DOCUMENTOS CITADOS

ACDF – Arquivo da Sagrada Congregação para a Doutrina da Fé.

Epistolario – Padre Pio da Pietrelcina, *Epistolario, I, Corrispondenza con i direttori spirituali (1910-1922)*, San Giovanni Rotondo, 1992.

Il Beato Padre Pio – G. Di Flumeri, *Il Beato Padre Pio da Pietrelcina*, San Giovanni Rotondo, 2001.

Le stimmate – G. Di Flumeri, *Le stimmate di Padre Pio da Pietrelcina. Testimonianze Relazioni*, San Giovanni Rotondo, 1995.

Lemius – Arquivo da Sagrada Congregação para a Doutrina da Fé/S.O., Dev. Var., 1919, I, *Cappuccini*, Padre Pio da Pietrelcina, fasc. I, doc. 14 (*Voto manoscritto e stampato del P. Lemius. Qualificatore del S.O.*).

Misteri di scienza – G. Festa, *Misteri di scienza e luci di fede. Le stimmate del Padre Pio da Pietrelcina*, 2. ed., Roma, 1938.

Rossi – Arquivo da Sagrada Congregação para a Doutrina da Fé/S.O., Dev. Var., 1919, I, *Cappuccini*, Padre Pio da Pietrelcina, fasc. I, doc. 21 (*Voto manoscritto e stampato del Visitatore Apostolico † Mons. Raffaello C. Rossi*).

Un tormentato settennio – G. Saldutto, *Un tormentato settennio (1918-1925) nella vita di Padre Pio da Pietrelcina*, Roma, 1974.

Os grandes santos são chamados a superar,
no seu corpo e na sua alma,
as tentações de uma época,
a suportá-las por nós, almas comuns,
e a ajudar-nos na passagem para aquele
que tomou sobre si o peso de todos nós.
J. Ratzinger

PRIMEIRA PARTE
Um novo ponto de partida

Introdução

AS ATAS INÉDITAS DA PRIMEIRA INVESTIGAÇÃO DO SANTO OFÍCIO

Depois de estudos, debates e entrevistas, julgávamos já saber tudo sobre Padre Pio. Nem sequer a recente abertura dos arquivos do antigo Santo Ofício até o ano de 1939 deixava prever algo de novo. Mas, na verdade, havia novidades. Sepultado entre as cartas do arquivo encontrava-se um documento de extraordinária importância, que, agora, regressa do passado: as Atas do primeiro inquérito do Santo Ofício.

Esse documento remonta a 1921 e guarda revelações secretas sobre o capuchinho. São seis valiosos depoimentos, feitos sob juramento, diante de um inquisidor do Santo Ofício. Neles, revelando fatos e fenômenos nunca relatados a ninguém, Padre Pio compôs, de viva voz, a sua autobiografia e entregou-a definitivamente à Igreja e à história.

Mas isso não é tudo. O inquisidor que "recolheu" os segredos de Padre Pio não se limitou às afirmações do frade para traçar o seu perfil espiritual e a sua identidade mística. Procurou, ainda, pôr o dedo na chaga e, tiradas as ligaduras das mãos do padre, examinou com rigor seus estigmas. Daí resultou um exame inédito com aspectos fascinantes e inesperados.

Aliás, sobre o indagado, o visitador preparou um inquérito rigoroso, interrogando testemunhas e inspecionando ambientes. Reuniu um material tão abundante que, embora até agora fosse quase desconhecido, representa um relatório completo e original sobre o capuchinho e permite atualizar completamente toda a historiografia sobre ele.

Escondidas durante longos anos aos olhares dos estudiosos e dos devotos, graças à decisão de Bento XVI de tornar acessíveis desde junho de 2006 os documentos do Pontificado de Pio XI (1922-1939), as Atas do primeiro inquérito do Santo Ofício são agora publicadas integralmente pela primeira vez.[1]

Além disso, tudo o que se narra nestas páginas revela-se útil para se escrever um capítulo da história do Santo Ofício, cuja imagem, tão vituperada pela opinião geral, sai renovada e refeita de lugares-comuns.

Mas, por outro lado, mostra-se a figura de todos os que pretendiam utilizar o dicastério romano como instrumento de batalha das suas invejas e da sua animosidade.

Por fim, também é edificante a imagem da vida franciscana nos primeiros anos do séc. XX, na Apúlia.*

---

[1] O "Voto" – este o nome técnico do documento – é um texto datilografado de 141 páginas, guardado no arquivo da Congregação para a Doutrina da Fé. Redigido em 1921 pelo inquisidor do Santo Ofício, divide-se em duas partes: relatório e transcrição dos depoimentos. O relatório compreende os traços biográficos e existenciais do Padre Pio, o motivo da investigação, o retrato "moral-religioso" do indagado, o exame dos fenômenos extraordinários. Por fim, seguem-se algumas sugestões sobre o caso Padre Pio e a avaliação final. O relatório dos depoimentos contém a transcrição integral dos testemunhos e um exame dos estigmas. Há, ainda, um apêndice de documentos e interrogatórios.

* Província do sul da Itália. (N.T.)

Agora, para saber quem era o Padre Pio e por que motivo o Santo Ofício ordenou que se fizesse uma investigação sobre ele, não nos resta senão recuar no tempo.

Era o dia 20 de setembro de 1918.

O Santo Ofício sob pressão

A Europa está quase saindo da Primeira Guerra Mundial quando o Padre Pio de Pietrelcina recebe os sinais da Paixão de Cristo: os estigmas.[2] A notícia difunde-se rapidamente,[3] e ao Convento de San Giovanni Rotondo chegam devotos, peregrinos, eclesiásticos e simples curiosos.[4]

Depois das primeiras verificações clínicas,[5] acende-se um vivo debate sobre a natureza das feridas e sobre a suposta santidade do estigmatizado. A discussão chega também ao Vaticano, à Inquisição, que, havia poucos anos, recebera o nome de Santo Ofício.[6] Ao temido dicastério romano – encarregado da tutela

---

[2] Sobre a estigmatização de Padre Pio, cf. o capítulo IV da terceira parte. Como veremos mais adiante, o primeiro depoimento de Padre Pio, prestado na visita apostólica, tornar-se-á a fonte mais importante para conhecer aquele momento decisivo de sua vida.

[3] A primeira notícia de um jornal sobre os estigmas remonta a 9 de maio de 1919. Cf. *Il Beato Padre Pio*, p. 19.

[4] A título de exemplo, cf. a memória do bispo de Melfi e Rampolla, Dom Alberto Costa, no capítulo IV da terceira parte.

[5] Sobre as visitas médicas, cf. *Un tormentato settennio*, pp. 111-118.

[6] Até 29 de junho de 1908, data da promulgação da Constituição apostólica *Sapienti Consilio* de Pio X, a Suprema Sagrada Congregação do Santo Ofício denominava-se Sagrada Inquisição Romana e Universal, instituída por Paulo III com a Constituição apostólica *Licet ab Initio*, de 21 de julho de 1542, a qual era distinta dos tribunais da Inquisição medieval e da Inquisição espanhola, que tiveram origens e objetivos diferentes. Com o *motu proprio Alloquentes*, de 25 de março de 1917, Bento XV admitiu no Santo Ofício, como simples seção, a Congregação do Index. Depois da reforma de 1908, o Santo Ofício torna-se a primeira congregação romana, devido à importância dos temas e das problemáticas que lhe são confiados. Quanto ao adjetivo "suprema", este aparece pela primeira vez no *Annuario Pontificio* de 1927.

da fé e da verificação da "simulada santidade" – foram chegando cartas de conteúdo inesperadamente contraditório.[7] Em contraposição aos que exaltam a santidade do capuchinho, há os que o acusam de provocar em si mesmo os estigmas com ácido fênico e veratrina![8] Dentre os que suspeitavam da autenticidade dos es-

---

Eram membros do Santo Ofício alguns cardeais, inquisidores gerais, que se reuniam em assembleia plenária todas as quartas-feiras, presididos pelo cardeal secretário, que, apesar da designação de "secretário", desempenhava a função de prefeito, embora tal função estivesse formalmente reservada ao Santo Padre, como dispunha o can. 247, § I, do código de São Pio X e Bento XV. Com função e com grau de secretário de dicastério, mas com nome diferente, seguia depois o assessor. Na chefia da secção instrutória das causas criminais estava o "padre comissário", que, com o assessor, era oficial maior. Todos os outros eram oficiais menores.
Quanto às nomeações dos membros, a maior parte estava reservada ao Santo Padre. Dentre elas, havia a dos qualificadores e dos consultores para o exame e a proscrição dos livros.
Sobre esse tema, será útil ler: A. DEL COL, *L'Inquisizione in Italia;* dal XII al XXI secolo, Milano, 2006, pp. 819-822.

[7] A primeira notícia remonta a 6 de junho de 1919. Cf. ACDF/S.O., Dev. Var., 1919, I, *Cappuccini*, Padre Pio da Pietrelcina, fasc. I, doc. 1.
Para avaliar de modo completo e eficaz o trabalho de Luzzatto, pode-se ler o artigo do professor Carmelo Pellegrino, cuja introdução transcrevemos: "Que o professor Sergio Luzzatto não se zangue, mas o seu 'padrepio' desiludiu-nos verdadeiramente. Tinha sido saudado como o primeiro estudo histórico sobre o Santo; mas não era o primeiro estudo histórico. Tinha sido anunciado como portador de grandes novidades; mas essas "novidades" eram documentos perfeitamente conhecidos e até já publicados, em que não se tratava de noticiazinhas que pouco ou nada tinham a ver com o frade. Em vão nele procuramos o trabalho ingente da objetividade científica que joeira todos os elementos, que percebe dinâmicas humanas por detrás dos papéis, que formula hipóteses fundamentadas, que sabe discernir cuidadosamente entre o centro e a periferia. Perdemo-nos constantemente no labirinto das pré-compreensões – políticas, religiosas, sociais etc. – do inquisidor, que fende a humanidade em duas e vê o diabo sempre e em toda parte, invariavelmente em tons sombrios. Por isso, consideramos que, no fundo, se trata do enésimo 'padrepio' dos bobos – surreal porque só vive em quem o interpreta –, distante, sim, do irreverente do *Il Vernacoliere* [publicação satírica mensal, escrita em livornês e italiano] (não aceito, mas prazerosamente mencionado sem segredos, pp. 17-18), mas pouco verossímil, porque, para o texto de Luzzatto, a verdadeira história de Padre Pio de Pietrelcina continua a ser um território em larga escala inexplorado". In: PELLEGRINO, C., Il surreale "padrepio" di Luzzatto, *Studi su Padre Pio*, VIII/3 (2007), p. 431. O artigo termina, na p. 456, com um desmentido pormenorizado das afirmações mais importantes de Luzzatto.

[8] De fato, no final de junho de 1920, Dom Bella, bispo de Foggia, leva ao Santo Ofício os depoimentos de dois farmacêuticos que receiam que o Padre Pio provoque artificialmente os estigmas. Os depoimentos estão guardados em *Lemius*, anexo 2, 23.

tigmas, está um ilustre estudioso: Padre Agostino Gemelli, ofm. No dia 18 de abril de 1920, o douto franciscano tem um brevíssimo encontro com seu confrade, sendo que, ao fim de poucos minutos[9] e de poucas frases, se despede dele, sem qualquer exame dos estigmas; e isso foi tudo.[10] Contudo, no dia seguinte, o Padre Gemelli envia uma carta ao Santo Ofício, declarando que os estigmas são "fruto de sugestão"[11] e, passados dois meses, envia uma segunda carta com propostas precisas sobre as iniciativas a serem tomadas.[12]

---

[9] Sobre a visita de Gemelli, cf. *Un tormentato settennio,* pp. 118-123.
Sergio Luzzatto comete um erro importante, em se tratando de um juízo histórico preciso sobre essa questão, pois recorda mal a duração desse encontro e escreve: "[Agostino Gemelli] passou uma mancheia de horas com o Padre Pio em pessoa". In: LUZZATTO, Sergio, *Padre Pio. Miracoli e politica nell'Italia del Novecento*, Torino, 2007, p. 78. Responderam à publicação de Luzzatto, que suscitou uma impressionante chuva de críticas, em primeiro lugar o professor Carmelo Pellegrino e o professor Luciano Lotti, através de dois estudos que citaremos mais adiante. Depois, com uma exposição mais ampla, A. Tornielli e S. Gaeta desmentiram numerosas afirmações de Luzzatto. In: GAETA, S. & TORNIELLI, A., *Padre Pio l'ultimo sospetto*, Casale Monferrato, 2008.

[10] No encontro, estava presente o Padre Benedetto de San Marco in Lamis, que relata: "O Padre Gemelli, então ainda não Magnífico (1919-1920), escreveu ao provincial Padre Pietro que queria deslocar-se para [fazer] uma visita a San Giovanni. O Padre Pietro respondeu-lhe que, caso tencionasse ir para lá como cientista e para observar o Padre Pio, se munisse em Roma de faculdade [concedida] pelos superiores, sabendo da grande relutância de Padre Pio em expor-se a semelhantes verificações e observações. Gemelli retorquiu que só ia para fins privados e espirituais. [...] Gemelli chegou à noite e nem sequer oralmente expressou ao Padre Pietro o desejo de observar o Padre Pio. No dia seguinte, fomos lá com o vigário-geral, o secretário de Foggia, Padre Gerardi, que pregava na quaresma, e o Guardião dos Menores com a [senhorita] Barelli. Esta pediu para falar com o Padre Pio, na minha frente, perguntou, entre outras coisas, se o Senhor abençoaria a obra idealizada (a Universidade Católica). Padre Pio respondeu com um monossilábico: 'Sim'. Chegou a noite e, no dia seguinte, a referida senhorita começou a pedir-me que autorizasse Gemelli a observar o Padre Pio. Respondi que não podia fazer nada porque o provincial me tinha dito expressamente que não obrigasse o Padre Pio àquela grave mortificação, já que o Padre Gemelli não se munira de permissão. [...] Abandonada a ideia da visita, Gemelli pediu para falar com o Padre Pio, o que aconteceu na sacristia. Durou poucos minutos. Eu estava num canto afastado e tive a impressão de que o Padre Pio se despedira dele parecendo aborrecido. Eis tudo". In: *Un tormentato settennio*, p. 324.

[11] A carta de Gemelli foi publicada em *Il Beato Padre Pio*, pp. 421-424.

[12] Cf. ibid., pp. 426-427.

Pressionado por tantas denúncias e quase obrigado a tomar uma posição, o dicastério promove inquéritos mais aprofundados e, ao terminar o ano de 1920, recebe do ministro-geral dos capuchinhos novas informações tranquilizadoras. São apresentados dois grupos de documentos: o primeiro, de ordem religioso-disciplinar e, o segundo, de ordem médico-científica.[13] Entretanto, chegam também as primeiras acusações de Dom Pasquale Gagliardi,[14] arcebispo de Manfredonia.

A situação é complexa e o Santo Ofício decide confiar a redação de um dossiê sobre Padre Pio a um homem de experiência comprovada, o dominicano Padre Joseph Lemius, procurador-geral dos Oblatos de Maria Imaculada.[15]

---

[13] No primeiro grupo aparece uma carta do provincial dos capuchinhos de Foggia, Padre Pietro Ischitella. Inteligentemente, o superior não faz juízos pessoais sobre o Padre Pio, mas se refere aos de autorizadas personalidades, eclesiásticas ou não. Dentre eles, o muitíssimo lisonjeiro do bispo de Melfi e Rampolla, Dom Costa, o relatório sobre a perscrutação do coração – acontecida na presença de outras testemunhas – do doutor Romanelli, a notícia da ligadura das chagas do Padre Pio e da retirada de todos os fármacos de sua cela.
No segundo grupo, aparecem quatro relatórios médicos sobre os estigmas de Padre Pio: do professor Bignami, do doutor Romanelli e dois do doutor Festa. Cf. ACDF/S.O., Dev. V. 1919, I, *Cappuccini*, Padre Pio da Pietrelcina, fasc. I, docs. 10-14. O testemunho de Dom Costa foi publicado em *Un tormentato settennio*, pp. 332-333.

[14] Trata-se do inimigo jurado de Padre Pio, que "presidirá" a campanha difamatória contra o capuchinho de 1920 até 1930. Será convidado a renunciar à administração da sua diocese pela sua conduta discutível e por ficar provado que as suas graves acusações eram infundadas.
Na primeira carta, datada de 10 de agosto de 1920, o arcebispo de Manfredonia não faz um perfil negativo de Padre Pio. Descreve-o como inteligente e de modos gentis. Mas critica o que os seus confrades fizeram e o boato levantado sobre as supostas questões sobrenaturais. Gagliardi declara que, no passado, teria sido oportuno afastar o Padre Pio. Mas, agora, "seria tarde e pior. Aliás, voltou a calma, repito". In: ACDF/S.O., Dev. V. 1919, I, *Cappuccini*, Padre Pio da Pietrelcina, fasc. I, doc. 7, 2r.
Depois, as suas numerosas cartas enviadas ao Santo Ofício não seriam mais do que um acúmulo de acusações e denúncias, por vezes clamorosamente desmascaradas. A esse respeito, é apresentado um estudo consistente em *Il Beato Padre Pio*, pp. 395-418.

[15] O encargo foi dado pelo cardeal secretário do Santo Ofício Raffaelle Merry Del Val. Quanto a Lemius, trata-se de um teólogo conhecido, a quem se deve a redação da secção doutrinal da Encíclica *Pascendi*. A parte remanescente foi obra do Cardeal José de Calasanz Vives y Tuto.

Fizeram ao teólogo uma pergunta muito concreta: "Se e que providências deve o Santo Ofício adotar relativamente a Padre Pio de Pietrelcina, capuchinho".[16] O Padre Lemius estuda com a "máxima diligência e aplicação" a documentação sobre o frade e prepara o seu *votum,* isto é, a esperada resposta.

Desde as primeiras linhas, em dúvida sobre a origem divina das chagas, reconhece que não pode afirmar "nada de certo a respeito da origem dos seus estigmas", por causa da ausência de uma verificação direta.

Por isso, sugere que se envie a San Giovanni Rotondo um visitador apostólico com o objetivo de efetuar "uma investigação cuidadosa [...] sobre o caráter moral, ascético e místico de Padre Pio [...] especialmente com respeito à humildade e obediência, e prudentemente pô-lo à prova em relação a essas duas virtudes", não se esquecendo de "observar o seu modo de se relacionar com as mulheres". Deveria

> vigiá-lo quanto ao uso de produtos farmacêuticos [...], se necessário, visitar de vez em quando a sua cela [verificar a acusação de ter provocado os estigmas com], aquele ácido fênico que ele requisitou para dar injeções nos noviços. Isto é, se realmente eles teriam alguma coisa a ver com as injeções [...]; manter o ex-provincial, Padre Benedetto, afastado de San Giovanni durante o inquérito. [...] Seguir de perto a *cronisteria* [sic] ordenada pelo provincial, de que se fala nas Atas.[17]

---

[16] *Lemius*, p. 1.
[17] Ibid., p. 15.

A sugestão do consultor foi aceita. Com a anuência de Pio XI, a congregação procura um candidato idôneo para a visita apostólica,[18] um eclesiástico que seja simultaneamente

> um bom teólogo e homem de rara prudência, capaz de não se deixar levar por aquela atmosfera de insinuações de que se falou, mas que soubesse conservar o espírito "crítico" necessário à investigação da verdade em matéria tão delicada e, ainda, fosse suficientemente hábil para fazer um inquerimento cuidadoso sem levantar suspeita.[19]

A escolha recai sobre Dom Raffaello Carlo Rossi, bispo de Volterra e futuro cardeal.[20] Foi a ele que a Santa Sé confiou a

---

[18] No anterior Código de Direito Canônico, a visita apostólica era uma forma particular de visita canônica.
Por visita canônica entende-se uma investigação [*investigatio seu inquisitio forma solemniore*] sobre pessoas, coisas ou lugares, tendo o visitador o poder de proceder à correção mediante disposições jurídicas relativas aos abusos encontrados [*cum iure corrigendi et reformandi si quos abusus visitator invenient*]. Relativamente à circunstância, a visita canônica pode ser ordinária ou extraordinária; quanto à autoridade do visitador, pode ser jurisdicional ou disciplinar. Uma forma particular de visita é a *occasionaliter decretata*, estabelecida ocasionalmente por mandato direto da Sé Apostólica. Pelo fato de ser promovida pela Santa Sé, começa a tomar o nome de "visita apostólica". Nesse caso, a autoridade e os poderes do visitador variam consoante o mandato recebido. Cf. PASCHINI, P., Visita canonica, *Enciclopedia Cattolica,* XII, Città del Vaticano, 1954, p. 1494.

[19] *Lemius*, p. 15.

[20] Para fazer um aprofundamento sobre Raffaello Carlo Rossi, remetemos ao capítulo I da terceira parte deste livro. Nascido em Pisa, em 28 de outubro de 1876, depois de se ter inscrito na Faculdade de Letras da sua cidade, entra na Ordem dos Carmelitas Descalços, em 3 de outubro de 1897, e veste o hábito carmelita em 19 de dezembro de 1898. Em 1899, faz a profissão perpétua e, passados dois anos, é ordenado sacerdote. Por suas qualidades humanas e espirituais, é nomeado coadjutor de um dos consultores da Sagrada Congregação para o Concílio. Visitador apostólico nos seminários de Apúlia e no Colégio Inglês de Roma, no dia 22 de abril de 1920 é eleito bispo de Volterra, embora continue o seu trabalho de visitador. No dia 30 de junho, Pio XI nomeia-o cardeal, confiando-lhe o cargo de secretário da Sagrada Congregação Consistorial, depois do Cardeal De Lai. Morreu entre 16 e 17 de setembro de 1948, em Crescano del Grappa. Atualmente, corre o processo da sua beatificação.

tarefa de responder a uma pergunta difícil: Quem é, realmente, Padre Pio?[21]

Guia para a leitura

Antes de entrarmos na investigação, é útil apresentar a estrutura deste livro, os seus conteúdos e as informações inéditas.

A estrutura da obra é constituída de três partes.

Na primeira, composta de três capítulos, apresenta-se a história da visita apostólica de 1921; os conteúdos dos interrogatórios e alguns aprofundamentos históricos; a análise e a originalidade do exame dos estigmas, efetuado pelo bispo inquisidor, e o seu juízo positivo sobre a origem dos sinais da Paixão.

Na segunda parte, encontramos a transcrição integral das preciosíssimas Atas da visita apostólica. Trata-se de uma fonte histórica em grande parte ainda desconhecida. Mais precisamente,

---

Não faltam publicações sobre o Cardeal Rossi, embora ainda só esteja no início o exame do seu papel de visitador. De modo particular, a ausência de um estudo sobre a investigação canônica que fizera a respeito de Padre Pio justifica uma clara atualização dos contributos científicos sobre sua missão e sua personalidade. Para um aprofundamento útil, cf. BONDAMI, Vittorio & BONDAMI, Vito, *Pastore e maestro*, Milano, 1971; id., *Come lo conobbero*, Roma, 1973; id., *Il carisma della paternità. Epistolario I*, Roma, 1974; id., *Riempite le idrie. Note di spiritualità*, Roma, 1976; id., *A servizio della Chiesa*, Roma, 1977; id., *Paternità di servizio. Raffaello Carlo card. Rossi e gli Scalabriniani*, Roma, 1981; BONDAMI, V. & PAPASOGLI, M. Zalum, *Attuazione delle norme concordatarie lateranensi*, Roma, 1978; PAPASOGLI, M. Zalum, *Il Cardinale del silenzio. Raffaello Carlo Rossi*, Roma, 1983. Para se compreenderem as qualidades de visitador e a sua experiência nesse campo, são notavelmente úteis dois artigos recentes em que se publicam, em apêndice, as visitas apostólicas de Rossi ao Pontifício Seminário Regional da Apúlia. In: SPORTELLI, F., Le visite apostoliche di Raffaello Carlo Rossi al Pontificio Seminario Regionale Publiese (Lecce, 1911 – Molfetta, 1919) (parte prima), *Rivista di Scienze Religiose*, 15 (2001), pp. 259-299; Id., Le visite apostoliche di Raffaello Carlo Rossi al Pontificio Seminario Regionale Publiese (Lecce, 1911 – Molfetta, 1919) (parte seconda), *Rivista di Scienze Religiose*, 16 (2002), pp. 59-100.

[21] Saldutto afirma que, antes de 1921, houve outras visitas apostólicas. Contudo, não há nenhum vestígio delas na documentação guardada no arquivo da Sagrada Congregação para a Doutrina da Fé. Para as declarações de Saldutto, cf. *Un tormentato settennio*, pp. 139-141.

são inéditos dois terços dos importantíssimos depoimentos de Padre Pio e completamente inédito o exame dos seus estigmas.

Depois dos depoimentos, Dom Rossi transcreve uma carta do capuchinho a uma filha espiritual, Irmã Giovanna Longo. Também essa carta nunca foi publicada.

Além disso, boa parte do relatório do visitador apostólico é inédita, como também é desconhecida a quase totalidade das declarações das testemunhas interrogadas no processo.

Na parte final do documento, ainda encontramos um apêndice de cartas enviadas a Padre Pio pelo Padre Benedetto Nardella de San Marco in Lamis, diretor espiritual do estigmatizado. Algumas delas já estão publicadas, outras perderam-se e, por isso, não apareceram no livro do epistolário dedicado à correspondência entre o capuchinho e seu pai espiritual. Com mais precisão, segundo a numeração dada por Dom Rossi, são inéditos os nn. 15, 16, 18, 24 e 27. Por isso, doravante, entrarão na história e poderão ser inseridas no epistolário de Padre Pio, bem como a supracitada carta do capuchinho.

Na terceira parte, são apresentados aos leitores quatro contributos. O primeiro é um breve perfil biográfico do Cardeal Rossi, com algumas considerações historiográficas. O segundo é a transcrição integral de um documento em parte nunca antes publicado, pedido pelo visitador apostólico no termo do seu inquérito: a *Cronistoria di P. Pio*, escrita por Padre Benedetto Nardella, que é uma fonte de notável importância. Depois, ao leitor que, pela primeira vez, se aproxima da vida e da espiritualidade do Padre Pio, seguem dois aprofundamentos: a narração viva da estigmatização de Padre Pio (que se iniciou muito antes de 20 de setembro de 1918) e a cronologia de Padre Pio com as datas e os fatos importantes da sua vida.

De uma forma geral, quanto às informações inéditas, este livro traz uma quantidade enorme de fontes, autobiográficas ou não, sobre o capuchinho, as quais são fundamentais para conhecê-lo.

Capítulo I

UM INQUISIDOR NO CONVENTO

"Vai falar com o Padre Pio"

Nos primeiros dias de maio de 1921, Dom Raffaello Carlo Rossi está na sua residência episcopal quando chega uma carta do Santo Ofício com o encargo de uma visita canônica a San Giovanni Rotondo.

Toscano, de origem pisana, agora bispo de Volterra,* Dom Rossi provavelmente nem sequer sabe onde fica San Giovanni Rotondo. Mas não é isso que o preocupa. O que o faz pensar é o conteúdo da carta. Ordenam-lhe que faça uma investigação que não se refere a simples questões disciplinares ou doutrinais, mas a um "estigmatizado". Uma tarefa difícil: Dom Rossi sabe-o bem e, por isso, decide recusá-la.

Escreve ao Cardeal Merry del Val,[1] pedindo que seja dispensado do encargo porque

---

* Centro-norte da Itália. (N.T.)
[1] A carta é datada de 30 de maio de 1921.

é de uma gravidade não indiferente e árdua. Não digo árdua para se obedecer; árdua, compreende-se, e plena de responsabilidade, para se chegar àquelas conclusões sobre as quais a Sagrada Congregação deverá apoiar-se para emitir o seu juízo autorizado. Por isso, a esse respeito, se eu pudesse alcançar que a benevolência dos Emmos. padres me exonerasse, ficaria muito feliz e redobraria desde já os meus agradecimentos.[2]

Como o secretário do Santo Ofício recusa o pedido,[3] o doravante designado visitador apostólico aceita o encargo e dirige-se a Roma para examinar o dossiê de documentos relativo ao frade.[4] É um consistente grupo de documentos, guardados pelo Santo Ofício, nos quais se sobrepõem e contrapõem louvores e acusações. Com os papéis na mão, Dom Rossi pormenoriza os graves problemas dessa questão. Depois, parte para San Giovanni Rotondo.

Ao chegar à Apúlia, passa as curvas do Gargano e dirige-se para o pequeno centro habitado onde vive o Padre Pio. Quem é exatamente esse frade? Como abertura do seu relatório, ele escreve:

> Padre Pio, cujo nome civil era Francesco Forgione, nasceu em Pietrelcina – a primeira estação depois de Benevento, na linha férrea Benevento-Avellino (corr. Campobasso) – e tem agora 34 anos. Em 1902 ou 1903, entrou para os capuchinhos da

---

[2] ACDF/S.O., Dev. Var., 1919, I, *Cappuccini*, Padre Pio da Pietrelcina, fasc. I, doc. 17.
[3] O encargo de efetuar essa investigação canônica foi assinado pelo Cardeal Merry del Val em 11 de junho de 1921. Cf. ibid., doc. 18.
[4] De fato, Rossi deveria chegar a Roma entre 10 e 11 de junho para receber as "instruções oportunas". Cf. ibid., doc. 17.

Província de Foggia e, por causa do noviciado e dos estudos, passou de convento em convento; mas, muitas vezes, as condições de saúde obrigaram-no a regressar para respirar o ar da terra natal. Diziam que tinha uma broncoalveolite; na realidade, os exames médicos nunca confirmaram isso; como convivi com ele frequentemente, durante oito dias, fiquei com a impressão de que, na verdade, sofria da tal doença; mas trata-se de uma simples impressão, produzida mais por uma tossezinha que se notava no religioso e que, geralmente, caracteriza os doentes pulmonares. Numa das suas frequentes permanências em família, Padre Pio foi ordenado sacerdote, por volta de 1910. Quando irrompeu a guerra, foi chamado à tropa, mas a intervalos e por breve tempo, tendo sido internado no Hospital de Nápoles.[5] Depois, foi mandado para Foggia e, a seguir, para San Giovanni Rotondo, onde se encontra atualmente. Foi conduzido a San Giovanni Rotondo em razão de uma série de circunstâncias, às quais – julgo – permaneceu completamente alheio; aliás, tampouco eu me dei conta. Mas parece que havia quem trabalhasse por ele, isto é, quem se tenha aproveitado da "ocasião" do Padre Pio com a intenção – que quero acreditar que fora ótima – de servir a religião.[6]

---

[5] Acerca do período de serviço militar, as principais notícias são provenientes do epistolário em que Padre Pio dá aos seus diretores espirituais as informações relativas a esse difícil período de 182 dias, no fim dos quais seria dispensado. Cf. *Epistolario*, 12.

[6] *Rossi*, pp. 2-3. Segundo as informações obtidas com as declarações de uma das testemunhas, Giuseppe Prencipe, o arcipreste de San Giovanni Rotondo, a transferência de Padre Pio para a mencionada cidade teria sido querida e programada por um confrade do capuchinho, Padre Paolino da Casacalenga. Infelizmente, como os fatos posteriores revelaram, não se pode confiar muito no conjunto das declarações de Prencipe.
Para uma perspectiva cronológica detalhada da vida do Padre Pio, cf. *Il Beato Padre Pio*, pp. 17-70.

Chegada a San Giovanni Rotondo

Uma paisagem desolada, uma estrada de terra, um pobre convento situado num local pouco acessível.[7] Quando chega a San Giovanni Rotondo, em 14 de junho de 1921, Dom Rossi encontra-se diante de um cenário insólito, para o que seria a morada de um místico.

Enquanto provavelmente vai refletindo sobre esses pormenores, chega diante do convento. Vestindo unicamente a batina? Ou como bispo? Não temos nenhuma notícia acerca disso, mas a verdade é que, logo que chega, mostra as suas "credenciais" e inicia o inquérito.[8] Toma o Evangelho, apresenta-o aos interrogandos para que toquem nele e jurem solenemente dizer a verdade e guardar segredo.

Mas terão os interrogados mantido segredo? Não há dúvida de que sim. Nas fontes de proveniência "capuchinha" não se encontra nenhum vestígio desses interrogatórios e a memória do inquérito diluiu-se no tempo,[9] exceto nas Atas agora consultáveis.

Pela *cronistoria* do convento apenas sabemos que, no dia 25 de junho de 1921, por causa do agir suspeito de um sacerdote fo-

---

[7] O convento de San Giovanni Rotondo, o mais antigo dos existentes na Apúlia, distava cerca de um quilômetro e meio do centro urbano. San Giovanni Rotondo tinha cerca de 10 mil habitantes. Cf. *Un tormentato settennio*, p. 334.

[8] O documento de nomeação, datado de 11 de junho de 1921, é uma carta em que se lê: "Pela presente se notifica que o Ilmo. e Revmo. Dom Raffaelle Carlo Rossi, bispo de Volterra, foi encarregado por esta Suprema Sagrada Congregação do Santo Ofício para realizar uma investigação canônica sobre o Rev. Padre Pio de Petralcina [sic], capuchinho. Portanto, ordena-se a quem de direito que o deixe agir livremente, se lhe preste tudo o que ele pedir e seja ajudado da melhor maneira, no desempenho da missão que lhe foi confiada. Cardeal Merry Del Val". In: ACDF/S.O., Dev. Var., 1919, I, *Cappuccini*, Padre Pio, fasc. I, doc. 18.

[9] Prova disso é a tese de doutorado de Gerardo Saldutto, *Un tormentato settennio*. O estudo não faz nenhuma alusão à visita apostólica de Rossi. Esse fato explica-se por que, evidentemente, não ficou nenhum vestígio a esse respeito.

rasteiro, se tinha difundido em San Giovanni Rotondo a notícia da transferência de Padre Pio.[10]

O sacerdote de quem se fala seria, porventura, Dom Rossi? Provavelmente.

Seja como for, para tomar conhecimento do que é que Dom Rossi vê, a quem interroga e a que conclusões chega, basta seguir com atenção o seu relatório, que, a partir de agora, será explanado.

O aspecto do estigmatizado

Ao entrar no convento, teria agradado a Dom Rossi ver em primeiro lugar o Padre Pio. Assim, ao ficar diante dele, observa-o com atenção e aponta os traços essenciais da sua fisionomia. Eis o que escreveu: "No Padre Pio, de cor pálida (mas não diria demasiado pálido), aspecto enfermiço sofredor (não muito, porém); porte flácido (diria sobretudo [...] andar lento e, às vezes, incerto).[11] A atitude de uma pessoa [...] modesta e compungida (melhor composta)".[12]

Depois, o visitador anota no seu relatório algumas características especiais: "A fronte alta e serena, o olhar vivo, doce e, por vezes, vago (mas, talvez, também vibrante [...]), e a expressão do rosto, que é de bondade e de sinceridade,[13] inspiram simpatia". "É verdade". "É verdade", escreve Dom Rossi, manifestando

---

[10] Cf. Arch. Padre Pio, *Cronistoria*, ms. f. 30.
[11] *Lemius*, p. 49.
[12] No "registro militar" – conservado no arquivo de Estado de Benevento – constam outras informações sobre o jovem Padre Pio. Nele, são apontadas algumas características físicas do soldado Francesco Forgione: "Estatura: 1,66 m; tórax: 0,82 cm; cabelos: castanhos, lisos; olhos: castanhos; coloração: rósea; dentição sã". In: *Il Beato Padre Pio*, p. 311. Cf. também *Epistolario*, pp. 21-50.
[13] Sobre esse aspecto de Padre Pio, cf. *Il Beato Padre Pio*, pp. 316-318.

o seu comprazimento com relação ao caráter de Padre Pio.[14] O "austero capuchinho" parece-lhe bom, sincero e até simpático. Um dado completamente inesperado![15]

Mas o interrogatório ainda não começou. Como resulta do relatório, Dom Rossi inicia imediatamente a sua investigação. No entanto, encontra uma forma de verificar quase de súbito um boato. Diz-se que o frade estigmatizado quase não toca na comida. Dom Rossi indaga e anota:

> Para dizer a verdade, Padre Pio tem-se apresentado como um homem que vive quase de ar: talvez haja um pouco de exagero.

---

[14] As fontes históricas desse período, inclusive as dos detratores, são unânimes em descrever a figura de Padre Pio como a de um capuchinho alegre, com uma saúde delicada. A propósito, veja-se o testemunho de um importante capuchinho, Padre Roberto da Nove, de 4 de setembro de 1920: "O Padre Pio veio ao meu encontro com um rosto alegre, olhar modestamente baixo e abraçou-me como os frades costumam fazer. Impressionou-me a beleza clara do seu rosto, a compostura, a serenidade e a simplicidade unidas a uma jovialidade sem esforço da sua postura". In: *Un tormentato settennio*, p. 335.

[15] Vários testemunhos documentam que o caráter de Padre Pio era o oposto de um carrancudo. Dentre eles, permito-me remeter o leitor a um artigo meu com um testemunho inédito de 1922, escrito pelo Venerável Giocondo Lorgna. Nele se alude à doçura do caráter do capuchinho de modo muito significativo: "De regresso do Padre Pio – [...] É afabilíssimo – humilíssimo – cordialíssimo – dois olhos luminosos – um sorriso mais que angélico – divino – obedientíssimo – sempre doente desde os 16 anos – curou outros, pedindo para si a doença – come só ao almoço um pouco de hortaliças cozidas e *minestranulla* [sic] [nenhuma minestra – caldo de hortaliça e legumes com arroz ou macarrão], de manhã e à noite, se houver, uma maçã crua – teve os estigmas há três anos [na realidade, já passaram mais de quatro anos], depois de um jejum de quarenta dias [informação até agora completamente desconhecida], só recebendo a Eucaristia [...]". In: CASTELLI, F., Una lettera inedita di P. Pio, *Servi della sofferenza*, XVII/4 (2008), p. 23. O Venerável Giocondo Lorgna nascera em 27 de setembro de 1870, em Poppeto di Tresana (Massa Carrara). Sentindo um chamado especial de consagração a Deus, em 1889 entrou na Ordem Dominicana dos Pregadores e tomou o nome de Pio. Depois da profissão perpétua, em 23 de dezembro de 1893, foi ordenado sacerdote e, em 1905, tornou-se pároco em Veneza. Diretor espiritual de algumas terciárias dominicanas, em 1909 decidiu fundar a Pia União Adoradores-Adoradoras e um asilo para as crianças pobres da paróquia. Apesar de numerosas dificuldades, a sua obra consolidou-se e, no dia 30 de outubro de 1922, a sua comunidade eucarístico-educativa tornou-se uma fundação religiosa: as Irmãs Dominicanas da Beata Imelda. A essa fundação juntou-se depois a Pia Unione delle Ancelle Missionarie delle SS. Sacramento.

Muito não come, não; especialmente nos tempos de maior afluência de "peregrinos", era realmente espantoso que pudesse aguentar tantas horas no confessionário sem uma alimentação adequada. De fato, não toma nada de manhã [...]; é verdade que o seu almoço não é lauto; come pouquíssimo à noite: um [copo de] chocolate, às vezes nem isso, reduzindo-se assim todas as suas refeições do dia a apenas uma [...]; todos, porém, dizem que comer, come.[16]

Dom Rossi tira a prova de todas essas observações e desmente que o Padre Pio não se alimentasse: "Como se vê, o alimento não é abundante, mas não me parece que cheguemos ao ponto de fazer de Padre Pio um 'fenômeno' também sob esse aspecto".[17]

Portanto, Padre Pio alimenta-se de modo insuficiente em relação à quantidade de trabalho que realiza. Mas, pelo menos até 1921, não é exato afirmar que não se alimentasse absolutamente de nada. Come um pouco de hortaliça e legumes e, às vezes, uma ou duas maçãs; não bebe café, mas toma cerveja feita por um irmão leigo. Não obstante, é evidente que se verifica um fato extraordinário pela desproporção entre o trabalho incessante e a escassa alimentação. De fato, o visitador não tardará a perguntar: "Como se explica essa grande atividade com pouca alimentação".[18] Ninguém lhe responderá.[19]

---

[16] *Rossi*, pp. 6-7.
[17] Ibid., p. 7.
[18] Ibid., p. 64.
[19] Para conhecer o dia a dia de Padre Pio, as notícias da visita apostólica revelam-se particularmente importantes. Vê-las-emos a seguir. Aqui, pela sua estrita relação com tudo o que foi dito antes, transcrevo o testemunho do filósofo e teólogo da família capuchinha, o Padre Roberto da Nove di Bassanto, que remonta a 1920: "Os seus hábitos. O Padre Pio levanta-se à mesma hora da

Inicia-se a investigação

Depois de ter observado o aspecto "físico" e examinado a questão da alimentação, Dom Rossi esforça-se por conhecer os traços "morais" e "espirituais" do frade capuchinho, uma das tarefas mais importantes de seu interrogatório.

Para "estudar" o seu inquirido procede de modo sistemático. A partir de 14 de junho, convoca e interroga nove testemunhas, mais precisamente, dois sacerdotes diocesanos e sete confrades capuchinhos.

"Fala-me sobre Padre Pio, dize-me tudo o que sabes!" Esta frase pode resumir o conjunto de perguntas que Dom Rossi lhes faz ao longo de oito dias. Os interrogados não usam subterfúgios e, sem receios quanto à imponência do interlocutor, respondem com abundância de pormenores.

---

comunidade, às 5h30 (hora solar: aqui a hora legal não existe). Confessa até as dez horas, hora em que celebra a Santa Missa. Após a missa, volta à cela para a ação de graças. Depois, desce à sacristia para ouvir todos os que querem falar com ele e ser abençoados, os quais são muitos, provenientes de todas as regiões da Itália e de outros países. É preciso ter muita paciência para escutar o relato de tantas misérias e acolher tantas almas doentes e desesperadas que pedem ajuda, confiança, fé e paz. Ao meio-dia, almoça no refeitório do pequeno colégio do qual é diretor espiritual: seu cardápio consiste em salada cozida e fruta (quando é a estação), a que, por vezes, se junta um ovo. E é tudo o que come num dia, porque nem de manhã nem à noite alimenta-se de qualquer outra coisa. De fato, viu-se que, se à noite comia um pouco de massa ou tomava leite, o seu estômago não o suportava. À noite, depois da ceia, fica durante algum tempo conversando com a comunidade". In: PAGNOSSIN, G., *Il calvario di Padre Pio*, Padova, 1978, v. II, pp. 414-416.
Comer pouquíssimo permanecerá uma constante na vida de Padre Pio. Cerca de trinta anos depois, aconteceu, na presença de uma das testemunhas do processo de beatificação, um fato muito eloquente: "Comia pouquíssimo. Uma tarde, Padre Pio estava no corredor do convento com o sobrinho Mario. Este tinha à sua volta os seus filhinhos, para os quais Padre olhava ternamente. Apontando o dedo para um deles, brincando, o pai acusava-o: 'Tio, este é um comilão'. 'Por quê?', perguntou o padre. 'Hoje comeu um pão deste tamanho e desta grossura', explicou Mario. Padre Pio sorriu. Depois, perguntou: 'Quanto pesava?'. 'Certamente meio quilo', respondeu o sobrinho. O padre ficou pensando e, depois, disse: 'Em quarenta anos – ele já tinha mais de 60 anos– nunca consegui comer sequer a metade de um pão desses'. Eu estava ao lado de Mario; olhamo-nos e parecíamos dizer um ao outro: 'Mas como sobrevive sem comer?'". In: GALEONE, P., *Padre Pio mio padre*, Cinisello Balsamo, 2005, p. 46.

Em geral, a sua resposta é unívoca: "Padre Pio foi sempre um ótimo religioso".[20] Parece quase uma firme enunciação de princípio que o bispo, espantado, sublinha claramente: "Todos são unânimes em dizer, tanto sacerdotes quanto confrades".

"Um coro de aprovações e de louvores",[21] declara Dom Rossi, particularmente credíveis enquanto "com elas não se cai em exageros: tanto quanto se pode avaliar de fora, a piedade de Padre Pio é considerada comum, habitual, muito pouco diferente da dos seus confrades".[22] Aliás, a autenticidade dos depoimentos avulta por outra razão: "Ao bom religioso não se poupam sequer os mais ínfimos pormenores". De fato, imunes a condicionamentos afetivos, as testemunhas se referem não só aos aspectos positivos, mas também admitem as limitações do confrade.

De uma forma geral, as declarações das testemunhas revelam-se um fato real. Mas nem uma só vez alguém fala verdadeiramente mal de um futuro santo![23] Falaremos disso no próximo capítulo.

As dúvidas do inquisidor

Como foi que Padre Pio recebeu a notícia de um inquérito do Santo Ofício sobre ele? O que sentiu ao ver o seu inquisidor? Seria interessante sabê-lo, mas, no epistolário do capuchinho, não há uma única frase ou linha que aluda a essas circunstâncias.

---

[20] *Rossi*, p. 8.
[21] Ibid., p. 10.
[22] Ibid., p. 10.
[23] Para conhecer a personalidade humana e mística do Padre Pio, têm um valor especial os depoimentos prestados no processo de beatificação. Dentre os muitos – segundo as observações do Cardeal Saraiva Martins, Prefeito Emérito da Sagrada Congregação para as Causas dos Santos –, tem lugar de relevo o de Dom Pierino Galeone, publicado em GALEONE, P., *Padre Pio mio padre*, Cinisello Balsamo, 2005.

Ele não disse uma só palavra sobre esse assunto, e também as fontes calam-se com respeito a isso.

Pelo contrário, Dom Rossi – ele sabia – tinha chegado a San Giovanni Rotondo advertido sobre Padre Pio.[24]

Contudo, escreveu no seu relatório: "Devo dizer a verdade: Padre Pio impressionou-me muito favoravelmente". Mas logo se esclarece o porquê dessa mudança de opinião.[25] O inquisidor começa a "espiar" o Padre Pio: no altar, no refeitório e no convento. Nada escapa a Dom Rossi: observa-o enquanto fala com os outros, interroga-o pessoalmente, pede-lhe explicações sobre problemas e acusações. Verifica que "na conversa, Padre Pio é agradabilíssimo; com os confrades, sereno, jovial e também brincalhão".[26]

No diálogo "é [...] educado e respeitador", embora seja espantoso que ele diga "*per Bacco*".* Esperar-se-ia, continua o inquisidor, "que, à maneira de bordão [...], nunca nomeasse o Santo Nome de Deus, com os usuais: 'Meu Deus!' ou 'Jesus!'; que não fosse fácil fazer observações [...] sobre os camponeses".

No conjunto, declara o visitador, observa-se que Padre Pio é um

> religioso sério, distinto, digno e, ao mesmo tempo, franco, desenvolto no convento. Na igreja, assim como no desempenho de outros deveres, assume uma seriedade comedida. Não tem

---

[24] *Rossi*, p. 11.
[25] Se exceptuarmos as declarações de Padre Pio, o relato representa a fonte histórica mais importante e analítica desse período para conhecer a interioridade e a vida do capuchinho.
[26] *Rossi*, p. 12.
* Expressão italiana [por Baco! = caramba!]. Já em latim, *per Bacchum* faz alusão a Baco que, na mitologia latina, era o deus do vinho e dos bacanais; daí o espanto do inquisidor. (N.T.)

[...] um agir abandonado, descuidado, como não poucos dos seus confrades, a não ser pelo fato de seu modo de se apresentar no coro não ser o mais correto – meio sentado, meio ajoelhado, com os braços sobre o banco e a cabeça em cima dos braços.[27]

Dom Rossi continua suas considerações e acrescenta sem relutância: "[...] nele há imperfeições, sim; mas..., se ele caminha para a perfeição, por que afirmar que ele já a alcançou?".

Depois dessa observação, o bispo inquisidor prepara-se para examinar os aspectos mais importantes da vida espiritual do frade estigmatizado: as virtudes.

Três pontos de acusação: pobreza, castidade e obediência

Padre Pio talvez não esperasse. Para verificar a sua pobreza, o inquisidor pede-lhe que o deixe entrar em seu quarto. Aberta a porta, ei-lo: modesto, apertado, "nas várias gavetas, há uma espécie de desordem: folhas, luvas, quinino,[28] rebuçados para os rapazes, imagens; tudo misturado".[29] No conjunto, uma cela muito pobre, sem elementos dignos de nota.

Outra questão verificada foi o uso das ofertas recebidas pelo Padre Pio.[30] Inicialmente, o capuchinho, com permissão do

---

[27] *Rossi*, p. 11.
[28] Fármaco utilizado na primeira metade do séc. XX para tratar e prevenir a malária.
[29] *Rossi*, p. 12. Rossi continua: "Livros, poucos: a Sagrada Escritura comentada pelo Padre Sales; Scaramelli, Sardou, alguma coisa do Padre Ventura, vários livrinhos. Na cama, uma imagem do Nazareno, em barro; uma da B.V. [Bem-aventurada Virgem] em papel, com um calendário anexo".
[30] Cf. *Il Beato Padre Pio*, pp. 253-258; 322-323.

seu superior, "lidava com o dinheiro"[31] recebido através das cartas que chegavam de toda parte, até dos Estados Unidos da América. No entanto, segundo as indicações do novo provincial, já não se ocupa de nenhuma esmola, desejando que a soma seja usada "segundo os fins e intenções dos benfeitores". A propósito desse ponto, emerge um fato tocante: à sua família, que era pobre, Padre Pio nunca deu nada que se destinasse a outros necessitados.

Se a pobreza do Padre Pio é indiscutível, poder-se-ia dizer o mesmo da sua simplicidade e pureza de coração?[32]

Entre as muitas maledicências, foram levantadas dúvidas quanto a sua intimidade com as filhas espirituais, porque ele costuma tratar por "tu" todas as mulheres, o que para alguns é um gesto demasiado íntimo. O visitador, ao contrário, esclarece essa circunstância e sugere que ninguém se admire: "Não insistamos demasiado nisso, pois estamos no sul da Itália. Ele me declarou: 'Quase nunca uso senhora ou você'[...] 'tu' ou 'vós' indiferentemente".[33]

A propósito de outras acusações, Dom Rossi demonstra que é um bom investigador, discernindo boatos, insinuações e calúnias. Padre Pio, cuja pureza é louvada e reconhecida por todas as testemunhas, foi visto na hospedaria com uma mulher; até aí, nada de especial. Mas, na ocasião, alguém alimentou suspeições, sem, contudo, aduzir provas ou argumentos. Com a circulação desse boato, criou-se uma situação difícil. Dom Rossi descobriu quem propalou essa notícia e compreendeu as suas intenções: tratava-se de um "antigo namorado da jovem!".

---

[31] *Rossi*, p. 16.
[32] *Il Beato Padre Pio*, pp. 261-271; 323.
[33] *Rossi*, p. 15.

Noutro caso, alude-se a "mulheres que tocavam no [Padre Pio] doente [enquanto era assistido por um homem e pela irmã do superior] 'para adquirir a sua santidade'". Também nessas circunstâncias, o visitador averigua a dinâmica dos fatos e conclui:

> Tudo era efeito de mentes iludidas e de cabeças pequeninas, cuja ocasião fora dada, infelizmente e com pouca prudência, pelo guardião.* Todavia, Padre Pio, que se submetera a estar fora da clausura, por obediência e necessidade, não tomou conhecimento e nem sequer suspeitou disso, como resulta do interrogatório que, com toda a prudência, lhe foi feito sobre o assunto.

Depois de ter enfrentado as possíveis objeções à pureza, o inquisidor declara: "Podemos estar seguros de que também nesse importantíssimo ponto de virtude cristã, religiosa e sacerdotal, Padre Pio é inatacável, como, de resto, atestam todas as testemunhas".[34]

Falta ainda o exame da virtude mais importante: a obediência. Padre Pio, observa o visitador, vive numa "profunda humildade"[35] e na "máxima simplicidade e indiferença" perante

---

* Superior de uma comunidade capuchinha. (N.T.)

[34] *Rossi*, p. 14: "O seu comportamento com as mulheres é correto, religioso, depôs Padre Lorenzo, o superior. Quanto à castidade, julgo-o angélico. Em matéria de castidade, declarou o Padre Romolo, é de uma delicadeza extraordinária; quanto a isso ninguém duvida de que seja um anjo. O padre provincial diz que admira a sua pureza e a sua modéstia; o Padre Lodovico atesta que no trato com as mulheres mostra educação, reserva e, algumas vezes, também se mostrou austero; finalmente, o Padre Cherubino depõe que o Padre Pio trata todas as mulheres com afabilidade e doçura, mas de forma reservadíssima".

[35] Ibid., p. 13.

os louvores de que é protagonista. Parece "como se nunca nada tivesse ocorrido em torno da sua pessoa e ainda não fosse objeto de tantas atenções e de uma estima que, da parte de muitos, é absoluta veneração". A sua humildade manifesta-se de modo particular na submissão à Igreja.[36] Interrogado sobre esse assunto,[37] ele declarou que tenciona obedecer sempre porque "pela S[anta] Igreja é o próprio Deus que fala".[38] Palavras fortes... Mas dever-se-á acreditar nelas? Dom Rossi considera que sim, pois o frade deu-lhe um límpido testemunho de sua obediência. O inquisidor pediu-lhe que o deixasse examinar a sua correspondência epistolar com o diretor espiritual – uma exigência inusual[39] –, e o capuchinho nem pestanejou: aceitou. Admirado e espantado, Dom Rossi escreve:

> Deu-me uma prova insigne de obediência[40] ao pôr nas minhas mãos, à minha primeira alusão, e sem a mínima observação, todas as cartas recebidas do Padre Benedetto, ex-provincial. [...] Não só; mas também depois que eu regressei a Volterra – como eu tinha mostrado o desejo de voltar a ter essas cartas diante dos meus olhos –, ele as enviou com a máxima solicitude e com renovados sentimentos de submissão e, em razão de ao mandá-las lhe ter ocorrido, por engano, conservar algumas que não havia

---

[36] Sobre esse assunto, cf. *Il Beato Padre Pio*, pp. 245-250; 321-322.
[37] Cf. *Rossi*, p. 14.
[38] Cf. ibid., p. 106.
[39] A bondade moral de Raffaello Rossi é indiscutível, não obstante [nos] espante "a incursão" do visitador em questões privadas, íntimas, que não são objeto de análise.
[40] O primeiro consultor teólogo do congresso teológico que examinou, para a Sagrada Congregação para a Causa dos Santos, as virtudes do capuchinho, definiu como "super-heroica" a obediência do servo de Deus à autoridade da Igreja. Cf. *Relatio et vota*, p. 25.

encontrado imediatamente, logo se apressou em enviar-me separadamente também estas.[41]

Antes de concluir a sua averiguação, Dom Rossi inspeciona a vida de oração do frade. Observa-o enquanto medita, quando está de joelhos, com o terço na mão: "Nada de extraordinário" – anota – "é observado exteriormente no Padre Pio, além do recolhimento especial que o padre superior notou".[42] Ao contrário, o frade capuchinho reconhece que é favorecido com aparições e visões intelectuais e, algumas vezes mais e outras menos, "com um total espírito de elevação".

A investigação prossegue também durante a Santa Missa. Enquanto o Padre Pio está paramentando-se, o inquisidor entra na igrejinha e, sentado entre os bancos de madeira, espera. Depois, o som da campainha. Olhando, o inquisidor anota: "Padre Pio celebra [...] com... muita devoção: cinco minutos para o *memento* dos vivos, quatro ou cinco para o *memento* dos mortos; dois minutos para a consagração do cálice – medidos com o relógio na mão". Não faltam erros ou defeitos litúrgicos:

> Não o vi inclinar a cabeça ao nome do Santo Padre na coleta; não abre e fecha bem as mãos aos Oremos; não faz a inclinação voltado para a cruz ao *Per D. N. Iesum Christum;* ao virar as páginas do missal com uma mão, mantém a outra suspensa no ar; não faz perfeitamente a inclinação sobre o altar ao *Munda* e ao *Te igitur* – talvez por causa da dor no peito; não é nada preciso nas

---

[41] *Rossi*, p. 14.
[42] Ibid., p. 16.

cerimônias da comunhão... Tudo coisas a que um... *santo* deveria prestar atenção.[43]

Mas Dom Rossi corrige-se imediatamente: não são imperfeições que provenham dele, mas "da formação, das instruções imperfeitamente recebidas ao tempo da Ordenação sacerdotal".[44]

Por isso, ele calcula o tempo e observa os gestos. Em suma, não lhe escapa nada. Além do mais, sabe ser intérprete inteligente

---

[43] Ibid., pp. 16-17. Dentre os testemunhos mais significativos sobre a Santa Missa celebrada pelo Padre Pio, tem valor especial o de João Paulo II. O futuro pontífice e o frade estigmatizado conheceram-se pouco depois de terminada a Segunda Guerra Mundial. Como recorda o próprio João Paulo II numa memória por ele escrita, o ano do encontro foi "1948 [...], no serão de um dia de abril".
Naquela data, com um "seu colega de estudos, Stanislaw Starowieyski", de Cracóvia, que era um pouco mais jovem do que ele e ainda não tinha sido ordenado sacerdote, o Padre Karol chegou a San Giovanni Rotondo para ver o Padre Pio, "para participar na Santa Missa e, possivelmente, para confessar-me a ele". No dia seguinte, o Padre Karol participa da missa do capuchinho: "Foi longa [...], vê-se na sua face que sofria profundamente. Vi as suas mãos que celebravam a Eucaristia; os lugares dos estigmas estavam cobertos com uma faixa preta. Tinha-se a consciência de que aqui no altar, em San Giovanni Rotondo, se cumpria o sacrifício do próprio Cristo, o sacrifício incruento, e, ao mesmo tempo, as feridas sangrentas nas mãos faziam-nos pensar em todo o sacrifício, em Jesus crucificado".
Para o futuro papa, essa "visão" é um fato excepcional: "Esse evento permaneceu em mim como uma experiência inesquecível". Depois, acrescenta: "Essa recordação dura até hoje e, de algum modo, ainda tenho diante dos olhos o que então eu mesmo vi".
No fim da missa, o Padre Karol confessa-se ao Padre Pio. Os jornalistas difundiram que o frade estigmatizado teria feito uma predição do pontificado. Mas as coisas aconteceram de maneira diferente. Karol Wojtyla disse que Padre Pio era um confessor muito simples, claro e conciso, mas, por diversas vezes desmentiu o boato relativo a uma profecia sobre o pontificado. Depois disso, nunca mais viu o rosto do capuchinho. A memória escrita por João Paulo II sobre o seu encontro com ele foi publicada em: CAMPANELLA, S., *Il papa e il frate*, San Giovanni Rotondo, 2007, p. 34.
Durante as investigações históricas para a beatificação e canonização do servo de Deus João Paulo II, surgiu uma última carta – a terceira, considerando-se as atualmente conhecidas – que, como bispo, o futuro pontífice escreveu ao Padre Pio. Publiquei-a com um comentário crítico em: CASTELLI, F., La terza lettera di Mons. Wojtyla a Padre Pio, *Servi della sofferenza*, X-VII/1 (2008), pp. 6-11. Cf., também, id., Monsignore Wojtyla e Padre Pio: il rapporto si intensifica, *Studi su Padre Pio*, IX/1 (2008), pp. 131-143.

[44] *Rossi*, p. 17.

de tudo o que viu e registrou, e chega à primeira conclusão: em relação a isso, Padre Pio é inatacável sob qualquer ponto de vista.

O segundo grau de juízo

"Milagre! Milagre!" Dom Rossi sabe que se atribuem milagres e bilocações a Padre Pio. Mas ele não é nem crédulo nem céptico e, depois de ter examinado a vida espiritual do padre, quer esclarecer tudo. Agora, começa o segundo grau de juízo, dedicado aos fenômenos extraordinários.

O visitador interroga alguns capuchinhos e, de noite, à luz de uma vela, no seu quarto, lê as cartas que chegaram ao convento. Das propaladas curas, muitas não são seguras ou até inexistentes. Contudo, na correspondência epistolar do padre, há algumas declarações fidedignas[45] que atribuem milagres à sua intercessão.[46] Mas, sem parecer médico, é difícil chegar a uma conclusão, por isso a questão permanece aberta.

Mais complexo ainda é o caso das bilocações. É impossível verificar o fenômeno, só restando perguntar ao interessado. Esquivo, pouco dado a falar de si, sob juramento o Padre Pio não pode negar e, apesar de embaraçado, dá a sua confirmação. Dom Rossi observa que, "até prova em contrário, [o seu depoimento] deve ser considerado sincero porque a impostura e o perjúrio contrastariam demasiadamente com a vida e virtude do próprio padre".[47]

---

[45] Ibid., p. 20.
[46] "Na verdade, tais fatos – por assim dizer, prodigiosos – não foram submetidos a exames formais nem expostos com a devida documentação e na legítima forma jurídica; apesar de tudo, servem, no máximo, e confirmando-se o episódio, para fazer pensar se, realmente, o Senhor não se servirá desse piedoso religioso para ainda manifestar a sua bondade e o seu poder." In: ibid., p. 20.
[47] Ibid., p. 22.

Mais precisamente, o frade estigmatizado reconhece apenas alguns casos de bilocação e fá-lo com uma simplicidade e candura que deixa o seu interlocutor estupefato. Mas não só. Ele fala-lhe do seu comportamento – confirmado pelos seus confrades –, para fazer silenciar e manter preservado tudo aquilo.

A leitura dessas peripécias incomoda. As acusações feitas a esse homem e os numerosos interrogatórios a que é sujeito não fazem justiça à sua vida evangélica. O visitador reconhece-o e, percebendo a grande contradição entre as acusações contra o "frade astuto" e a evidência dos fatos, que o mostram humilde e propenso ao escondimento, escreve:

> E dizer que muitas vãs palavras tinham exposto esse pobre capuchinho a uma luz tão infeliz! Por isso, permito-me chamar a atenção dos Emmos. para os seus depoimentos genuínos e íntegros, porque revelam que é alguém muito diferente de um taumaturgo interesseiro ou de um agitador entusiasta das multidões. É um pobre frade que, ao que me consta, sem querer e inconscientemente, se tornou o centro de muita atenção. Durante todos esses anos, foram-lhe atribuídas muitas coisas que, mesmo sendo verdadeiras, ele não teria gostado que fossem mencionadas. Tanto quanto pôde, nunca deixou de protestar; aliás – são palavras suas –, muitas dessas coisas que se diziam, verdadeiras ou inventadas, o último [a saber] ou quem menos sabia era precisamente o interessado.[48]

---

[48] Ibid., p. 19.

O inquisidor, o inquirido e os estigmas

Na tarde de 17 de junho, a visita apostólica vive o seu momento mais dramático.

O inquérito já está bastante adiantado. Passaram-se três dias, Dom Rossi interrogou muitas testemunhas e, por três vezes, também o Padre Pio. No primeiro interrogatório, ele falou-lhe dos estigmas e revelou fatos que o petrificaram. O padre disse-lhe: "[No dia da minha primeira estigmatização] vi nosso Senhor em atitude de quem está na cruz [...]. Convidava-me a compenetrar-me das suas dores [e me disse]: 'Associo-te à minha Paixão'. [...] Desaparecida a visão, caí em mim, [...] e vi estes sinais, dos quais gotejava sangue".[49]

Desde esse dia, o capuchinho esconde-os ciosamente: cobriu as feridas com meias-luvas e passou a andar de meias e sapatos.* Mas o que oculta?

Dom Rossi decide esclarecer o mistério: às 16h30, dirige-se à cela do estigmatizado, atravessa o corredor, chega diante da porta, bate com força e, modesto, o jovem capuchinho a abre. "Mostra-me os teus estigmas", ordena-lhe.

Para o padre, essa ordem soa como um trovão no céu azul. O visitador apercebe-se e anota: "O Padre Pio [...] resignou-se em suportar a visita: não me passou despercebido o sofrimento interior que se manifestou no seu rosto. Depois, à noite, disse-me: 'Como senti hoje o peso da obediência!'".[50]

---

[49] Ibid., p. 97.
* Segundo a Regra e a tradição, os capuchinhos calçam sandálias (sem meias). (N.T.)
[50] *Rossi*, p. 23.

Resignado, o capuchinho descobre as mãos. As luvas têm sangue colado, e fica evidente que ao tirá-las sente dor. Os estigmas estão diante dos olhos do inquisidor, que olha e escreve: "Há estigmas; estamos diante de um fato real que é impossível negar". Explica o que vê:

> Portanto, os estigmas nas mãos são visibilíssimos e produzidos, parece-me, por exsudação sanguínea: não há de modo nenhum abertura nem desagregação dos tecidos, pelo menos nas palmas [das mãos]; poder-se-á dizer que haja nas costas – das mãos –, ao que me parece, mas há de se convir que a eventual abertura não penetra em toda a cavidade da mão e não atinge a palma.[51]

Portanto, são estigmas diferentes dos de São Francisco, que tinham o aspecto de excrescências carnosas.

Dom Rossi observa com atenção, pega um metro, mede as dimensões das chagas – trata-se de alguns centímetros –, registra a presença de crostas, pede que as remova. E ele mesmo experimenta removê-las. Assim, Padre Pio deve sentir-se já muito angustiado. Os momentos de silêncio são interrompidos pelas perguntas. O seu inquisidor convida-o a sentar-se. A verificação parece terminada, mas não é bem assim: "Tira os sapatos e as meias" – exige ainda o inquisidor. Os sapatos dele são os de um pobre frade capuchinho. Tirados e postos de lado, o visitante, cheio de curiosidade, abaixa-se e observa.

---

[51] Ibid., p. 23. Com relação a isso, Rossi declara-se de acordo com o doutor Festa, mas nem tanto com o doutor Romanelli, que afirmava a existência de uma ferida de um lado ao outro, considerando até que atravessava o metacarpo.

As chagas nos pés "estavam quase desaparecendo: notava-se apenas algo semelhante a dois botões pela epiderme muito branca e delicada". A possibilidade de mudança da fenomenologia dos estigmas é um fato que causa admiração. O visitador esperava que fossem sanguinolentas como as das mãos e pediu esclarecimentos. O indagado responde "que os estigmas são, por vezes, mais ou menos visíveis; acontece que agora parecem estar quase sumindo, mas, na verdade, não desaparecem. Depois, voltam, reflorescem; por isso, também pode acontecer que os dos pés se tenham agora reaberto".

Dom Rossi está refletindo a respeito desse fenômeno, quando pede a Padre Pio que tire o hábito, a camisola de dormir e descubra a ferida do peito. O inquisidor, que já sabe qual é o aspecto daquela chaga, pelas descrições dos médicos que o antecederam, aproxima-se do peito do padre e a observa: incrível! Mesmo esperando uma cruz ou um corte, vertical ou horizontal, ele constata: "No peito, o sinal é representado por uma mancha triangular cor de vinho e por outras manchas menores; portanto, não tem mais o formato de uma espécie de cruz invertida".[52]

Sem esconder seu espanto, pergunta para o padre se há outros "sinais" ou outras "mudanças" no seu corpo; mas ele assegura-lhe que "não há nada semelhante em seu corpo". Portanto, até 1921, o padre não tem no seu corpo outros sinais estigmáticos.

O tormento do capuchinho já quase terminou. Recompõe-se e veste outra vez o hábito. A provação acabou.

---

[52] Ibid., p. 24.

A noite do inquisidor

É noite. Talvez esteja no seu quarto. Dom Rossi pensa em tudo quanto viu e ouviu durante o dia. Padre Pio revelou-lhe que o autor dos estigmas tem uma identidade bem precisa. Mas não só. No dizer do capuchinho, teria dito a ele palavras em que lhe confiava uma missão: "Associo-te à minha Paixão".[53] Depois, a estigmatização.

Mas é tudo verdade? Com esta pergunta, inicia o processo sobre os estigmas do padre. Agora, as chagas estão no banco dos réus. A palavra será julgada. Ao tratar do caso, o dominicano Lemius tinha levantado quatro possíveis causas da origem do fenômeno:

1. Hipótese de uma autoestigmatização *ab intrinseco*, por um estado doentio de tipo patológico.

2. Hipótese de uma autoestigmatização *ab estrinseco*, por uma sugestão ou aplicação voluntária de meios artificiais.

3. Hipótese de estigmas de origem divina.

4. Hipótese de estigmas de origem diabólica.

No seu relatório, o inquisidor observa que a última hipótese é totalmente improvável, sobretudo à luz da espiritualidade do interessado. Por isso, descarta-a.

Quanto às outras, o teor de vida de Padre Pio, o seu empenho na vida espiritual, a dedicação àquela pastoral, a

---

[53] Ibid., p. 24. Portanto, Rossi não confirma a verificação do professor Bignami, para quem o Padre Pio tinha "um evidente dermografismo em todo o tórax e também nas costas".

sua índole forte mas bem-educada, o sorriso e as brincadeiras, excluem um estado morboso de autossugestão produzido pelas meditações do crucificado. A esse propósito, Dom Rossi escreve: "Como [poderia] um neuropata resistir às fadigas do ministério, como nunca [se produziriam] nele fenômenos decorrentes da congestão, isto é, inflamação etc.?".[54]

Essas considerações excluem também a autossugestão, que seria causada pela direção espiritual de Padre Benedetto. Sobre esse ponto, o inquisidor demonstra que é um investigador perspicaz. Examina a correspondência epistolar entre os dois e verifica que, ao contrário da hipótese de Gemelli, é o Padre Pio quem primeiro e mais vezes trata o tema da partilha dos sofrimentos de Cristo.[55]

Resta unicamente a hipótese de uma autoestigmatização provocada exteriormente, com meios químicos e físicos.

O visitador pensa na acusação do uso de ácido fênico e de veratrina. Depois, interroga-se: "Seriam os estigmas uma ficção, uma fraude vulgar. Padre Pio, mesmo à custa de sofrimentos, tê-los-ia produzido, cultivado e aumentado artificialmente para, assim, crescer sua fama de 'santo'?".[56] Depois de uma verificação atenta, o inquisidor conclui:

---

[54] Ibid., p. 25. Rossi continua e diz: "Mas admitindo que, por um instante, num primeiro momento o fenômeno se tivesse manifestado em Padre Pio por efeito de excitação doentia, seria porventura igualmente fácil sustentar que essa excitação morbosa perdurou e ainda agora continua a manter em ato esse mesmo fenômeno passados três anos completos? Interrogo-me como é que um homem poderia viver sob a pressão constante desse estado morboso, capaz de reavivar continuamente os sinais dolorosos externos ou, pelo menos, pergunto-me como é que poderia manter-se sereno, calmo, desempenhando ininterruptamente os seus deveres, como ele faz". In: ibid., p. 25.

[55] Isso demonstra que a vontade de associar-se aos sofrimentos do Senhor não é um fato proveniente de influências externas.

[56] *Rossi*, p. 31.

O ácido fênico foi requisitado [pelo Padre Pio] para a desinfecção de seringas de injeções; a veratrina... para fazer uma brincadeira no recreio! Padre Pio tinha experimentado o efeito desse pó numa dose imperceptível colocada no tabaco que um confrade lhe oferecera. Sem ter conhecimento de venenos, sem sequer pensar no que seria a veratrina (por isso, tinha encomendado quatro gramas), requisitou-a para repetir a brincadeira e rir-se de algum confrade! E é tudo. Em vez de malícia, revelam-se aqui a simplicidade e o espírito brincalhão do padre.[57]

Deixando aos cardeais do Santo Ofício um eventual juízo e decidindo, prudentemente, não se pronunciar pessoalmente, a conclusão de Dom Rossi é clara: racionalmente, à luz dos dados adquiridos, os estigmas de Padre Pio apresentam as características de uma origem divina e são, assim, "motivo para fazer pender a favor do dom sobrenatural".

Um perfume de violetas em uma fornalha

O inquisidor julgava ter acabado a sua investigação. Mas, durante a sua permanência em San Giovanni Rotondo, deparou-se com dois fenômenos excepcionais que o espantam e que, como representante do Santo Ofício, tem o dever de esclarecer. Enquanto está no convento, sente um perfume agradabilíssimo e vivíssimo, "comparável ao da violeta".[58] Dizem que vem do Padre Pio e que todos os seus veneradores o sentem. Mas "não sou

---

[57] Ibid., pp. 31-32. Sobre a destacada aptidão de Padre Pio para o humorismo, cf. *Il Beato Padre Pio*, p. 319.
[58] *Rossi*, p. 38.

[...] um admirador do padre" – escreve no seu relatório – "[...] sinto-me plenamente indiferente [a respeito de Padre Pio]".

Portanto, de onde vem esse perfume inexplicável? É difícil dizer. Na cela, Padre Pio só tem sabão;[59] aliás, o perfume só é sentido em ondas, a distância. Passa o tempo, até os anos, e as roupas e também os cabelos dele "conservam esse perfume".[60]

Dom Rossi ainda está pensando a respeito desse mistério, quando toma conhecimento de um segundo fato inexplicável. O capuchinho é acometido por hipertermias altíssimas: os termômetros normais quebram-se, e aqueles que são próprios para cavalos atingem os 48ºC. São muitos os que testemunham esse fenômeno; mesmo contra a vontade do padre, até os incrédulos o verificaram.

O visitador quer compreender e pergunta ao próprio padre Pio de onde provém aquilo. Ele responde que tem origem em "sentimentos advindos de algumas imagens representativas do Senhor". O inquisidor relata que se trata de um mal moral, e não físico, em que o Padre Pio se sente como se estivesse em uma fornalha – conforme admitiu. O fato é tão original que [nem] "sob a pressão dessa febre, Padre Pio fica abatido, [mas] levanta-se, movimenta-se e faz tudo". Mesmo nesse caso, a origem do fenômeno pode ser uma só: divina. Contudo, Dom Rossi é prudente e não se compromete. Reflete e escreve no seu relatório: "Se o fato, além de excepcional, também for miraculoso, o Senhor manifestá-lo-á quando quiser".[61]

---

[59] Cf. ibid., p. 39.
[60] Ibid., p. 40.
[61] Ibid., p. 41.

Quem és, Padre Pio?

Passaram-se oito dias. Dom Rossi interrogou, inquiriu, observou. Depois de uma investigação analítica, com uma precisão exasperante, sem [ter em conta] dados adquiridos nem atenuantes, o bispo inquisidor resume as informações recolhidas e em rápidas penadas traça o rosto humano e espiritual de Padre Pio. O relatório é de importância histórica pela limpidez da conclusão. Gostaríamos que ficasse gravado para perene recordação:

> Padre Pio é um bom religioso, exemplar, empenhado na prática das virtudes, dedicado à piedade e mais elevado nos graus de oração do que pode parecer; irradiava, de modo especial, uma profunda humildade e uma simplicidade singular que se mostravam inabaláveis, mesmo nos momentos mais difíceis em que essas virtudes foram, de forma penosa e perigosa, postas à prova por ele.[62]

O regresso

Terminado o exame moral, espiritual e místico,[63] talvez Dom Rossi já tivesse regressado a Volterra, não fosse o fato de lhe ocorrer uma derradeira pergunta: "O que acontece hoje no convento e na região ao redor de Padre Pio?".[64]

---

[62] Ibid., p. 17.
[63] A verificação da originalidade do contributo de Rossi para o conhecimento do perfil místico de Padre Pio pode ser rapidamente feita mediante a leitura de um breve resumo, embora com menos informações sobre esse tema, em *Il Beato Padre Pio*, pp. 430-433.
[64] *Rossi*, p. 41.

Depois de oito dias de permanência em San Giovanni Rotondo, ele reconhece que "as coisas tomaram um aspecto diferente do passado, mais sério e mais calmo. O entusiasmo popular diminuiu",[65] embora não faltem episódios de "ridícula exterioridade" que o fradre desaprova.

Transferi-lo – observa o bispo inquisidor– causaria "vivíssima oposição por parte dos habitantes de San Giovanni Rotondo".

E os confrades de Padre Pio? "No convento tudo corre bem", acrescenta. "[...] Os religiosos que compõem a comunidade de San Giovanni Rotondo são sérios, reservados e prudentes. Não é necessário tomar nenhuma providência a seu respeito".[66]

Então, depois de algumas breves observações e de haver tratado de uma questão particular relativa à direção espiritual de uma religiosa brigidina, o visitador aponta no seu relatório os elementos essenciais das conclusões de sua investigação, antes de enviá-lo ao Santo Ofício:

1. "O Padre Pio é um bom religioso."

2. "Como se disse, das 'graças' impetradas por suas orações, muitas não têm consistência, muitas só se afirmam, mas não há prova jurídica."

3. "Tudo de extraordinário que ocorre com a pessoa do Padre Pio não se pode dizer como acontece, mas, com certeza, não é por intervenção diabólica nem por engano ou fraude."

---

[65] Cf. ibid., p. 41.
[66] Ibid., p. 42.

4. "Os entusiasmos populares diminuíram muito."
5. "A comunidade religiosa em que Padre Pio vive é uma boa comunidade, em que se pode confiar."[67]

Finalmente, Dom Rossi faz algumas sugestões sobre as decisões de que o Santo Ofício deve encarregar-se, de modo particular algumas indicações a serem comunicadas a Padre Benedetto acerca da direção espiritual. Simultaneamente, pede que se obtenha, "para consulta, a *Cronistoria di P. Pio* que o Padre Benedetto – diz-se – está redigindo ou, pelo menos, tudo o que ele recolheu para, um dia, escrever sobre a vida do próprio Padre Pio".[68]

O bispo inquisidor termina o seu relatório no dia 4 de outubro de 1921, festa de São Francisco de Assis. Depois, envia-o ao Santo Ofício,[69] tendo o cuidado de juntar a ele um anexo rico de outros elementos que devem ser lidos atentamente: a transcrição dos depoimentos verbais das testemunhas.

---

[67] Ibid., p. 45.
[68] Ibid., pp. 45-46.
[69] Acerca da relação entre Padre Pio e o Santo Ofício nos anos seguintes, cf. *Appendice 2,* 1922.

Capítulo II

OS INTERROGATÓRIOS DO INQUISIDOR

Os depoimentos das testemunhas

Quando sai do seu quarto, Dom Rossi leva sempre consigo três pequenos objetos: o livro dos santos Evangelhos para pedir o juramento solene de não mentir e de dizer toda a verdade; o papel e o tinteiro para transcrever os depoimentos dos interrogados, relê-los, corrigi-los e serem assinados [pelas testemunhas].

Na sua investigação, não segue um esquema prefixado: chama e interroga as testemunhas conforme lhe parece melhor. Não começa por Padre Pio, mas, sim, termina com ele. Alguns, ouve-os apenas uma vez; outros são interrogados por duas ou três vezes. A alguns faz poucas perguntas; com outros, volta a tratar insistentemente de temas já inquiridos. O ritmo dos interrogatórios é repetitivo. Dom Rossi começa às 7h30 da manhã e segue até a noite. Houve dois casos em que os interrogatórios começaram depois do jantar, às 21 horas, e acabaram de madrugada.

Ao todo, o inquisidor recolhe 24 depoimentos e organiza-os numa ordem bem precisa.

Inicialmente, são tomados os depoimentos de duas pessoas de fora do convento: o astuto arcipreste e pároco de San Giovanni Rotondo, o cônego Giuseppe Prencipe, e o jovem cônego Domenico Palladino, vigário ecônomo da mesma paróquia.[1] Submetido a três interrogatórios, insinuando mais do que afirmando, o primeiro lamenta o clima de fanatismo religioso em torno de Padre Pio e critica a ação dos seus confrades. Expõe algumas dúvidas sobre o capuchinho e sobre a sua atitude com as mulheres; mas, em suma, não formula um juízo negativo sobre o indagado.[2]

O segundo, isto é, o Padre Domenico Palladino, possivelmente deve ter começado tudo aquilo por concordar com o teor e o conteúdo dos depoimentos do seu pároco. De fato, diante do inquisidor, levanta algumas suspeitas sobre a pureza de Padre Pio, acusando os frades de difundir notícias sobre milagres inexistentes. Depois, no segundo depoimento, muda de atitude e, ao mesmo tempo que critica o ambiente à volta do capuchinho, também elogia este e sua espiritualidade.

Embora sem verdadeiras acusações, os depoimentos de Prencipe e Palladino revelam-se indignos de confiança. Mais tar-

---

[1] Outras denúncias de Domenico Palladino a respeito de Padre Pio conservam-se no arquivo da Congregação para a Doutrina da Fé. Cf. ACDF/S.O., Dev. Var. 1919, I, *Cappuccini*, Padre Pio da Pietrelcina, fasc. V, docs. 132, 143.

[2] "Um testemunho, o do arcipreste, que poderíamos definir como inconstante: prudente, mas não muito, em relação ao Padre Pio, e severo ao denunciar uma parte do seu rebanho, que abandona o seu redil." In: LOTTI, L., Padre Pio piccolo chimico? La verità della fonte Rossi, *Studi su Padre Pio*, VIII/3 (2007), p. 540. Não será esse o único ato de Prencipe na questão Padre Pio. Com o passar do tempo, tornar-se-á um feroz adversário dele e um íntimo colaborador de Dom Gagliardi na campanha difamatória contra os capuchinhos e o estigmatizado. Não é por acaso que, no arquivo do Santo Ofício, estão presentes numerosas cartas e relatórios enviados por ele sob a forma de acusação contra o que acontecia no convento de San Giovanni Rotondo. Cf. ACDF/S.O., Dev. Var., 1919, I, *Cappuccini*, Padre Pio da Pietrelcina, fasc. III, doc. 74; fasc. IV, doc. 120 bis; fasc. V, docs. 134, 140 e 152-154.

de, os dois eclesiásticos demonstrarão a sua má-fé e o plano orquestrado para prejudicar o Padre Pio. Todavia, no fim da sua vida, Palladino admitirá que mentiu e confessará abertamente a natureza caluniosa das suas declarações.[3]

Encerrado o caso das duas testemunhas externas, a cena abre-se agora no interior do convento: os confrades do padre são chamados a depor. Dom Rossi convoca sete deles.

Em primeiro lugar, é ouvido o superior do convento, o Padre Lorenzo de San Marco in Lamis.

Diante do inquisidor, ao falar dos primeiros anos vividos com o capuchinho, o religioso recorda o ciúme surgido entre os confrades por causa da consideração que os superiores tinham por ele. Dom Rossi pede explicações e Padre Lorenzo, de forma franca, responde-lhe: "Acharam-no exemplaríssimo, reservado".[4]

O inquisidor insiste e ordena-lhe que continue. Então ele fala sobre dois fenômenos excepcionais: as hipertermias e o misterioso perfume. Sobre as febres altíssimas, embora tenha sido inicialmente céptico, declara que assistiu a três medições de temperatura: a primeira, 43ºC, depois 45ºC e, finalmente, 48ºC – foi o que o termômetro indicou!

Mas, sobre a proveniência do misterioso perfume de violetas, reconhece que não sabe explicar. Depois, faz algumas obser-

---

[3] Diante das mudanças na declaração de Palladino é muito pertinente a observação de Lotti, que constata a "viragem" do sacerdote. Cf. LOTTI, op. cit., p. 541. Sobre sua retratação, já no fim da vida, ele declarara que não estava convencido de tudo o que afirmava acerca de Padre Pio, mas tinha-o feito por causa das ordens recebidas do bispo. Cf. TRIBUNALE DIOCESANO DI MANFREDONIA, *Transumptum processus in Curia Sipontina constructi super vita et virtutibus Servi Dei Pii a Pietrelcina*, Manfredonia, 1989, I, pp. 400-403.

[4] *Rossi*, p. 60.

vações sobre o caráter, os tempos da confissão e as modalidades da oração.

O inquisidor relê o depoimento e, não satisfeito, convoca novamente o superior do convento. Padre Lorenzo fornece as informações pedidas sobre as características humanas e espirituais do indagado e, depois, enfrenta um tema original: as conversões[5] suscitadas pelo Padre Pio.

"Devo observar" – assinala – "que o nome do Padre Pio trouxe para cá alguns não batizados e protestantes que receberam aqui o sacramento e voltaram para Igreja."[6]

Depois, faz uma lista: um hebreu de Florença; um protestante holandês não batizado; um protestante nascido de pais alemães; uma jovem da Estônia, filha de pastores protestantes. Mas ainda não é tudo. Padre Pio também converte pensadores afastados da fé. É o caso de um senhor de Milão, seguidor da teosofia,[7] que "reconheceu os seus erros; permaneceu aqui cerca de um mês, recebendo a comunhão todos os dias". Também uma senhora inglesa, "seguidora das doutrinas teosóficas, voltou

---

[5] Do ponto de vista teológico a existência de conversões "doutrinais", ainda antes das morais, é um fato perfeitamente condizente com a vida de um autêntico crente. De fato, o Cristianismo – como Bento XVI muitas vezes tem sublinhado – não é uma decisão ética, mas um encontro com uma pessoa divina, encontro com exigências de amor funcionais no seu desenvolvimento e na sua maturação. A propósito desse tema, além dos numerosos discursos e homilias, cf. BENTO XVI. Carta encíclica *Deus caritas est*, n. 1. São Paulo, Paulinas, 2006; cf. também DISCURSO AOS PARTICIPANTES DO CONGRESSO DE VERONA POR OCASIÃO DO IV CONGRESSO NACIONAL DA IGREJA DE ITÁLIA, quinta-feira, 19 de outubro de 2006, que se pode ler no site oficial da Santa Sé: <www.vatican.va>.

[6] *Rossi*, p. 68.

[7] Para um aprofundamento dessa corrente de pensamento, segundo a qual o conhecimento de Deus pode ser obtido não mediante um processo especulativo de tipo racional, mas sim através do sentimento religioso, lugar de uma possível união entre a divindade e o homem, leia-se a exposição sintética, mas eficaz, de TURCHI, N., Teosofia, *Enciclopedia Cattolica*, XI, Città del Vaticano, 1953, pp. 1984-1986.

ao bom caminho. Permaneceu aqui por quase dois meses e ainda volta de cinco em cinco ou de seis em seis meses".[8]

Aliás, não faltam casos de jovens, bem como de pessoas mais velhas que, depois do encontro com o frade estigmatizado, decidem consagrar sua vida a Deus.[9]

Nesse ponto, Dom Rossi despede o Padre Lorenzo e convoca outros frades, que, um após outro, desfilam diante do inquisidor.

Padre Ignazio da Jelsi conta que, até pouco tempo atrás, o carteiro levava ao pobre Convento de San Giovanni Rotondo entre seiscentas a setecentas cartas por dia para o Padre Pio. Um número excepcional para os anos vinte [do século passado]! Antigamente, todos os conventos cultivavam ervas e produtos medicinais. A propósito, o Padre Ignazio declara que guarda um pouco de pó de veratrina e o usa por brincadeira: "Uma noite, brincando com os confrades, mostrei o efeito que produz, aproximando-o do nariz. Padre Pio também o experimentou e teve de ir para a cela porque não parava de espirrar".[10]

Depois de ter prestado juramento, Padre Luigi da Serracapriola refere algumas notícias sobre o clima do convento. O

---

[8] *Rossi*, p. 69.
[9] A esse propósito, o superior capuchinho declara: "Pelo nome de Padre Pio e, também, ao conhecê-lo, sendo, depois, iluminados por ele, abraçaram a vida religiosa ou foram reconduzidos ao seu caminho: 1º) algumas jovens que se tornaram irmãs, a cujas primeiras necessidades de vestimenta Padre Pio pôde prover através de ofertas que lhe chegaram precisamente para isso; 2º) o Padre Gaetano Morelli, das Escolas Pias, ex-reitor do Colégio Nazareno de Roma, entrou no noviciado da nossa Província dos Capuchinhos de San Angelo; 3º) o professor Arturo Palagi, de Florença, professor de ciências e matemática, agora neste convento, está prestes a vestir o nosso hábito religioso; 4º) um pintor russo que entrou para os Trinitários, em Livorno". E, finalmente, acrescenta um dado ainda muito importante: muitos afastados da vida da fé que foram ao seu encontro "retomaram as práticas de religião". In: ibid., p. 69.
[10] Ibid., p. 72.

religioso conta que os frades refrearam o clima de devoção em torno do capuchinho. Mas, como a Dom Rossi interessa a atitude do indagado diante do entusiasmo popular, confessa-lhe: "Simplicidade, sempre impassível a qualquer honra etc. [...] Nunca o vimos abandonar sua simplicidade".[11]

Diante do inquisidor, o Padre Ludovico de San Giovanni Rotondo relata a vida de oração do capuchinho estigmatizado. Com muita franqueza, diz que este "prolonga [a oração] e a pessoa cansa-se de esperar por ele, especialmente quando faz meditação"![12]

Padre Cherubino de San Marco in Lamis, ao contrário, fala do sensacionalismo, mas declara-o como sendo um fato do passado.

Por fim, o inquisidor convoca o Padre Pietro da Ischitella, agora provincial da província capuchinha. O religioso descreve alguns aspectos do seu "súdito", que conhece desde os anos da sua formação em Sant'Elia a Pianisi. Rossi anota e, depois da assinatura, despede-o.

Os interrogatórios de Padre Pio

Um dia depois de sua chegada, em 15 de junho de 1921, às 17 horas, o inquisidor decide convocar Padre Pio. Com passos lentos e andar incerto, o jovem capuchinho fica diante dele; presta juramento e identifica-se. Começa assim o primeiro de seis rigorosíssimos interrogatórios, em que o padre é sujeito a uma

---
[11] Ibid., p. 76.
[12] Ibid., p. 89.

grande quantidade de perguntas. No relatório dos depoimentos contam-se 142, abrangendo temas de todos os gêneros: desde os mais banais acontecimentos do cotidiano até os maiores mistérios da vida mística.

Após breves apontamentos sobre a sua vida, o frade, que tinha por volta de quarenta anos, fala do seu ministério sacerdotal: afirma que administra o sacramento da Penitência. Mas inesperadamente declara: "Pregar, nunca preguei".[13]

Depois, começa o relato sobre uma matéria delicada: os acontecimentos de natureza mística. Fala sobre "visões más em figura externa, ora [em] figuras humanas, ora de animais". E acrescenta: "Faz anos que não se repetem os ruídos nem as visões".[14] As aparições do Senhor, de Nossa Senhora e de São Francisco, ao contrário, continuam ininterruptas, mas mais raras.[15] A propósito delas, declara: "Recebia exortações a respeito de mim mesmo, bem como censuras, todas acerca da vida espiritual; e também a respeito de outros".[16]

Depois dessas palavras, Dom Rossi muda de assunto e lhe faz a sua pergunta preferida: "Fala-me dos teus estigmas!".

Seria interessante possuir uma foto do rosto do inquisidor, enquanto escuta o Padre Pio. Nesse momento, o capuchinho revela – nunca mais o fará durante a sua vida – o diálogo tocante entre ele e a misteriosa personagem, autora dos estigmas, e as

---

[13] Ibid., p. 97.
[14] Ibid., p. 96.
[15] Portanto, as aparições do Senhor nunca se interromperam até a visita apostólica.
[16] Impressiona saber que Padre Pio recebeu não só exortações, mas, em certo sentido, "censuras" acerca da vida espiritual. É claro que aqui tais "censuras" devem ser entendidas em sentido lato.

palavras que marcaram para sempre a sua identidade espiritual: "Associo-te à minha Paixão".

Depois de novas perguntas, o interrogatório é interrompido: talvez o Padre Pio e Dom Rossi estivessem cansados. Uma hora de pausa e, então, tem início o segundo interrogatório. São 19 horas.

O inquisidor quer ver a cela do indagado: inspeciona-a, mas não encontra medicamentos nem qualquer outra coisa digna de nota.[17]

Pede-lhe que fale do perfume que parece difundir-se dos estigmas. Todavia, ele não entra em pormenores quanto à sua proveniência e declara não saber explicar tal fato: "Na cela só tenho sabão".[18]

O visitador volta ao tema dos estigmas e pergunta-lhe: "Padre Pio, o que sente?". Ele responde: "Dor, sempre, especialmente nos dias em que goteja sangue. A dor é às vezes mais aguda e, em outras, menos: em alguns momentos, não posso [suportá-la]".[19] Então, Dom Rossi pede-lhe que explique sua temperatura corporal "que chegou aos 48ºC". Ele não gosta de falar sobre esses acontecimentos extraordinários, mas, por estar sob juramento, não pode recusar-se, e admite: "Esse fenômeno ocorre quando penso no Senhor, sinto-me como numa fornalha". O depoimento termina e Dom Rossi marca um novo encontro às 16h30 do dia seguinte. Começa o terceiro interrogatório.

---

[17] Cf. *Rossi*, p. 98.
[18] Ibid., p. 98. Espanta que Padre Pio reduza tudo a "sabão comum"! O fato representa mais uma prova de sua "indiferença" perante os fatos sobrenaturais.
[19] Ibid., p. 98.

O inquisidor faz algumas perguntas sobre a relação com o diretor espiritual, o Padre Benedetto. Depois, trata de dois temas de caráter sobrenatural: os escrutínios do coração – que o Padre Pio reconhece possuir – e as bilocações. Afirma o capuchinho:

> Não sei como é e nem de que natureza é, e também não lhe dou importância; mas apercebi-me de ter presente esta ou aquela pessoa, este ou aquele lugar; não sei se a minha mente é transportada para lá ou [se] alguma representação do lugar ou da pessoa se me apresentou; não sei se [estive presente] com o corpo ou sem o corpo.[20]

Mas como se dá esse fenômeno? O Padre Pio conta: "Ordinariamente me aconteceu enquanto orava: minha atenção dirigia-se primeiro para a oração e, depois, para essa representação; por fim, de repente, encontrava-me como antes".

O visitador quer esclarecer isso melhor e pede ao padre que descreva episódios concretos. O capuchinho conta o caso de uma senhora doente, Maria de San Giovanni Rotondo: "Dirigi-lhe palavras de conforto; ela pedia-me que orasse pela sua cura. Isso em essência". Outro caso, ao contrário, refere-se a uma bilocação para solicitar uma conversão: "Um homem (por discrição, o Padre Pio não diz o nome) me foi apresentado ou eu me apresentei a ele, em Torre Maggiore – estando eu no convento –, e repreendi-o e censurei-o pelos seus vícios, exortando-o a converter-se. Depois disso, esse homem veio também aqui".[21]

---

[20] Ibid., p. 101.
[21] Ibid., pp. 101-102.

Não satisfeito com as informações recebidas, Dom Rossi quer saber quem difundiu a notícia desses fenômenos. O frade explica que não falou com ninguém acerca da bilocação e acrescenta: "As pessoas me falaram sobre isso, mas mantive uma atitude reservada; não o neguei nem afirmei". Depois de aprofundamentos sobre a existência de pressupostos milagres,[22] o inquisidor muda completamente de direção, passando a fazer perguntas sobre um tema delicado: a relação com as mulheres. O frade estigmatizado esclarece as circunstâncias em razão das quais é criticado e explica a razão da sua permanência na hospedaria durante a doença.

Esgotado esse assunto, Rossi interroga-o sobre a oração. Todos os dias, duas horas de meditação; a ação de graças depois da Santa Missa "de quinze a trinta minutos, de acordo com a ocasião".[23] O Padre Pio gosta especialmente do rosário, que reza inteiramente como "oração habitual. Depois, as jaculatórias".

Para se conhecer a sua espiritualidade, é interessantíssima uma pergunta do visitador: "Sei que faz mortificações, além das prescritas [...]". Com simplicidade, ele responde: "Não faço... Aceito as que o Senhor manda".

Quanto ao estudo, Padre Pio declara: "Confesso frequentemente. Por isso, estou sempre a par dos estudos necessários". Seguem-se outras perguntas importantes sobre os critérios de discernimento e de direção espiritual. Ele afirma que dirige almas

---

[22] Ibid., p. 102. A propósito dos milagres, também aqui a humildade de Padre Pio é evidente. O visitador pede a confirmação de supostas curas, e o interrogado responde: "Não sei. Pedi pelas necessidades das pessoas que se recomendaram a mim, indigentes, necessitados etc. É o que me consta". In: *Rossi*, p. 102.
[23] Ibid., p. 104.

"pelo caminho da virtude e do cumprimento dos seus deveres", enquanto só as conduz por vias extraordinárias "quando o Senhor as chama".[24]

No dia seguinte, o visitador interroga os confrades e, depois, às 19 horas, volta a chamar o capuchinho. Pede mais algumas informações sobre a oração. Quanto aos estigmas, o Padre Pio acrescenta que as dores que apareceram em 1911 não eram contínuas; mas, "em geral, registravam-se de quinta-feira à noite a sábado de manhã e, algumas vezes, também de terça-feira".

O quinto depoimento acontece depois do jantar do dia 17 de junho, precisamente às 21 horas. Padre Pio atesta que "nunca sofreu de doenças nervosas, histeria"; que já não aplica nada nas chagas: "o iodo, já faz dois anos, o glicerolato de amido menos; uma vez o próprio padre provincial o aplicou em mim porque saía sangue...".[25]

Depois, tem início uma série repetitiva de juramentos. Ele põe a mão sobre o Evangelho e Dom Rossi pergunta: "V.P.* jura sobre o santo Evangelho que nunca usou nem usa perfumes?". E "Padre Pio presta juramento de nunca os ter usado, até mesmo dizendo que, independentemente de ser religioso, sempre considerou isso repugnante".[26]

Dom Rossi insiste: "V.P. jura sobre o santo Evangelho que não procurou, alimentou, cultivou, aumentou ou conservou, di-

---

[24] Ibid., p. 105.
[25] Ibid., p. 113.
* Vossa Paternidade, tratamento reverencial dado então aos padres e frades sacerdotes, não só na Itália. (N.T.)
[26] Ibid., p. 114.

reta ou indiretamente, os sinais que traz nas mãos, nos pés e no peito?". Ele responde: "Juro". Mas ainda não acabou. Num ritmo alucinante, Dom Rossi pergunta: "V.P. jura sobre o santo Evangelho que nunca fez, por uma espécie de autossugestão, sinais no seu corpo que depois pudessem ser visíveis, com base em ideias fixas ou dominantes?". O Padre Pio, sincero e franco, responde dando ainda mais provas de sua humildade: "Juro. Por caridade, por caridade.* Antes, se o Senhor me livrasse deles, como lhe ficaria grato!".

A série dos interrogatórios parece concluída. Mas não é assim. Passados três dias, depois de ter ouvido outras testemunhas, Dom Rossi decide convocar Padre Pio pela última vez. São 16h30 do dia 20 de junho.

Dom Rossi já está bem informado sobre a vida do indagado. Sabe que entre o Padre Pio e o Padre Agostino de San Marco in Lamis houve a troca de uma correspondência em francês, e pergunta: "Alguma vez escreveu uma carta em francês, sem saber suficientemente essa língua?". O Padre Pio desmente: "Carta, não creio. Quando muito, alguma saudação, fruto de algum conhecimento que eu tinha".[27]

---

* *Per carità!* = por favor! Nem pensar! (N.T.)
[27] *Rossi*, p. 116. De fato, o capuchinho não escreve, mas recebe cartas em francês, demonstrando que consegue traduzir bem para o italiano. A única carta de Padre Pio em francês, com cinco linhas, é endereçada a Padre Agostino, de San Marco in Lamis, e continha uma saudação breve. Seja como for, permanece uma interrogação: como é que ele sabia francês para poder traduzir prontamente? Caso, sobre esse assunto, pudesse haver algumas hipóteses, mais clara é a explicação de uma situação análoga. Diante do seu pároco de Pietrelcina, Salvatore Pannullo, em 1912, Padre Pio leu e explicou uma carta de Padre Agostino em grego. Interrogado sobre como teria feito, ele atribuiu o acontecido ao anjo da guarda. Cf. *Epistolario*, pp. 301; 302, n. 2.

O inquisidor ainda faz diversas perguntas. Uma delas revela-se fundamental para se compreender a razão da diferença morfológica e fenomenológica dos estigmas das mãos e dos pés: "V.P. saberia explicar-me que diferença há entre os sinais das mãos e os dos pés, que parecem cicatrizados?". Padre Pio responde: "Não se conservam sempre da mesma maneira: por vezes, são mais ou menos evidentes; acontece que, algumas vezes, parece que vão desaparecer, mas não desaparecem; e, depois, regressam, renascem. E isso me acontece com todos os sinais, sem excluir o do peito".

"Tudo isso lido e aprovado" – conclui o visitador –, "o Padre Pio foi dispensado, depois de ter feito o juramento *de secreto servando*, prestado sobre os santos Evangelhos e, para confirmar, se assinou."[28]

A identidade da "misteriosa personagem"

Até agora, parecia que o Padre Pio nunca tinha revelado a ninguém o que aconteceu no dia 20 de setembro de 1918, dia de sua estigmatização.

Numa carta ao seu diretor espiritual, Padre Benedetto, o capuchinho havia feito alusão a isso, mas não tinha deixado transparecer quase nenhum detalhe.[29] Só havia falado de uma "misteriosa personagem" que o teria estigmatizado.

Segundo alguns estudiosos, o Padre Pio não conhecia a sua identidade. Ao falar disso, durante um congresso, Ottaviano Schmucki declarou:

---

[28] *Rossi*, p. 118.
[29] Cf. o capítulo IV da terceira parte deste livro.

Parece-me uma evidente, embora involuntária transposição, condicionada pela notável distância de tempo em relação ao evento, que, em 1966, o Padre Pio tenha identificado a misteriosa personagem [...] com Cristo crucificado,[30] enquanto um mês depois do acontecimento (22 de outubro de 1918) esta [personagem] lhe tenha parecido "misteriosa", isto é, não reconhecível. Esse fenômeno talvez se possa explicar com a sobreposição, na memória do místico, de recordações de múltiplas experiências interiores, acontecidas em tempos e circunstâncias diferentes, que insensivelmente se foram fundindo numa imagem compósita. Por outro lado, não é improvável que, diante da experiência central, isto é, da visão da "personagem misteriosa" que produz os estigmas, outras visões que a precederam tenham perdido o seu relevo psicológico e o tenham conduzido a uma amnésia parcial.[31]

Na realidade, existia uma fonte[32] – vê-la-emos adiante – que deveria ter sugerido mais cautela em se levar adiante a hipótese de uma amnésia de Padre Pio. Não obstante, nesse momento, ninguém se tenha mostrado perplexo.

Agora, o primeiro depoimento prestado pelo Padre Pio a Dom Rossi lança uma luz definitiva sobre esse assunto.

Respondendo ao visitador, que lhe pede que fale dos estigmas, o capuchinho, a menos de três anos do evento,

---

[30] O relator refere-se a um diálogo entre Padre Pio e Padre Raffaele D'Addario.
[31] SCHMUCKI, O., Le stimmate di san Francesco e le stimmate di Padre Pio, *Atti del convegno di studio sulle stimmate del servo di Dio Padre Pio da Pietrelcina, S. Giovanni Rotondo, 16-20 settembre 1987*, S. Giovanni Rotondo, 1988, pp. 154-155.
[32] Trata-se de uma declaração de Padre Pio, recolhida por Padre Raffaele D'Addario em 1967, publicada em *Le stimmate*, p. 107.

revela-lhe: "No dia 20 de setembro de 1918, depois da celebração da missa, enquanto estava fazendo a devida ação de graças no coro, de repente, fui tomado por um forte tremor; depois, voltei a ficar calmo e vi nosso Senhor em atitude de quem está na cruz".[33]

Portanto, passados três anos, ele consegue identificar perfeitamente quem viu: "[...] nosso Senhor em atitude de quem está na cruz". Assim, cai por terra a hipótese de uma amnésia por causa da "notável distância de tempo", pois ele declara saber quem o estigmatizou.

Daí em diante, à luz das próprias palavras do padre, a "misteriosa personagem" possui uma identidade precisa e segura: é Jesus crucificado.

O diálogo com o Crucificado

O segundo aspecto original do relatório da estigmatização de Padre Pio contido no depoimento refere-se ao diálogo com Jesus crucificado. Também com relação a isso, a situação era tudo, menos clara.

De acordo com o relatório supramencionado de Dom Giuseppe Orlando, o frade teria afastado a possibilidade de que, durante a estigmatização, recebera "uma comunicação oral da misteriosa personagem".[34]

Na realidade, sobre esse assunto foi publicado, em 1986, outro testemunho: o do Padre Raffaele D'Addario.

---

[33] *Rossi*, pp. 96-96.
[34] SCHMUCKI, op. cit., p. 157.

D'Addario, ao recordar o diálogo com o Padre Pio em 1967, escrevera: "Depois, perguntei-lhe se teria sido um diálogo com Jesus, e ele respondeu ingenuamente e com simplicidade: 'Sim, de fato foi isso; porque foi precisamente no decorrer do diálogo que a recebi'".[35]

Por isso, até hoje, pela contradição das fontes, não fora possível saber com certeza se havia sido ou não um diálogo com "nosso Senhor".

Mas o depoimento do frade capuchinho oferece uma solução a essa contradição.

Continuando a narração da estigmatização, ele alude ao diálogo e ao seu conteúdo. Eis o texto a que me refiro:

> [...] e vi nosso Senhor em atitude de quem está numa cruz – não me apercebi de que houvesse a cruz –, lamentando-se pela ingratidão das pessoas, especialmente das consagradas a ele e por ele mais favorecidas. Via-se, por isso, que ele sofria e que desejava associar almas à sua Paixão. Convidava-me a compenetrar-me das suas dores e a meditá-las; ao mesmo tempo, [a] ocupar-me da salvação dos irmãos. Então, senti-me cheio de compaixão pelas dores do Senhor e perguntei-lhe o que podia fazer. Ouvi esta voz: "Associo-te à minha Paixão". Depois disso, a visão desapareceu, caí em mim e vi estes sinais, dos quais gotejava sangue. Antes eu não tinha nada.[36]

Portanto, com base no seu depoimento, pudemos conhecer dois novos elementos importantes. Em primeiro lugar, ele sabia

---

[35] *Le stimmate*, p. 107. De seu ponto de vista, o diálogo é uma prova a mais de que o Padre Pio conhecia a identidade da "misteriosa personagem".
[36] *Rossi*, p. 97.

com clareza a identidade da "misteriosa personagem", a autora dos estigmas: "[...] nosso Senhor em atitude de quem está na cruz". Em segundo lugar, a estigmatização acontece ao final de um diálogo.

Do diálogo, porém, emergem outros elementos merecedores de atenção. Padre Pio revela que a estigmatização não foi o resultado de um pedido pessoal, mas de um convite de nosso Senhor, que "me convidava a compenetrar-me das suas dores".[37]

De fato, Jesus crucificado lamentava a ingratidão das pessoas e, de modo particular, a das consagradas. Depois disso, o padre é convidado a unir-se aos sofrimentos do Crucificado. No entanto, não pediu para ser estigmatizado, simplesmente [perguntou] "o que poderia fazer" pelo Senhor e pela salvação dos irmãos. Por isso, a estigmatização chegou no fim de uma preparação interior e mística, em que não teve o papel de promotor, e sim de destinatário de um convite e de uma missão.

A missão de Padre Pio

Que missão foi confiada ao Padre Pio? A propósito desta pergunta, o documento em exame é claro: ele se une à Paixão de nosso Senhor para reparar a ingratidão das pessoas. Eis, então, o sentido e a índole da sua missão de estigmatizado: participar na Paixão de Cristo a favor da salvação dos irmãos.[38]

---

[37] Ainda nesse diálogo, aprendemos que a estigmatização de Padre Pio aconteceu em consonância com um projeto mais amplo de nosso Senhor, que lhe revela o desejo de associar "almas à sua Paixão".

[38] A propósito, a leitura da Carta apostólica *Salvifici doloris*, de João Paulo II, publicada por Paulinas Editora, permite uma aproximação excepcional à espiritualidade do capuchinho.

A propósito desse assunto, ainda queremos sublinhar um aspecto particular. O tema da ingratidão das pessoas, em particular daquelas que eram as mais favorecidas por Deus, não é novo nas revelações privadas do capuchinho. Alguns anos antes, em 7 de abril de 1913, já tivera uma aparição com um conteúdo análogo. O Padre Pio escreveu ao Padre Agostino:

> Sexta-feira de manhã, estava ainda na cama, quando me apareceu Jesus. Estava todo maltratado e desfigurado. Mostrou-me uma grande multidão de sacerdotes regulares e seculares, entre os quais diversos dignitários eclesiásticos; destes, uns estavam a celebrar, outros a desparamentar-se. Dava-me muita pena ver Jesus tão angustiado; por isso, quis perguntar-lhe por que sofria tanto. Mas não obtive nenhuma resposta. O seu olhar, porém, voltou-se para aqueles sacerdotes; mas, pouco depois, horrorizado e cansado de olhar, desviou o olhar e, enquanto se virava para mim, para grande horror meu, observei duas lágrimas que lhe sulcavam as faces. Afastou-se daquela turba de sacerdotes com uma grande expressão de desgosto, gritando: "Carniceiros!". E dirigindo-se a mim, disse: "Meu filho, não acredites que a minha [agonia] tenha sido de três horas, não; por causa das almas, estarei em agonia até o fim do mundo. Meu filho, durante o tempo da minha agonia não posso dormir. A minha alma anda à procura de alguma gota de piedade humana, mas – ai de mim! – deixam-me só sob o peso da indiferença. A ingratidão e o sono dos meus ministros tornam a minha agonia mais pesada. Ai de mim! Como correspondem mal ao meu amor! O que mais me aflige é que, ao seu indiferentismo, eles

juntam também o seu desprezo, a sua incredulidade. Quantas vezes eu estava a ponto de fulminá-los, não fosse impedido pelos anjos e pelas almas apaixonadas por mim".[39]

É um texto interessante, e que foi acusado de plágio pela sua consonância linguística e temática com uma aparição privada de Santa Gema Galgani.[40]

Todavia, à luz do depoimento, o regresso ao tema da oferta vitimal de si mesmo na aparição anterior aos estigmas prova que o tema e a comunicação pertencem ao Padre Pio. E não só. Também realça que a sua oferta pela salvação dos irmãos é o aspecto característico da sua vida e da sua missão de sacerdote estigmatizado.

Para concluir, resta somente reafirmar o dado adquirido. O primeiro depoimento dele esclarece muitas dúvidas e constitui em absoluto a fonte autobiográfica mais clara e importante para definir a natureza e a índole da missão do capuchinho: a de sacerdote associado à Paixão de Cristo.

---

[39] *Epistolario*, pp. 350-352.
[40] Cf. o testemunho referido em Positio, de Santa Gema Galgani, em *Summ.*, 332.

Capítulo III

OS ESTIGMAS DE PADRE PIO DIANTE DO INQUISIDOR

As verificações dos médicos

Antes de examinar as chagas de Padre Pio, Dom Rossi coloca em ordem os papéis recebidos do Santo Ofício. De fato, no volumoso processo sobre o padre encontravam-se as descrições dos médicos e dos estudiosos que o precederam.

A primeira, na ordem temporal, é a do doutor Luigi Romanelli (15-16 de maio de 1919); a segunda, do professor Amico Bignami (26 de julho de 1919); a terceira e a quarta, do doutor Giorgio Festa (respectivamente, 28 de outubro de 1919 e 31 de agosto de 1920), que ainda apresentará um quinto relatório, depois da visita de 7 de abril de 1925, posterior aos fatos expostos neste livro.[1]

São descrições interessantes, mas que apresentam problemas. As chagas dos pés não foram interpretadas por todos do

---
[1] Alusões históricas sobre as circunstâncias imediatas e sobre quem esteve presente nas visitas médicas encontram-se em: PAGNOSSIN, cit., v. I, p. 82. Todas as relações e testemunhos sobre as chagas do Padre Pio foram sabiamente publicados em *Le stimmate*.

mesmo modo; a alguns pareceram feridas, a outros "exsudação", isto é, efusão de sangue, mesmo que não haja corte. A do peito até pareceu mudar frequentemente de posição e de forma.

Consciente dessas dificuldades, o inquisidor prepara o seu escrupuloso exame na busca de uma solução.

O exame dos estigmas

São 16h30 do dia 17 de junho de 1921, quando Dom Rossi inicia o inquérito sobre os estigmas. O visitador apostólico apercebe-se e anota imediatamente que Padre Pio "tem nas mãos meias-luvas de lã".[2] Manda-lhe que as tire e, depois, observa a mão direita.

O exame da mão direita e da mão esquerda

Na palma da mão direita, "nota-se uma larga mancha circular com o diâmetro de cinco centímetros".[3] A mancha, obviamente, é formada pelo sangue coagulado que sai dali.

Imediatamente, o visitador nota um elemento importante: nas palmas do padre "não há nenhuma lesão [...] da pele, nenhum furo central ou lateral". É com base nisso que chega a uma conclusão precisa: o sangue coagulado, que se encontra nas palmas, sai da pele por "transudação".

---

[2] *Rossi*, p. 106.
[3] Ibid., p. 106. Ao falar, no seu relatório, sobre a lesão na palma da mão esquerda, Festa afirma que é análoga à da mão direita e que tinha "forma circular [com] um diâmetro de pouco mais de dois centímetros". In: *Le stimmate*, p. 187.

Continuando, pergunta ao capuchinho se sente dor: "Sinto toda a mão adormecida; a dor é mais aguda no centro, internamente".

Pede-lhe que feche a mão: ele consegue, mas sem apertar muito. O visitador é um observador atento, nota-o e pergunta a razão. Ele explica-lhe que depende "da dor, que se torna mais intensa quando aperto".

Depois de ter examinado a palma da mão direita, Dom Rossi observa as costas [da mão] e verifica a ausência de lesões. Quanto à dor, o Padre Pio atesta: "Como na palma".[4]

Então, o inquisidor verifica a correspondência ou não entre a ferida nas costas e a da palma da mão.

Com base nos relatórios de Bignami e Romanelli, já sabíamos que os estigmas das palmas eram simétricos aos das costas[5] [da mão]. Dom Rossi, ao contrário, constata que o centro da chaga corresponde, em linha reta, à orla superior da chaga das costas. Assim, confirma a descrição que o doutor Festa[6] formulara no seu primeiro relatório, o que contrasta com a de Romanelli e a de Bignami.

Quanto à mão esquerda, "a mancha na palma tem um diâmetro de cinco centímetros e a das costas, quatro".[7] O visitador não se alonga na descrição porque "as características são idênticas às da mão direita".[8]

---

[4] *Rossi*, p. 108.
[5] Precisamente, Romanelli diz que "são quase correspondentes", cf. *Le stimmate*, p. 148.
[6] Cf. ibid. p. 188; *Misteri di scienza*, p. 160.
[7] No seu relatório, ao contrário, Festa tinha constatado que as manchas da mão esquerda e da direita tinham exatamente o mesmo tamanho. Cf. *Le stimmate*, pp. 187-188.
[8] *Rossi*, p. 108.

Terminado o exame das mãos, o inquisidor passa a analisar os estigmas dos pés.

Os estigmas dos pés: um aspecto variável

Logo que os observa, Dom Rossi constata imediatamente que as chagas dos membros inferiores têm uma fenomenologia diferente da dos membros superiores: "Nas extremidades inferiores, os estigmas estavam quase desaparecendo: notava-se apenas algo semelhante a dois botões[9] pela epiderme muito branca e delicada". Inesperado!

Cheio de curiosidade com relação a esse fenômeno, Dom Rossi interroga o capuchinho, que lhe explica que os estigmas, pelo menos os dos pés, nem sempre são exatamente idênticos: tanto o aspecto como o sangue que é expelido deles são variáveis: "Padre Pio assegura que os estigmas são, por vezes, mais ou menos visíveis; acontece que, algumas vezes, parecem que estão sumindo, mas não desaparecem e, depois, regressam, renascem; por isso, pode acontecer que também os dos pés se tenham agora reaberto".[10]

O fato é relevante. Por meio do próprio Padre Pio, ficamos sabendo que o resultado do exame dos estigmas não é sempre o mesmo devido as suas alterações.[11] Portanto, as descrições médi-

---

[9] Teria sido útil ter em mãos algum esboço anatômico e morfológico relativamente a esses "dois botões". Aqui, parece que se pode estabelecer um paralelo hipotético entre os estigmas de São Francisco – uma espécie de excrescência carnosa – e os dos pés do Padre Pio. No seu relatório, Romanelli declara que nesses "dois botões" das palmas das mãos há uma "membrana luzente, um tanto levantada no centro, formando um pequeníssimo botãozinho". In: *Le stimmate*, p. 148. Portanto, também ele vê dois "botões", embora unicamente nas mãos.

[10] *Rossi*, p. 24.

[11] Até agora, os relatórios médicos que possuíamos não nos permitiam conhecer claramente esse pormenor.

cas anteriores eram diferentes não por causa do observador ou dos seus erros, mas pela diversidade objetiva dos estigmas observados. Por conseguinte, o primeiro problema está resolvido.

Exame dos pés direito e esquerdo

Ao observar o pé direito, Dom Rossi escreve: "No peito [do pé, há] uma pequena mancha de dois centímetros e meio de diâmetro, sem nenhum indício de que tenha recente ou anteriormente saído sangue".[12] Para esclarecer o que viu, escreve: "Imaginemos uma ferida fechada, cicatrizada [...] e mais branca: é este o sinal que aparece no peito do pé direito".

O inquisidor pergunta ao Padre Pio se sai sangue e se há crostas. Ele responde: "Algumas vezes, sangue às gotinhas; em outras, pequeníssimas crostas que nunca chegam a escurecer".

Na zona central da planta do pé, o aspecto da lesão está ainda mais redimensionado. O visitador observa "uma pequena mancha com um centímetro e meio de diâmetro. Também aqui, nenhum vestígio de sangue. Antes, está coberta com uma finíssima camada de pele quase calosa que se vai destacando porque tem os bordos a sua volta levantados".

Ao observar os sinais do estigma na planta do pé, parece-lhe que, "quando terminar de cair [...], aquela pele calosa que agora ficou, parece que não ficará nenhum vestígio de sinais especiais".

Depois, o inquisidor torna-se minucioso, usa os dedos como paquímetro e verifica a semelhança entre a chaga superior e a inferior. Anota: "Mal se consegue 'abraçar' [o pé] com dois

---

[12] *Rossi*, p. 108.

dedos; mas o centro da pequena mancha superior parece [estar] em relação direta com o centro da inferior".

Interrogado sobre a dor, o Padre Pio é muito claro: "Como nas mãos".[13]

Passando ao pé esquerdo, Dom Rossi observa no peito "a pequena mancha como no pé direito". "Parece uma ferida cicatrizada" – escreve –, "sobre a qual se formou uma pele nova, ligeiramente colorida, sob a epiderme, com um tom violáceo claro". Na planta do pé, ocorre o mesmo que no pé direito, mas "a película calosa caiu quase toda, razão pela qual os contornos já não são perfeitamente vistos e, quando terminar de cair, parece que não ficará nenhum vestígio de sinais especiais".

Por fim, justamente, Dom Rossi pergunta ao Padre Pio se anda facilmente. Ele responde: "Não é sempre que sinto a mesma fadiga. Pouco posso ficar de pé, por causa da dor interna". Portanto, a dificuldade é variável, provavelmente em razão de a fenomenologia ser diferente com relação às chagas dos pés. Todavia, o esforço é constante por causa da "dor interna".

O estigma no peito: as observações anteriores

A chaga do peito é a mais problemática e foi o que fez com que os estudiosos[14] discutissem durante maior tempo, porque,

---

[13] Ibid., p. 109.
[14] Nessa perspectiva, pode-se partilhar a afirmação de G. Intrigillo: "A lesão no peito do Padre Pio será sempre objeto de discussão, quer pela forma quer pela exatidão da sua localização". In: INTRIGILLO, G., I vangeli, la sindone e le stimmate, *Atti del convegno di studio sulle stimmate del servo di Dio Padre Pio da Pietrelcina, S. Giovanni Rotondo, 16-20 settembre 1987*, San Giovanni Rotondo, 1988, p. 102.

aos olhos dos observadores, assumia sempre formas diferentes e surgia em diversos lugares.

Em maio de 1919, o doutor Romanelli viu

> no hemitórax esquerdo, precisamente entre a linha mamilar e a axilar anterior, quase em correspondência com o sexto espaço intercostal esquerdo [...], uma ferida lacerada, linear, que acompanha a direção das costelas, medindo cerca de sete centímetros de comprimento, com margens nítidas e ligeiramente dobradas, e que afeta os tecidos moles.[15]

"A ferida tem o aspecto de um corte".[16] Portanto, Romanelli viu uma ferida, mas não observou nenhuma exsudação.

Dois meses depois, em julho de 1919, foi a vez do professor Bignami: a chaga do tórax tinha mudado. Agora tinha a forma de cruz, e estava direcionada mais para o exterior. Eis o que Bignami conta:

> No tórax, à esquerda, entre a linha axilar anterior e a axilar média, observa-se a figura de uma cruz, cuja haste mais longa, disposta obliquamente, vai da quinta à nona costela, atingindo a região das costas, enquanto a haste transversal mede a metade da maior [...]. Em nenhum ponto a lesão se aprofunda. A derme não está de modo nenhum lesada.[17]

---

[15] *Le stimmate*, p. 149.
[16] Ibid., p. 150.
[17] Ibid., p. 176.

Para Bignami, a ferida é superficial. Aliás, ele não dá informações sobre a direção da cruz, deixando permanecer a dúvida.

Outra informação a respeito do aspecto da chaga no peito é dada pelo Padre Paolino de Casacalenda, que diz que ela tem a "forma quase de um X"[18] e é profunda.

Julgando-a superficial, como Bignami, e com o formato de uma cruz invertida, no seu primeiro relatório o doutor Festa descreve assim a chaga examinada por ele:

> Na região anterior do tórax esquerdo, a cerca de dois dedos travessos por baixo da papila mamária, apresenta uma última e mais interessante lesão, em forma de cruz invertida. A sua haste longitudinal mede sete centímetros de comprimento: parte da linha axilar anterior, na altura do quinto espaço intercostal, e desce perpendicularmente pela borda cartilaginosa das costelas, sulcando a pele num ponto que, como já realcei, está a cerca de dois dedos travessos abaixo da papila mamária. A haste transversal da cruz tem cerca de quatro centímetros de comprimento, cortando a haste longitudinal não em ângulo reto, mas um pouco obliquamente e quase a cinco centímetros do seu ponto de partida, e apresenta-se um pouco espalhada e arredondada na sua extremidade inferior. Esta figura em forma de cruz é superficialíssima.[19]

Durante a segunda visita, em 16 de julho de 1920, o doutor Festa repete o exame com o doutor Romanelli. O resultado é

---

[18] Ibid., p. 83.
[19] Ibid., p. 189.

quase análogo ao do primeiro relatório do doutor Festa, mas com uma variante: a haste transversal é "talvez um pouco mais larga e mais longa".[20]

Em 1925, o Padre Pio foi operado de uma hérnia pelo doutor Festa e, durante um colapso do paciente, o cirurgião examinou a chaga que tinha o "formato de uma cruz e que emitia breves, mas evidentes, 'radiações luminosas' de suas bordas".[21]

Até hoje, considerava-se que

> o estigma do peito [teria permanecido] praticamente imutável até 5 de julho de 1964, quando foi visto pelo Padre Eusebio Notte, que assim a descreve: "Era uma chaga em forma de cruz [...]. A haste vertical tinha de seis a sete centímetros de comprimento, com a parte inferior voltada para o lado esquerdo. A haste transversal era bem mais curta".[22]

Por fim, entre os testemunhos sobre os estigmas do peito, há outro, supreendentemente pouco considerado nos estudos sobre o Padre Pio, que é dado pelo Padre Nazzareno, guardião do Convento de San Giovanni Rotondo de 11 de novembro de 1910 a 1º de julho de 1914.[23]

O religioso pediu para ver os estigmas do peito e, após recusa inicial, ele "mostrou-me o peito rasgado. [Do] lado esquerdo [vê-se] uma ferida vertical com cerca de seis centímetros. As duas

---

[20] Ibid., p. 207.
[21] Ibid., p. 295.
[22] Ibid., p. 130.
[23] Não temos informações sobre a data do reconhecimento do estigma no peito efetuado pelo Padre Nazzareno. Para obter outras notícias biográficas sobre este, ver: ibid., p. 66, n. 1.

partes estavam separadas [uma] da outra".²⁴ Portanto, outro formato diferente!

"Uma mancha triangular no peito"

A descrição de Dom Rossi sobre a chaga no peito é definitivamente diferente tanto da de quem o precedeu quanto de quem o seguiu, e imporá uma revisão de tudo o que se disse sobre esse tema.

Quando o padre descobriu o peito, o inquisidor observou uma "mancha triangular", embora esperasse uma cruz invertida ou oblíqua. Na descrição do exame anota com maior precisão:

> Na parte esquerda, à altura de três centímetros a partir da última costela, há uma mancha triangular [...] com cerca de dois centímetros de comprimento, cor de vinho. Não há aberturas, cortes, feridas. Acima, à altura de sete centímetros, há outras manchas difusas, como na figura, mas estas são pequenas; mais acima, há uma última, um pouco maior.²⁵

O visitador continua a sua inspeção. Provavelmente verifica que a lesão é superficial: "Considerando que não há feridas, pode-se legitimamente supor que o sangue é expelido por exsudação".

Depois, faz uma pergunta importante ao Padre Pio: "Esse sinal foi sempre assim?". E ele responde, de modo vago: "É mais ou menos sempre assim, [...] porque nunca prestei atenção".²⁶

---

[24] Ibid., p. 66.
[25] *Rossi*, p. 109.
[26] Ibid., p. 110.

O exame termina e Dom Rossi compreende a razão dos diferentes relatórios sobre o estigma do peito. Mais do que qualquer outra, essa chaga varia não só quanto à efusão de sangue, mas também quanto à forma: agora, assume um aspecto triangular!

A autenticidade dos sinais da Paixão

Segundo polêmicas recentes, o ácido fênico e a veratrina que o Padre Pio usava não eram utilizados para esterilizar ou para fazer alguma brincadeira, e sim, com grande probabilidade, os causadores dos estigmas. Portanto, Dom Rossi teria ingenuamente acreditado no juramento do frade estigmatizado e, com demasiada facilidade, concluído a favor de uma única possível proveniência do fenômeno: a divina![27]

Essa convicção serve de oportunidade para se explicar a avaliação do visitador sobre a origem dos estigmas, avaliação que não se funda apenas nas declarações dadas pelo capuchinho.

Mas avancemos ordenadamente. O exame visual das chagas, realizado pelo inquisidor, pôs em evidência pelo menos três elementos importantes:

1. Os "sinais da Paixão" no corpo do padre não eram feridas, não consistiam em lesões de tecidos. Tratava-se de exsudações sanguíneas, isto é, de material sanguíneo vertido em razão de uma espécie de hiperpermeabilidade das paredes dos vasos. Ora, uma exsudação constante, contínua, notável, só em pontos físicos bem determinados e com bordas nítidas, de modo a também assumir formas bem precisas em lugares

---
[27] Cf. LUZZATTO, cit., p. 142.

diferentes, era de per si um fato que, sendo cientificamente muito estranho, depunha a favor de uma proveniência não humana dos estigmas. Aliás, essas exsudações não davam lugar a flogose ou supuração. Também isso era um indício favorável à origem sobrenatural das chagas.

2. A aplicação de ácido fênico produz um efeito bem diferente do encontrado nas chagas do estigmatizado e acaba por consumir os tecidos, inflamando a região ao redor. Não era esse o caso das feridas examinadas.

3. Das "chagas" do padre e do sangue coagulado emanava um perfume fortíssimo de violetas, não um mau cheiro como ocorre, geralmente, em feridas sangrentas. Pelo contrário, esse perfume demonstra ter um excepcional poder de propagação![28] Também esse era um dado decididamente favorável à origem sobrenatural dos estigmas. Nem era suficiente formular a hipótese de que o Padre Pio usaria perfumes em grande quantidade. Na verdade, o perfume só era sentido de vez em quando e, muitas vezes, a grande distância do frade.

A isso acresce que a acusação de uso de fármacos como causa das chagas era facilmente contestável por um dado evidente: agora que se tornara uma celebridade "vigiada de perto", o Padre Pio nunca saía do convento. Como podia requerer e possuir quantidades de veratrina ou de ácido fênico durante anos, sem que a notícia se espalhasse?

---

[28] Cf., por ex., *Rossi*, pp. 61-62.

Quanto ao juramento do Padre Pio, relativamente aos estigmas, era crível por força de algumas de suas atitudes e respostas, que podemos sintetizar assim:

1. Os estigmas dele não se apresentaram ao visitador como ao doutor Romanelli, ao professor Bignami e ao doutor Festa. Os das plantas dos pés pareciam estar quase desaparecendo. É evidente que o fato depunha em prol da autenticidade das chagas e do estigmatizado. Se realmente tivessem sido causadas pelo uso de fármacos, o padre teria de reavivá-las antes do exame do inquisidor.

2. Interrogado sobre a evolução dos estigmas, o capuchinho não tarda em admitir, sem qualquer dificuldade, que eles ora aumentam, ora diminuem. Sendo assim, se estivesse de má-fé, poderia negar essa evolução. Se, ao contrário, houvesse sido sugestionado, ter-se-ia desagradado com aquela reduzida visibilidade dos sinais da Paixão. Em vez disso, ele não tarda em dizer ao visitador que, às vezes, parecem sumir, mas acrescenta que ficaria alegre se tais "sinais exteriores" desaparecessem completamente.

3. Dos diálogos com o Padre Pio, do epistolário, dos testemunhos e da sua própria investigação, Dom Rossi apura um fato: ele não gosta que os "sinais da Paixão" sejam visíveis. Não quer mostrá-los, esconde-os e até sofre quando é obrigado a expô-los. Verificando o fato, o inquisidor anota, dirigindo-se aos cardeais da Suprema Congregação: "Quanto ao Padre Pio, resignou-se em suportar a visita; não me passou despercebido o sofrimento interior que se manifestava em seu rosto. Depois,

à noite, disse-me: 'Como senti hoje o peso da obediência!'".[29] Portanto, como poderia querer ou provocar os estigmas que se esforçava por ocultar? Aliás, interrogado sobre a proveniência do perfume dos seus estigmas, declara com humildade: "Não sei, não sei explicar. Na cela, só tenho sabão". Dá a impressão de que ele quer atribuir tal fato ao sabão, fugindo assim à hipótese mais defendida e mais fascinante. Também aqui, Dom Rossi nota no capuchinho uma índole contrária a qualquer sensacionalismo e exaltação.

Os dados adquiridos

A descrição das chagas apresentada pelo visitante oferece importantes informações.

Em primeiro lugar, passamos a saber que as feridas nos pés tinham uma forma menos acentuada do que as das mãos e que, sobretudo, a sua fenomenologia não era estável. É o próprio padre quem o afirma de modo inequívoco. Portanto, isso explica a razão dos diferentes resultados das visitas médicas precedentes.

Em segundo lugar, obtivemos novos dados sobre o estigma do peito e, em particular, sobre a sua morfologia. Historicamente era descrito como uma lesão horizontal, uma lesão vertical, em forma de cruz com a haste transversal mais curta, em forma de cruz invertida, em forma de cruz em posição mais ou menos oblíqua. Dom Rossi o descreve como uma mancha triangular, sobreposta por outras pequenas manchas difusas, uma das quais maior, ao alto.

---

[29] Ibid., p. 23.

À luz dessa variabilidade surge, então, uma pergunta: qual o significado dessa mudança e das diferentes formas assumidas pela chaga? Por agora, essa questão não tem resposta.

Também surgem importantes confirmações sobre a autenticidade das chagas. A exsudação sanguínea constante, além do fato de apresentar formas bem precisas; o perfume exalado, em vez de um cheiro fétido, geralmente causado por sobreposição bacteriana e pela necrose dos tecidos; a ausência de processos degenerativos dos tecidos ou de alguma cicatrização definitiva; a mutabilidade do formato da chaga no peito; e o desaparecimento dos estigmas no fim da vida, sem nenhum vestígio de cicatriz, são fatos cientificamente inexplicáveis que comprovam a origem não humana de tais sinais. No mais, o fato de o indagado tentar ocultar o que lhe ocorreria, verificado por Dom Rossi, o desejo de não ser visto nem examinado para comprovação de qualquer acontecimento sobrenatural, a vontade de participar na Paixão do Senhor, mas sem aqueles "sinais externos", a inclinação ao sorriso e à brincadeira, a comunhão profunda com o Senhor, são uma prova da sinceridade de suas declarações.

Em suma, com essa investigação sobre os estigmas, o Santo Ofício ofereceu uma grande oportunidade ao Padre Pio.

Perante o coro aniquilador dos detratores, o bispo de Volterra permitiu que ele desmentisse totalmente as insinuações que lhe eram feitas.

Uma pergunta sobre outras hipotéticas chagas

Antes de concluir o exame dos estigmas, Rossi faz ao Padre Pio uma pergunta importante: "Tem, no peito ou nas costas, outros sinais semelhantes, eczema etc.". Trata-se de compreender se existem outras chagas e se há a famosa chaga no ombro de que fala uma oração atribuída a São Bernardo.

O Padre Pio responde-lhe: "Não, nunca tive".[30]

Portanto, desde a estigmatização até 1921, não houve outras chagas visíveis além das que tem nas mãos, nos pés e no peito.

Para melhor compreensão desse assunto, sobretudo a propósito da notícia relativa à chaga no ombro, oferecemos a seguir os elementos essenciais sobre o tema e os dados adquiridos.

O problema

Durante o Congresso de estudos sobre os estigmas do servo de Deus Padre Pio de Pietrelcina, Gaetano Intrigillo, delegado regional apuliense do Centro Internacional de Sindonologia de Turim, levantou a seguinte questão: se o capuchinho tivesse tido "sinais" nas costas, isso provaria a sua participação no transporte do *patibulum Domini*.

No entanto, suas investigações não obtiveram quase nenhum resultado. Por dois motivos: de um lado, em razão de ser contra falar sobre si mesmo, o padre nunca fez nenhuma alusão a essa possível chaga e, de outro, "ninguém, invocando a obediência, [teria alguma vez perguntado ao Padre Pio] se tinha algum 'sinal' [...] nas costas".[31]

O único vestígio encontrado era uma camisola de dormir com uma mancha de sangue, precisamente na parte de cima, do lado

---

[30] Ibid., p. 110.
[31] INTRIGILLO, cit., p. 89. Como já sabemos, pelo interrogatório de Dom Rossi, isto não é historicamente verdadeiro, embora Intrigillo não tivesse como saber isso.

direito.³² Para o estudioso, isso representaria "o sinal de lesões no ombro direito, que poderiam ser atribuídas ao transporte de uma cruz".

A comparação com as outras camisas, sem nenhuma mancha de sangue análoga, e a ausência de qualquer nota nos relatórios médicos efetuados acerca do frade estigmatizado levaram o especialista a uma conclusão bem precisa: "A lesão atribuída ao transporte da cruz não [tinha] permanecido".³³

A notícia da chaga no ombro

A certeza da existência de uma chaga no ombro do frade parece ter surgido alguns anos mais tarde. Numa entrevista, o Cardeal Deskur revelou o conteúdo do diálogo entre o Padre Karol Wojtyla e Padre Pio, que ocorreu no longínquo ano de 1948. O jovem padre polaco perguntou-lhe qual chaga doía mais, ao que ele teria respondido: "A do ombro, de que ninguém sabe e que nem sequer é tratada".³⁴

Foi uma descoberta inesperada e imprevista. Na verdade, Cleonice Morcaldi também tinha feito essa mesma pergunta, para a qual ele teria dado esta resposta: "A cabeça e o coração".³⁵ Portanto, o fato de ter dito "não tratada" espantava, porque nunca ninguém a tinha visto.

Na realidade, à luz desta última notícia, a questão estava muito longe de se resolver.

---

[32] Para uma foto da camisa de dormir, ver: *Atti del convegno di studio sulle stimmate del servo di Dio Padre Pio da Pietrelcina, S. Giovanni Rotondo, 16-20 settembre 1987,* San Giovanni Rotondo, 1988, p. 85.
[33] INTRIGILLO, cit., p. 90.
[34] CAMPANELLA, cit., p. 54.
[35] MORCALDI, C., *La mia vita vicino a Padre Pio*, Roma, p. 48.

De um lado, havia o testemunho de Cleonice e muitas visitas médicas que nunca tinham documentado a lesão no ombro; de outro, uma única camisa com uma mancha de sangue muito evidente e a recordação do Cardeal Deskur a respeito de um diálogo entre Padre Karol Wojtyla e Padre Pio.

Portanto, em razão de esses dados históricos serem contraditórios e insuficientes, não foram historicamente documentados.

A tudo isso se acrescente que a memória autobiográfica de João Paulo II, datada de 5 de abril de 2002 e enviada ao Padre Cocomazzi, guardião de San Giovanni Rotondo, não fazia nenhuma alusão ao conteúdo do diálogo entre Padre Pio e o papa – este último, na época, era apenas conhecido como Padre Karol.[36] Além disso, havia outras camisas dele com manchas de sangue, mas tais manchas não eram iguais à supramencionada, e sim espalhadas por toda parte.

Um dado histórico certo: novo ponto de partida

Da visita apostólica de Dom Rossi emerge uma nova informação: antes de 1921, embora já houvesse recebido a estigmatização, o santo de Gargano não tinha outras chagas visíveis além das localizadas nas mãos, nos pés e no peito.

De fato, o visitador, depois de uma diligentíssima investigação tanto sobre a origem dos "sinais" da Paixão quanto sobre

---

[36] CAMPANELLA, cit., p. 34. Aliás, não existem vestígios de outras declarações de João Paulo II que recordem esse fato e que ofereçam outros elementos ou eventuais confirmações.

sua fenomenologia, questiona o frade a respeito da existência de outras chagas ou de "sinais similares".

Padre Pio é categórico em sua resposta: "Não, nunca tive". O inquisidor percebe a importância desse detalhe e, no seu relatório, não se esquece de mencioná-lo aos cardeais da Suprema Congregação: "Padre Pio assegurou-me que nunca teve nada semelhante".[37] Ora, o frade tinha acabado de falar dos estigmas nas mãos, nos pés e no peito.

O fato é importante. O capuchinho não lhe disse: "Não tenho outros sinais semelhantes", mas que "nunca" tivera outros sinais semelhantes aos estigmas.

Desse modo, nega ter tido outras chagas, que surgiram uma só vez ou de modo intermitente, como aconteceu por ocasião do primeiro aparecimento dos estigmas invisíveis, de que fala nos seus depoimentos.[38]

Por isso, é claro que a chaga a que alude o testemunho do Cardeal Deskur não pode ter aparecido antes de 1921. De fato, Padre Pio teria dito ao Padre Karol que se tratava de uma chaga "não tratada". Ora, se tivesse aparecido antes de 1921, teria sido vista pelos médicos e, na hipótese de ser intermitente, o padre não teria dito: "Nunca tive" [outros sinais similares]!

Com base nisso, antes de 1921, não é possível atribuir a Padre Pio a existência de qualquer outro sinal da Paixão. E isso por força do que ele mesmo declarou sob juramento!

---

[37] *Rossi*, p. 24.
[38] Cf., por exemplo, o que o Padre Pio conta a propósito dos primeiros aparecimentos dos estigmas invisíveis. In: *Epistolario*, p. 233.

Padre Pio de Pietrelcina (25/05/1887–23/09/1968).
A foto é de 1918, ano da estigmatização visível (acontecida na igreja conventual de Santa Maria das Graças, no dia 20 de setembro).

Ao alto à esquerda, a primeira foto do Padre Pio, capuchinho, em 1911.
As demais fotos são de 1919, após a estigmatização.

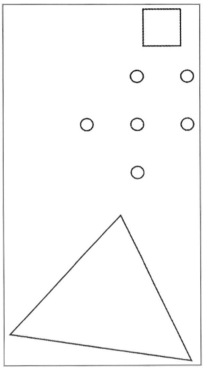

Desenho do estigma do peito traçado pelo visitador apostólico, depois do reconhecimento, em 17 de junho de 1921.

Pe. Pio retratado durante os momentos fundamentais da sua vida: a santa missa e a celebração do sacramento da Penitência.

Três imagens, tiradas em anos diferentes, que mostram os estigmas do Padre Pio bem visíveis durante a celebração eucarística.

Dom Raffaello Carlo Rossi, visitador apostólico em San Giovanni Rotondo, em 1921.

Dom Rossi, retratado como cardeal.

Formalização de trabalhos com Dom Montini; atrás, o futuro Papa Paulo VI.

Retrato do Padre Benedetto Nardella de San Marco in Lamis,
que foi provincial e diretor do Padre Pio nos anos
do noviciado e da sua estigmatização.

Padre Pio com o Padre Agostino, seu segundo diretor espiritual.

Dom Pierino Galeone, uma das mais importantes testemunhas no processo de beatificação, conversando com o Padre Pio e abraçando-o.

O reconhecimento canônico do corpo de São Pio de Pietrelcina.

CONCLUSÃO

Passaram-se mais de quarenta anos desde a morte de Padre Pio. Até hoje, muitos têm procurado desvendar os segredos da sua vida. As Atas da visita apostólica do Santo Ofício de 1921, agora pela primeira vez publicadas, iluminam definitivamente esse mistério e servem como chave para um conhecimento profundo desse capuchinho e, também, de sua missão. De fato, nos depoimentos, ele explica a razão dos seus estigmas e a identidade da misteriosa personagem que lhe apareceu no dia 20 de setembro de 1918. Além disso, o próprio padre conta fatos desconhecidos e permite-nos "observá-lo", deixando que se revele seu comportamento de simples capuchinho e também de grande místico. Os milagres, as bilocações, as hipertermias, as perscrutações de corações, o perfume misterioso, a oração e suas brincadeiras são narrados por ele e explicados de forma esplêndida.

Aliás, tirando as luvas, os sapatos e as meias, e até levantando o seu hábito, ele permite que todos os leitores vejam e observem os seus estigmas, como nunca havia acontecido antes. Além disso, nas Atas da visita apostólica, brilha a figura do bispo inquisidor, que depois foi nomeado cardeal: Dom Raffaello Carlo Rossi. Também para ele, a fonte que ora examinamos constitui motivo de estudo e de aprendizagem pela prudência e independência de juízo que a caracterizou, diante de um episódio tão complexo e delicado.

Agora, a palavra é do leitor, que, percorrendo o documento, poderá rever com alegria o rosto vivo de Padre Pio.

SEGUNDA PARTE
"Voto"
A investigação de Dom Raffaello Carlo Rossi
(Inédito)

SUPREMA SAGRADA CONGREGAÇÃO DO SANTO OFÍCIO
(Janeiro de 1922)

Ordem dos Capuchinhos Sobre o Padre Pio de Pietrelcina

Emas. Revmas

1. Já faz alguns anos que um humilde religioso capuchinho da Província de Foggia, o Padre Pio de Pietrelcina, do Convento de San Giovanni Rotondo, é objeto de admiração e discussão, veneração e curiosidade que ultrapassaram os reduzidos confins da alta Apúlia para se estender e manifestar não só em toda a Itália, mas também nas regiões estrangeiras e até nas longínquas Américas. V. Emas. já conhecem a causa de tudo isso. A fama de uma virtude extraordinária, o rumor de graças e "milagres" que se dizem impetrados por ele; o "dom" dos estigmas com que teria sido favorecido – um conjunto de fatos e circunstâncias singulares em torno desse frade que vive no meio de populações propensas aos entusiasmos religiosos: eis quanto comoveu as almas e dividiu as opiniões.

2. Prudentíssima, a autoridade eclesiástica diocesana começou por manter-se indiferente ao movimento popular; depois, observou e deu reservadas instruções ao clero da região para que

não participasse das aprovações gerais – no momento da visita, consta-me que teria permanecido à parte, nem demasiadamente favorável nem exatamente contra a pessoa de Padre Pio, evidentemente em respeito a tudo o que se afirmava sobre ele.

3. Entretanto, também a Santa Sé vigiava e, ao acolher no Santo Ofício relatórios e depoimentos apresentados pelo próprio Padre Gemelli, ofm, e também pelo bispo de Foggia, por meio de terceiros,[1] passou a pedir informações mais precisas ao ordinário do lugar, o arcebispo de Manfredonia,[2] e à Cúria Generalícia dos Capuchinhos. Em resposta a esse pedido, desta Cúria o Santo Ofício também recebia relatórios de três médicos que tinham visitado e examinado o Padre Pio.[3] E, então, o próprio Santo Ofício sujeitava tudo ao estudo de um qualificador para que informasse o fato. O Revmo. Padre Lemius, encarregado disso, estudou e relatou, e foi precisamente depois das conclusões do Revmo. relator que, em princípio, tinha proposto o envio de um visitador, que V. Emas. Revmas. quiseram confiar-me o encargo que se antevia suficientemente árduo e não isento de dificuldades. Mas o Senhor dignou-se assistir-me e, por isso, estou em condições de apresentar a V. Exas. os resultados da visita. Definitivos? Infelizmente, não; mas tais resultados – parece-me – certamente darão suficiente garantia sobre tudo o que podia ser objeto de justos e graves receios. O futuro dirá o que hoje não se pode ler na vida do Padre Pio de Pietrelcina.

---

[1] *Lemius,* pp. 16, 20 e 26.
[2] Ibid., p. 28.
[3] Ibid., pp. 30-75.

***

4. Eis em breves traços a sua "história", como se deduz das informações recolhidas e dos copiosos depoimentos que V. Exas. encontram integralmente no *Sumário*.

5. O Padre Pio, no século* chamado Francesco Forgione, nasceu há 34 anos em Pietrelcina – a primeira estação depois de Benevento, na linha Benevento-Campobasso. Em 1902 ou 1903, entrou para os capuchinhos da Província de Foggia e, por causa do noviciado e dos estudos, passou de convento em convento; mas, muitas vezes, as condições de saúde obrigaram-no a voltar a respirar os ares da sua terra natal. Diziam que tinha broncoalveolite; na realidade, os exames médicos nunca confirmaram essa doença; como convivi com ele frequentemente, durante oito dias, fiquei com a impressão de que sofria verdadeiramente de tal doença; contudo, trata-se de uma simples impressão, produzida sobretudo por uma tossezinha que se notava no religioso e que, geralmente, caracteriza os doentes pulmonares. Numa das suas frequentes permanências em família, o Padre Pio foi ordenado sacerdote, por volta de 1910. Quando irrompeu a guerra, foi chamado à tropa, mas a intervalos e por pouco tempo, tendo sido internado no Hospital de Nápoles. Depois, foi mandado para Foggia e, mais tarde, para San Giovanni Rotondo, onde se encontra atualmente.[4]

6. Chegou a San Giovanni Rotondo levado por um conjunto de circunstâncias a que, julgo, ele permaneceu completamente

---

* A expressão significa que esse era o nome de batismo anterior à tomada do hábito, na qual, até há alguns decênios, se dava a mudança de nome. (N.T.)

[4] Depoimentos 6, 18.

alheio; talvez nem sequer se tenha apercebido. Mas – ao que parece – havia quem trabalhasse por ele, isto é, quem se tenha aproveitado da "ocasião" de Padre Pio com a intenção – que quero acreditar que fora ótima – de servir à religião.

Refiro tudo quanto, em juízo e fora dele, me foi narrado.

Então, era guardião dos Capuchinhos de San Giovanni Rotondo um tal Padre Paolino, religioso um tanto agressivo. Nas férias do arciprestado foi ouvir confissões nas igrejas da região, sem pedir as devidas autorizações, como se estivesse na sua própria igreja, de modo que, quando o novo arcipreste – o atual – iniciou suas atividades, foi obrigado a recorrer ao ordinário. Via-se que o guardião procurava "gente": a sua igreja, afastada do povoado, estava isolada e ele precisava dar-lhe novo ânimo. Parece que começou a falar de um santo monge que estava em Foggia (já corriam rumores sobre os fatos extraordinários que aconteciam em redor de Padre Pio); por sua vez, os devotos começaram a levar ofertas para que o santo monge orasse... A preparação foi longa; a insinuação leve, sutil, insistente... Depois, duas ou três visitas fugazes de Padre Pio: vinha, dava conselhos e, depois, ia embora... Até que – assim parece – um grupinho de devotos pressionou para que o frade fosse transferido definitivamente para San Giovanni Rotondo. O pedido foi satisfeito e ele estabeleceu-se na região em que agora está e onde, se não goza de perfeita saúde, ao menos está bem melhor do que quando vivia nos outros conventos da província.[5]

7. Entretanto, algum tempo depois, surgiu a questão dos estigmas. E, então, que divulgação! Não só por parte do Padre Paolino,

---

[5] Ibid., 1.

mas também de outros religiosos, como, por exemplo: de um certo Padre Raffaele – um religioso que voluntariamente se tinha rotulado de oficial; de um tal de Padre Plácido, outro religioso, ao que me recordo, absolutamente nada espiritual; de um leigo que depôs o hábito... E, por detrás da divulgação e por causa dela, a afluência do povo: o Padre Paolino – dizia-me o arcipreste que me forneceu essas notícias e informações – obteve mais do que esperava: ele queria os camponeses no convento e viu afluir gente de todo o mundo. De fato, estamos no momento culminante das "maravilhas" de que o Padre Pio era centro e motivo; não sei até que ponto ele tinha consciência disso: o momento das "graças" extraordinárias que se multiplicavam dia a dia; dos "milagres" que diziam acontecer na frente de todos e que excitavam os ânimos até ao delírio. Dizia-me o arcipreste, sacerdote austero e sério:

> Eu [que sou] testemunha ocular do entusiasmo frenético das cinco, seis mil pessoas que gritavam por milagres e se apinhavam em volta do agraciado e, depois, abriam caminho para que passasse, formando em volta dele uma dupla muralha viva, pude fazer uma ideia do que deve ter acontecido quando nosso Senhor realizou verdadeiramente milagres diante das turbas que o aclamavam!

8. O que havia de verdade em tudo o que se dizia acontecer? Esse entusiasmo que, durante vários meses, surgia e agitava uma grande multidão, era produzido por maravilhas reais acontecidas à vista de todos ou era um caso de sugestionamento coletivo? O tempo, o afastamento de pessoas que pareciam afeitas a fantasias e palavras, a reserva prudente de novos religiosos que foram

substituir os primeiros, puseram muitas coisas no seu devido lugar, dentro de limites mais justos: as declarações de Padre Pio – talvez feitas pela primeira vez a mim, na solenidade da investigação e sob a invocação do nome de Deus – deram oportunas explicações e mudariam muitas opiniões se viessem a ser conhecidas. Hoje, é mais fácil distinguir a ação humana daquilo que poderia ser uma ação divina; mas, anteriormente, não. Padre Pio era um santo que fazia milagres, e não se podia discutir a esse respeito. Havia quem, com ignorância crassa, afirmasse que ele era o próprio Cristo.[6] E, como santo e taumaturgo, apesar da sua resistência, era conduzido a uma janela que dava para a praça da igreja, a fim de que, de sobrepeliz e estola, abençoasse o povo que o aclamava; e faziam com que desse a mesma bênção a partir de um vão, aberto ao alto e acima do altar-mor, de onde – para a ocasião – se retirava um quadro de Nossa Senhora; e espalhavam-se pela região pequenos lenços banhados com sangue dos estigmas e as "pias" ou "piedosas", as devotas assíduas ao convento e penitentes do padre, levavam (e algumas ainda o fazem, com reprovação do próprio capuchinho[7]) o seu retrato dependurado ao pescoço e acendiam velas diante da imagem do novo santo! Ao mesmo tempo, na igreja mandavam-no celebrar a Santa Missa com o acompanhamento do órgão, enquanto os sacerdotes forasteiros que estavam presentes consideravam uma honra ministrar-lhe de sobrepeliz...[8] Uma vez, num dia 5 de maio, também houve o...

---

[6] Ibid., 5.
[7] Ibid., 5, 20. Com isso, Dom Rossi respondeu à observação do Padre Lemius: "O Padre Pio tornou-se um verdadeiro centro e objeto de culto supersticioso... 'Como se pode admitir que ele tenha tolerado tudo isso?'" (*Lemius*, p. 12).
[8] Ibid., 11.

panegírico do Padre Pio, recitado *inter Missarum solemnia* [entre as ações solenes as missas] pelo Padre Benedetto...

9. Isso acontecia em San Giovanni Rotondo. Entretanto, já se tinham propagado as notícias mirabolantes e continuavam a propalar-se ao longe, por obra especialmente do *Mattino* de Nápoles... Página escura na primeira parte da história desse pobre Padre Pio, de cujo nome se usava e abusava, talvez, para servir e esconder interesses pessoais nem sempre absolutamente honestos e manifestáveis. O correspondente local do *Mattino* era um mação que frequentava o convento e, ao que parece, ali tivera encontros suspeitos com uma jovem professora, talvez ajudado e protegido, porque alguns religiosos não primavam por exemplaridade... Portanto, era preciso afastar os suspeitos e dirigir – no Convento de San Giovanni Rotondo – a atenção para outros acontecimentos que não fossem esses encontros pouco louváveis...

Tudo isso eu soube do arcipreste; mas os religiosos, sem aludir a esses pormenores, que talvez nem conhecessem, também me confirmaram que se, então, tivesse havido mais prudência e menos credulidade da parte dos frades, bem como menos publicidade da parte dos jornalistas, ter-se-iam evitado muitos boatos e obviado muitos exageros.[9]

***

10. Portanto, pondo as coisas no lugar e referindo e considerando objetivamente fatos antigos e recentes, eis o que se pode dizer de Padre Pio e das coisas extraordinárias que se afirmam a respeito dele.

---

[9] Ibid., 17.

11. Começo com uma alusão brevíssima ao *retrato físico* e parece-me que, a princípio, pode ser reproduzido o que foi observado pelo professor Bignami,[10] limitando-me ao que parece exterior e com modificações de impressão pessoal:

> No Padre Pio, de cor pálida (mas não diria *demasiadamente* pálido), aspecto enfermiço sofredor (*não muito,* porém); porte flácido (diria, sobretudo com o doutor Festa, andar lento e, às vezes, incerto).[11] A atitude de uma pessoa que é modesta e compungida (melhor *composta*), a fronte alta e serena, o olhar vivo, doce e, por vezes, vago (mas talvez também *vibrante,* disse-me o arcipreste), a expressão do rosto, que é de bondade e sinceridade, inspiram simpatia.

É verdade. Não pude obter fotografias para apresentar ao Santo Ofício: as reproduções que circulam, pelo menos as que eu vi, não têm nada a ver com o frade: estaria tentado a crer que seria o retrato de outro capuchinho, fazendo-se passar por Padre Pio.

12. Do retrato físico para outro assunto que eu não saberia onde, depois, tratar e que, aliás, se relaciona com o "físico": *sobre o tipo e a quantidade de alimentação de Padre Pio.* Para dizer a verdade, tem-se apresentado ele como um homem que vive "quase de ar": talvez haja um pouco de exagero. Muito não come, não; especialmente nos tempos de maior afluência de "peregrinos", era realmente espantoso que pudesse aguentar tantas horas no

---

[10] *Lemius*, p. 33. Cf. p. 44.
[11] Ibid., p. 49.

confessionário sem uma alimentação adequada. De fato, não toma nada de manhã (mas há também muitos outros que não costumam se alimentar de manhã); é verdade que o seu almoço não é lauto; come pouquíssimo à noite: um [copo de] chocolate, às vezes nem isso, reduzindo-se assim todas as suas refeições do dia a apenas uma (e não era esse o hábito, por exemplo..., de Dom Grasselli, b.m.?); todos, porém, dizem que comer, come. "Ao que me consta" – testemunhou o arcipreste Prencipe –, "é verdade que não come muito, mas pude verificar com meus próprios olhos que come".[12] "Ao meio-dia, quando comia conosco (agora participa no refeitório dos jovenzinhos do colégio seráfico), eu via" – palavras do Padre Luigi – "que não comia muito, mas, em suma, comia".[13] "É parco no comer" – depõe o Padre Romolo, reitor do colégio e que, portanto, tem como seu comensal o Padre Pio –, "deixa sempre comida; toca em tudo... mas em pouca quantidade... Come mais ou menos um terço do que eu como".[14] E o Padre Cherubino diz que o alimento de Padre Pio *é suficiente*, embora acrescente: "mas, consideradas as suas condições de saúde e o seu trabalho, nem sempre é proporcional ao desgaste".[15] Como se vê, o alimento não é abundante, mas não me parece que cheguemos ao ponto de fazer dele um "fenômeno" também sob esse aspecto. Creio, antes, que a doença que parece afetá-lo tem influência em tudo isso. É o que o padre provincial parecia querer aludir no seu depoimento:

---

[12] Dep. 1.
[13] Ibid., 11.
[14] Ibid., 13.
[15] Ibid., 17.

Com relação à alimentação, ocorria algo tão estranho que me aconselhei com os médicos para ver se seria o caso de intervir com um preceito de obediência. *Há períodos em que ele não consegue comer nada. No entanto, há ocasiões em que determinado alimento o apetece, mas, depois de algum tempo, esse alimento passa a lhe provocar enjoo.* Interpelados, os médicos disseram para não o forçar a nada.[16]

Retrato moral-religioso de Padre Pio

13. Padre Pio foi sempre um ótimo religioso: todos são unânimes em dizer, tanto sacerdotes quanto confrades. Ainda jovem estudante, era tão estimado pela sua piedade e pelo seu espírito de observância que alguns superiores até recorriam a ele para se aconselhar e, na verdade, faziam-no com tão pouca prudência que provocavam contestações e suscitavam má disposição entre os religiosos, que julgavam inspiradas pelo Padre Pio eventuais providências que, então, os superiores viessem a tomar.[17] Os padres que assim agiam eram: o Padre Agostino de San Marco in Lamis, que agora é definidor provincial, e o Padre Benedetto, também de San Marco in Lamis, atualmente adstrito ao Collegio Internazionale, via Boncompagni. Mas, repito, isso em nada impede que a *boa* estima para com o Padre Pio seja *geral.* O arcipreste Prencipe, interrogado sobre as virtudes do padre – obediência, humildade etc. –, depôs que

---

[16] Ibid., 16.
[17] Ibid., 6.

parece que as pratica. Levantou uma dúvida sobre a obediência: "Só sei, através de um religioso do convento, que o padre provincial tinha proibido as conversas na hospedaria, mas o Padre Pio as manteve";[18] entretanto, quando o interroguei a respeito disso, explicou que o padre provincial lhe concedeu que fizesse cessar essas conversas gradualmente e que, na realidade, procurou eliminá-las pouco a pouco.[19] Portanto, conclui-se que não desobedeceu ao superior. O cônego Palladino, embora reprovasse a ação de certos religiosos e de certas mulheres, disse que Padre Pio era *um bom filho, pessoa de oração e bom sacerdote*;[20] o Padre Lorenzo, superior, declarou que o considerava *exemplaríssimo* quando jovem[21] e, agora, *um homem simples, sem fingimento, muito educado, dado à piedade, piedade comum; quanto à obediência, segue as ordens do superior; quanto à castidade, angélico; quanto à pobreza,* tal que não tem nada *a dizer dele em particular,*[22] *observante.*[23]

O Padre Ignazio não tem *nenhuma dúvida sobre a virtude de Padre Pio*;[24] e até diz que, quando se quer descrevê-lo, *fica-se embaraçado. É bom religioso, humilde, faz o que os superiores pedem. É obediente.* E conclui: *É verdade que não tenho tanta intimidade com ele quanto com os outros religiosos.*[25]

---

[18] Ibid., 2.
[19] Ibid., 23.
[20] Ibid., 5.
[21] Ibid., 6.
[22] Ibid., 7.
[23] Ibid., 6.
[24] Ibid., 9.
[25] Ibid., 10.

O Padre Luigi testemunha que – é fato conhecido – o Padre Pio, quando jovem, era *boníssimo, e os companheiros contam que, quando era estudante, frequentemente o encontravam chorando*. Agora, *nada vê externamente de extraordinário* na vida dele: leva *uma vida boa, comum, habitual*.[26] Sabe-se que o Padre Romolo o considerava *um bom filho e um bom religioso*; que agora, segundo ele, *é uma criança grande, sobretudo uma alma simples, porque conta as coisas como uma criança, embora em assuntos sérios deixe qualquer um boquiaberto. Não se revela heroico* na prática das virtudes, mas é *delicado de consciência*. A propósito da obediência, o Padre Romolo afirma *que*, ao que lhe consta, *os superiores nunca transmitiram ordens claras e decisivas sobre ele* com relação a algum caso particular. *Ouviu dizer que seria necessário pô-lo à prova com relação a essa virtude, entretanto ninguém o fez. Mas crê que, caso ele recebesse alguma ordem, de forma decidida e nítida, obedecer-lhe-ia imediatamente.*[27]

O Padre Lodovico o considera *um religioso de vida santa*;[28] o Padre Cherubino: *Religioso bom, que inspira confiança e devoção em quem fala com ele.*[29]

Por fim, o padre provincial não hesita em dizer que pôde encontrar no Padre Pio, ainda jovem, *docilidade, obediência e exata observância dos deveres religiosos e escolares. Contudo, entre os companheiros exercia uma certa ascendência pelos seus modos ingênuos, afáveis, doces e caritativos. Também para a população ele*

---

[26] Ibid., 11.
[27] Ibid., 13.
[28] Ibid., 15.
[29] Ibid., 17.

tinha uma aparência edificante. Presentemente, o padre provincial aprecia e admira nele *a compostura e a piedade não afetada, a obediência, a pureza, a modéstia e a humildade. Isso é notável nele mesmo diante das manifestações extraordinárias de que foi e se tornou sinal, não sendo possível admitir qualquer tipo de fingimento, pois isso se mostraria contrário à sua ingenuidade: é sempre a mesma pessoa.*[30] A propósito disso, tinham dado o mesmo testemunho, por exemplo, o Padre Ignazio,[31] o Padre Luigi,[32] o Padre Romolo.[33] Além do mais, todos são unânimes em dizer que Padre Pio é *muito simples, razão por que precisa sobretudo de direção e conselho.*[34]

14. Portanto, um coro de aprovações e louvores, que se revelam muito mais credíveis, pois não incorrem em exageros: a piedade de Padre Pio é considerada – tanto quanto se pode observar de fora – comum, habitual, muito pouco diferente da dos seus confrades e, ainda mais, o "bom" religioso não é poupado dos mais ínfimos pormenores: nota-se que no coro não se distingue por especial compostura[35] (mas, francamente, parece-me que faz, mais ou menos, o mesmo que muitos outros capuchinhos: consequência, portanto, de educação e formação, não de falta de virtude); e observa-se que nem sempre guarda silêncio nos corredores[36] (também aqui, uso... comum, constatado por mim);

---

[30] Ibid., 16.
[31] Ibid., 9.
[32] Ibid., 11.
[33] Ibid., 14.
[34] Ibid., 17. Cf. 13, 16.
[35] Ibid., 13.
[36] Ibid., 13.

tem certa predisposição em julgar os superiores[37] – talvez tenha os seus motivos; na ponta do rosário pendente do flanco tem um pequeno crucifixo, enquanto a constituição determina que tal cruz deve ser simples, de madeira;[38] que, especialmente quando é chamado por visitas, tem, por vezes, algum pequeno ímpeto nervoso, que é logo reprimido[39] etc. É notável o apontamento do padre provincial: *também pude presenciar o seu lado humano*; um lamento que o Padre Pio fez ao padre provincial, por carta, quando este prudentemente afastou do convento aqueles religiosos que tinham provocado tanto rumor. Contudo – eis a virtude –, bem depressa ele caiu em si e, com uma segunda carta, pediu perdão por seu lamento:[40] aliás, o fez unicamente em razão de afeto entre confrades.[41]

15. Padre Pio – devo dizer a verdade – impressionou-me de forma bastante favorável, enquanto eu estava esperando o contrário... Religioso sério, distinto, digno e, ao mesmo tempo, franco, desenvolto no convento. Na igreja, assim como no desempenho de outros deveres, assume uma seriedade comedida. Não tem, *salva reverenti** por outros, um agir abandonado, descuidado, como não poucos dos seus confrades, a não ser por o seu modo de se apresentar no coro não ser o mais correto – meio sentado, meio ajoelhado, com os braços sobre o banco e a cabeça em

---

[37] Ibid., 14.
[38] Ibid., 13.
[39] Ibid., 6.
[40] Ibid., 16.
[41] Ibid., 24.
* Com o devido respeito. (N.T.)

cima dos braços –, consequência, repito, da educação recebida; sua compostura é contínua, séria, recolhida, sem exagero nem afetação.

Aludiu-se ao fato de o hábito ser muito justo: não, não é; diria que é decente. Por *fim*, quanto ao uso de camisa: creio que, antes de qualquer coisa, as condições especiais de saúde e as circunstâncias da chaga no peito podem exigir o uso de roupas que não são tão comuns. Mas e os outros religiosos? Notei que no convento são usadas roupas de qualidade e cores diversas, as quais podem ser vistas sob o hábito: pelo menos dois padres, também doentes, usavam camisa branca. De resto, são tempos difíceis e todos usam o que têm; os jovens utilizam, precisamente, aquilo que lhes sobrou do serviço militar.

Ao falar, o Padre Pio é, em princípio, educado e respeitador; mas, considerando o que se sabe a respeito dele, esperar-se-ia certamente que nunca pronunciasse um "*per Bacco*" que, às vezes, lhe escapa; que, à maneira de bordão, na animação – aliás, comedida – do discurso, nunca nomeasse o santo nome de Deus com os usuais: "Meu Deus!" ou "Jesus!"; que não fosse inclinado a fazer observações, não diria sobre pessoas em particular – isso não me consta *de auditu** –, mas sobre os camponeses, e nem que realçasse defeitos locais etc. Portanto, nele há imperfeições, sim; mas, de resto..., se ele caminha para a perfeição, por que afirmar que ele já a alcançou? "Ninguém se torna perfeito em pouco tempo", escreve Santa Teresa:[42] "os

---

* Por ter ouvido. (N.T.)
[42] *Vida,* cap. XXXI.

do mundo, quando veem uma pessoa entrar nesse caminho (da perfeição), querem que essa pessoa *não tenha qualquer defeito...*"; e, em outro momento, ao falar do êxtase e do confessor "demasiado prudente e pouco experiente": "Imagina-se que as almas, a quem Deus faz estas graças, *devem crescer anjos*, e não se considera que isso *seja impossível enquanto estivermos num corpo mortal*".[43]

Continuando. Na conversa, o Padre Pio é agradabilíssimo; com os confrades, sereno, jovial[44] e também brincalhão. E tudo isso é indubitavelmente sinal de bom espírito.

Se também se quiser observar uma virtude *menor*, como diria São Francisco de Sales, com exatidão, ao mesmo tempo que Padre Pio demonstra ter um comportamento regular, não parece ser muito organizado no modo de manter as suas coisas... na cela, nas várias gavetas, há uma espécie de desordem: folhas, luvas, quinino, rebuçados para os rapazes, imagens; tudo misturado...

Livros, poucos: a Sagrada Escritura comentada pelo Padre Sales; Scaramelli, Sardou, alguma coisa do Padre Ventura, livrinhos vários. Na cama, uma imagem do Nazareno, em barro; uma da B.V. [Bem-aventurada Virgem] em papel, com um calendário anexo.

16. Quanto ao exercício prático das virtudes específicas, "maiores", em oito dias de permanência e durante uma visita conduzida com a máxima reserva e o maior sigilo, é verdade que não pude

---

[43] *Castelo interior*, 6, c. 1.
[44] Cf. Dep. 6.

sujeitar o Padre Pio a provas duras e contínuas; mas, apesar disso, pude encontrar nele sentida e profunda *humildade*, pela qual – o que a uma voz se atesta – vive na máxima simplicidade e indiferença, como se nada tivesse ocorrido em torno dele e nem mesmo fosse objeto de tantas atenções e de uma estima que, da parte de muitos, é absoluta veneração. Interrogado sobre o que pensava sobre a afluência de tanta gente nos tempos passados, respondeu-me que nem sequer sabia o porquê: "Lembro" – acrescentou – "que diziam: 'Viemos confessar-nos'".[45] Em outra ocasião: "Eu estava aterrado. Procurava ouvir a todos dentro do possível e trabalhar. Até mesmo a comunidade era invadida. Tivemos de recorrer à polícia".[46] Com um confrade, também se tinha mostrado admirado "porque todos vêm observar-me e as minhas coisas".[47] Perguntei se, para defender a própria virtude, nunca lhe passou pela mente pedir transferência para outro convento. Respondeu-me: "Desejei a solidão, pois tenho sido até agredido. Não pedi nada porque tive sempre como regra remeter-me aos superiores, já que têm conhecimento do que vem acontecendo".[48]

No último dia da minha permanência, depois de lhe dar a conhecer que muito se tinha falado, inclusive sobre os seus estigmas, o Padre Pio disse-me textualmente: "Mas bendito [seja] o Senhor, por fazerem tanto estardalhaço! Isso explica o porquê de virem tantos forasteiros". E, continuando eu a aludir a um peque-

---

[45] Ibid., 24.
[46] Ibid., 24.
[47] Ibid., 14.
[48] Ibid., 20.

no grupo de mulheres que frequentam a igreja e que falam mais do que o necessário, ele continuou: "Fazem bem em dizer-mo e em avisar-me, mas o verdadeiro alarde é feito por outros" e, aqui, abrindo-se com muita coragem e grande vivacidade, reprovou a publicidade dos jornais e a divulgação do relatório do doutor Romanelli di Barletta. Prosseguia:

> Contudo, só três o conheciam: o padre provincial, o médico e eu. Eu não falei nada; o padre provincial, não posso acreditar nisso, porque censurou um religioso que falava demasiado... Então, quem? O doutor? Eu trato dessas coisas com resignação, mas dói-me que tudo isso possa desagradar a outros e, talvez, ao Senhor.

17. Quanto à *obediência,* acredito que o Padre Pio não falharia com relação a isso. Deixando de lado suas garantias verbais de querer estar sempre sujeito à Igreja e à autoridade legítima,[49] deu-me uma prova insigne de obediência ao pôr em minhas mãos, à minha primeira alusão e sem a mínima observação, todas as cartas recebidas do Padre Benedetto, ex-provincial. E o meu pedido, por muitas razões muitíssimo necessário, também tinha um lado ousado, porque com ele acabava de pedir-lhe uma correspondência de espírito que também poderia refletir os segredos da sua consciência. Aliás, senti o dever de fazer as restrições a que também um visitador estava obrigado, no caso, mas ele sem dificuldade entregou-me tudo para que eu visse e lesse. Não só; mas também depois que regressei a Volterra – como

---

[49] Ibid., 20, 23 e 24.

eu havia mostrado o desejo de voltar a ter essas cartas diante dos meus olhos – ele as enviou com a máxima solicitude e com renovados sentimentos de submissão e, em razão de ao mandá-las lhe ter ocorrido, por engano, conservar algumas que não tinha encontrado imediatamente, logo se apressou em enviar-me separadamente também estas.

18. Com tudo isso, para um observador "precipitado", duas sombras poderiam recair sobre a pessoa de Padre Pio em relação à sobriedade cristã e religiosa: uma, porque certa vez foi visto conversando com uma jovem[50] em uma hospedaria; outra, por liberdades que, de algum modo, as devotas tomaram com respeito a ele, enquanto se encontrava doente e era tratado nessa hospedaria.[51]

Quanto ao primeiro caso, o Padre Pio conversava com a jovem, de forma bastante reservada, a respeito de ministério, e toda a malícia surgiu da parte de dois rapazotes que vigiavam na sala, imaginando sabe-se o quê – um deles era ex-namorado da jovem!

Quanto ao segundo caso, [o que se dizia] de mulheres que tocavam no doente "para adquirir a sua santidade" (!), tudo era efeito de mentes iludidas e pequenas, cuja ocasião fora dada, infelizmente e com pouca prudência, pelo guardião. Todavia, Padre Pio, que se submetera a estar fora da clausura, por obediência e necessidade, não tomou conhecimento e nem sequer suspeitou disso, como resulta do interrogatório que, com toda a prudência, lhe foi feito sobre o assunto.[52]

---

[50] Ibid., 4.
[51] Ibid., 4.
[52] Ibid., 21 e 24.

Também se observou que ele trata algumas mulheres por "tu". Mas não insistamos demasiadamente nisso, pois estamos no sul da Itália. "Quase nunca uso '*senhora* ou *você*'" – declarou ele –, "trato por *tu* ou *vós* indiferentemente."[53]

Tudo isso referido e explicado, podemos estar seguros de que também neste capitalíssimo ponto de virtude cristã, religiosa e sacerdotal, Padre Pio é inatacável, como, de resto, atestam todas as testemunhas interrogadas. "O seu comportamento com as mulheres *é correto, religioso*" – depôs Padre Lorenzo, o superior. "*Quanto à castidade, julgo-o angélico.*"[54] "*Em matéria de castidade*" – declarou o Padre Romolo –, "*é de uma delicadeza extraordinária. Quanto a isso, ninguém duvida de que seja um anjo.*"[55] O padre provincial diz que admira a *sua pureza e a sua modéstia*;[56] o Padre Lodovico testemunha que no relacionamento com as mulheres *demonstra educação, reserva e, por vezes, também se mostrou austero*;[57] finalmente, o Padre Cherubino depõe que o Padre Pio trata todas as mulheres *com afabilidade e doçura, mas de forma reservadíssima.*[58]

19. *Pobreza*. Alguns religiosos talvez não estivessem completamente seguros sobre a prática da *pobreza religiosa* por parte de Padre Pio. É verdade que, antes, ele lidava com dinheiro, mas consta que tinha autorização do provincial de então;[59] como isso não era regular,

---

[53] Ibid., 23.
[54] Ibid., 7.
[55] Ibid., 13.
[56] Ibid., 16.
[57] Ibid., 15.
[58] Ibid., 17.
[59] Ibid., 8.

o novo padre provincial providenciou algumas mudanças[60] e, assim, o capuchinho passou a não se ocupar mais das ofertas que chegavam: só desejava que se destinassem regularmente segundo os fins e intenções dos benfeitores. Aliás, mesmo recebendo esmolas para os pobres, não se preocupava nem um pouco com a sua família que era pobre. A família recebia ajuda do padre provincial, mas sem que ele soubesse.

20. A propósito da *oração,* nada de extraordinário é observado exteriormente no Padre Pio, além do *recolhimento especial* que o padre superior notou;[61] contudo, por testemunho do próprio Padre Pio, parece que, por vezes, ele é favorecido com aparições e visões intelectuais e, algumas vezes mais e em outras menos, com um total espírito de elevação,[62] que, embora não chegue aos graus mais altos da oração infusa, deve ser sempre considerado e admirado numa alma. Os Emmos. padres poderão entender melhor esse ponto, ao lerem o depoimento de número 22.

21. Por fim, relativamente à *celebração da Santa Missa,* que tem sido objeto de observação e de nota, creio que se deve ser comedido e indulgente em formular alguma opinião.

É evidente que o Padre Pio celebra com devoção, aliás, com... muita devoção: cinco minutos para o memento dos vivos; quatro ou cinco para o memento dos mortos; dois minutos para a consagração do cálice – medidos com o relógio na mão. Mas

---

[60] Ibid., 16.
[61] Ibid., 6.
[62] Ibid., 22.

depois comete pequenos erros litúrgicos. Por exemplo, não o vi inclinar a cabeça ao nome do Santo Padre na coleta; não abre e fecha bem as mãos ao Oremos; não faz a inclinação voltado para a cruz ao *Per D. N. Iesum Christum*; ao virar as páginas do missal com uma mão, mantém a outra suspensa no ar; não faz perfeitamente a inclinação sobre o altar ao *Munda* e ao *Te igitur* – talvez por causa da dor do peito; não é nada preciso nas cerimônias da comunhão... Tudo coisas a que um... santo deveria prestar atenção. Mas, no que diz respeito a ele, será que isso acontece em razão de frieza ou de descuido? Não. Creio, de novo, que tudo depende da formação, das instruções imperfeitamente recebidas no tempo da Ordenação sacerdotal. E o espírito de devoção permanece íntegro e salvo.

22. Eu tinha de referir e anotar conscienciosamente tudo isso, apoiado nos depoimentos recolhidos e nas minhas observações pessoais, para apresentar com a menor imperfeição possível *o retrato moral-religioso de Padre Pio*, retrato este que se resume em poucas palavras:

> O Padre Pio é um bom religioso, exemplar, empenhado na prática das virtudes, dedicado à piedade e, talvez, mais elevado nos graus de oração do que pode parecer; irradiava, de modo especial, uma profunda humildade e uma simplicidade singular que se mostravam inabaláveis, mesmo nos momentos mais difíceis em que essas virtudes foram, de forma penosa e perigosa, postas à prova por ele.

Fatos extraordinários "ad extra"

23. Disseram-se muitas coisas acerca de Padre Pio! Mas poucas são verdadeiras! Fatos inconsistentes,[63] discursos atribuídos indevidamente a ele. "Fazem-me dizer o que não penso" – disse-me ele em tom de lamento –, "mas seja feita a vontade divina!" E outra vez:

> Houve imprudência por parte de pessoas que quiseram divulgar o meu nome mencionando coisas que eu nunca teria pensado dizer nem dado a saber. Era de enlouquecer. E tenho de agradecer ao Senhor, pois a maior graça que reconheço ter recebido com respeito a isso é, precisamente, a de não ter perdido a razão e a saúde por tantas mentiras que eram ditas.[64]

24. Nos depoimentos do arcipreste Prencipe[65] é feito, de forma minuciosa, um relatório dos "milagres" que tanta celeuma provocaram em San Giovanni Rotondo. Pediria aos Emmos. que o lessem por extenso. Pois bem, nem um só dos "milagres" subsiste. Por exemplo:

a) Diz-se que um jovenzinho corcunda que se endireitou, pelo menos em parte: na verdade, não se pôde verificar esse fato.

---
[63] Ibid., 11.
[64] Ibid., 24.
[65] Ibid., 1-3.

b) Fala-se da cura obtida pelo escrivão do tribunal de San Giovanni Rotondo, que tinha sofrido luxação em um pé. Se desejava curar-se, teve de ir a banhos.

c) Aclamou-se o milagre de "Santariello", um pobre idiota, de baixa estatura, corcunda, vesgo e que andava com muletas. Eu mesmo o vi: é um infeliz, causa pena.[66]

d) Uma menina muda foi levada ao Padre Pio. A multidão teve a ilusão de que ela teria falado: milagre! Renovaram-se as cenas... do Jordão. O arcipreste avançou por entre a multidão, chamou a mãe da menina e, com outros parentes e médicos, se fechou na estação dos correios. "Pequenina, fala...". A pequenina não falava. "Mas ela falou!" – disseram em coro a mãe e os parentes. "Agora, é a comoção que a impede de falar." No dia seguinte, o arcipreste a procurou novamente: não falava... Quinze dias depois, a mãe foi novamente conversar com o Padre Pio para que *terminasse* a graça...

e) Também correu mundo o caso – de natureza muito diferente – do sino da igreja paroquial, sino que se teria rachado com as... orações de Padre Pio, *in vindictam** contra o arcipreste, que tinha negado aos padres capuchinhos uma autorização... – usei a expressão *correu mundo* porque me lembro de também ter ouvido falar disso em Roma. Pois bem, observem os Emmos. padres, no depoimento de número 2. Coisas que fazem rir! E o povinho gritava: "Milagre!"...

---

[66] Ver também, ibid., dep. 11.
* Por vingança. (N.T.)

25. Algumas vezes acontecia de a graça implorada não ser imediatamente... concedida; mas Padre Pio garantia para o dia seguinte, para um outro dia; então, os fiéis afastavam-se com essa esperança e esperavam. Depois, chegava o dia e a graça não vinha; por isso, voltavam a ele, que marcava nova data, e por aí adiante. Interrogado sobre tais afirmações a seu respeito e a seu cargo, ele respondeu-me francamente que nunca deu garantias desse gênero; que não se podem marcar prazos ao Senhor; que tudo isso era dito por interesseiros; ele limitava-se a falar: "Confiai no Senhor, eu pedirei por vós", além de outras frases semelhantes,[67] quando já não era... nada claro! Bem o sabe o pobre arcediago da catedral de Triveneto, que, afetado gravemente pela gota, fez custosamente a viagem até San Giovanni Rotondo e, apresentando-se ao Padre Pio para pedir-lhe a graça da cura, acrescentou: "Este ano vim aqui, em vez de ir a banhos". Ouviu esta fria resposta: "Pois fez mal, melhor seria se tivesse ido lá!". Soube que ficou muito mal e foi embora, dizendo: "Como as pessoas se enganam!...".

26. E dizer que muitas vãs palavras tinham exposto esse pobre capuchinho a uma luz tão infeliz! Por isso, permito-me chamar a atenção dos Emmos. para os seus depoimentos genuínos e íntegros, porque revelam que é alguém muito diferente de um taumaturgo interesseiro ou de um agitador entusiasta das multidões. É um pobre frade que, ao que me consta, sem querer e inconscientemente, se tornou o centro da atenção. Durante todos esses anos, foram-lhe atribuídas muitas coisas que, mesmo sendo verdadeiras, ele não teria gostado que fossem mencionadas. Tanto

---
[67] Dep. 20, 24.

quanto pôde, nunca deixou de *protestar: aliás* – são palavras suas
–, *muitas dessas coisas que se diziam, verdadeiras ou inventadas, o último [a saber] ou quem menos sabia era precisamente o interessado.*[68]

27. Contudo, se em San Giovanni Rotondo não aconteceram fatos verdadeiramente provados, parece que haviam ocorrido em outro lugar, muito longe, a julgar pelas referências que, em grande número, chegam ao convento. Primeiramente, no calor do entusiasmo, chegavam ao convento setecentas cartas por dia: cartas de pedido, de oração, de ação de graças. Agora, o número é muito diminuto, cerca de sessenta, setenta por dia:[69] são sempre cartas de súplica, como se pode ver pelos espécimes que mandei copiar e pelas originais que depus no Santo Ofício; cartas de agradecimentos por graças espirituais ou temporais que se dizem obtidas pelas orações de Padre Pio – algumas inclinam-se a, por exemplo, relatar curas imprevistas e inesperadas. Uma delas descreve o caso da senhora Maria Cozzi, com um epitelioma na língua, que, internada no hospital principal de Florença, foi encontrada perfeitamente curada quando devia ser submetida à operação (agosto de 1919), e também há uma mais recente, de um jovem canadense, tuberculoso com hemoptises, de tal modo curado que não se encontrou nele nenhum vestígio da terrível doença, depois de duas "aparições" de Padre Pio.[70]

Na verdade, tais fatos – por assim dizer – prodigiosos não foram submetidos a exames formais nem expostos com a devida

---

[68] Ibid., 24.
[69] Ibid., 9.
[70] Carta de Padre Naldi, d.O., de Florença, 10 de junho de 1921.

documentação e na forma jurídica legítima; apesar de tudo, servem, no máximo, e confirmando-se o episódio, para fazer pensar se, realmente, o Senhor não se servirá desse piedoso religioso para ainda manifestar a sua bondade e o seu poder.

28. Já que vem a propósito, direi que, anteriormente, essas cartas eram destruídas; agora, são conservadas – um verdadeiro arquivo: serão 20.000 –, mas o Padre Pio só lê algumas delas, as mais estritamente pessoais ou singulares.[71] O superior e outros religiosos abrem a correspondência: respondem às que enviam os selos, a quem envia ofertas (para missas, para funções sagradas, para os pobres; poucas para o convento) e a quem, sem descortesia, não se poderia deixar de responder.[72] Em geral, a resposta é: *O Padre Pio ora e abençoa,* ou então uma estampa de Nossa Senhora que tem nas costas estas palavras escritas pelo Padre Pio: *Bênçãos celestes.*[73] Depois, ele recomenda ao Senhor todas as intenções para as quais os remetentes imploram orações. Não é verdade que haja respostas já preparadas para serem colocadas imediatamente nos envelopes;[74] preparadas só estão as estampas, anteriormente referidas,[75] que o Padre Pio assina – por vezes, contra a sua vontade[76] –, em geral, durante o recreio da noite.

29. Como complemento desta parte, onde se trata de graças obtidas ou não pelas orações (como se afirma) de Padre Pio,

---

[71] Dep. 9.
[72] Ibid., 7, 9.
[73] Ibid., 9.
[74] Ibid., 7, 9.
[75] Ibid., 9.
[76] Ibid., 7.

não se pode omitir que também há outras "graças", de ordem absolutamente espiritual, que teriam sido obtidas pelo nome, pelo exemplo e pela palavra do padre, isto é, as conversões de judeus e protestantes, o arrependimento de pecadores, o propósito, posto em prática, de uma vida mais perfeita por parte dos bons...[77] Serão, estes, testemunhos irrepreensíveis da virtude superior de Padre Pio? Certamente, porque até o próprio mal é instrumento de bem nas mãos de Deus e, para os eleitos, *omnia cooperantur in bonum*:* nos desígnios de Deus, essas mudanças poderiam ser explicadas mesmo sem se reconhecer nelas qualquer efeito ou confirmação da vida santa de Padre Pio; entretanto, de algum modo, ajudam a verificar que aconteceram e que os beneficiados encontram a razão disso em Padre Pio, atribuindo tais mudanças a ele.

30. Outro fato extraordinário é o da *bilocação*. Um caso desse gênero causou muito alarido em San Giovanni Rotondo, mas tinha todo o aspecto de um caso de imaginação exaltada, de histeria: isso pode ser lido – com uma boa narração – no terceiro depoimento do arcipreste Prencipe. De um outro caso, o próprio arcipreste teria tido conhecimento em Foggia.[78] Conta-se um terceiro a propósito de um forneiro de Torre Maggiore.[79] Como, habitualmente, interroguei o Padre Pio sobre cada um dos fatos: admitiu com uma simplicidade infantil ser responsável pelo primeiro e o terceiro casos, explicando como haviam ocorrido;

---

[77] Ibid., 8.
* Todas as coisas concorrem para o bem. (N.T.)
[78] Dep. 3.
[79] Ibid., 6.

negou absolutamente a verdade do segundo: de fato, tinha-se podido verificar que se tratava de um Padre Pio *de Benevento*... Precisamente para evitar uma repetição inútil, permito-me remeter para os depoimentos 20 e 24. Entretanto, é necessário considerar que, até prova em contrário, esses fatos têm consistência e chegaram ao nosso conhecimento por duas vias: por parte dos que testemunham ter visto o padre e falado com ele, e também por parte de Padre Pio, que confirma o ocorrido, *garantindo que nunca tinha falado nada com ninguém e que só agora* (em juízo) *o referiu pela primeira vez.*[80] Portanto, nem sequer se pode recear um acordo prévio entre as duas partes.

31. Conclusão. *Com já se disse, a propósito de fatos extraordinários acontecidos por obra de Padre Pio, a fantasia popular, também excitada por quem deveria ter sido mais cauteloso, foi bem longe. Contudo, não há consistência em nenhum dos fatos mais celebrados e que teriam acontecido precisamente por intervenção pessoal de Padre Pio.*

Quanto ao que se afirma ter ocorrido em lugares distantes de San Giovanni Rotondo, até agora nada foi apresentado com documentação suficiente.

No que diz respeito às chamadas "bilocações", ter-se-ia, ao contrário, o apoio do depoimento jurado de Padre Pio, depoimento que, até prova em contrário, deve ser considerado sincero, porque a impostura e o perjúrio contrastariam demasiadamente com a vida e virtude do próprio padre. Nem – ainda até prova em contrário – parece que se possa admitir nele uma ilusão grave e continuada, porque

---

[80] Ibid., 20.

ele é tão calmo, sereno e equilibrado na sua vida, que leva a crer que nada de anormal haverá no seu espírito.

Fatos extraordinários na pessoa de Padre Pio

32. Diz-se – sem que se possa entrar em pormenores, e o Padre Pio confirma-o nos seus depoimentos – que algo pouco comum ou até extraordinário aconteceu na pessoa ou à volta da pessoa de Padre Pio há algum tempo. De modo especial, fala-se de *barulhos* ouvidos no Convento de Foggia, enquanto a comunidade estava no refeitório e o padre na cela, doente,[81] bem como de aparições de animais;[82] ao que parece, tratava-se de ataques e de amofinações diabólicas.[83] O Padre Pio diz que também houve aparições celestes que, agora, se tornaram mais raras,[84] as quais também são referidas por outras pessoas.[85]

Mas, agora, há fatos extraordinários de uma ordem mais elevada: os *estigmas*, o *perfume* e a *temperatura de 48ºC*.

Os estigmas

33. *Há estigmas:* estamos diante de algo que é real e impossível de ser negado. Procurei amplamente descrevê-los no relatório anexo, redigido durante a observação de tais estigmas.[86] Devo

---

[81] Ibid., 1, 11, 13.
[82] Ibid., 12.
[83] Ibid., 13, 18.
[84] Ibid., 18.
[85] Ibid., 6, 11.
[86] Ibid., 21.

somente confiar na benevolência dos Emmos. padres, porque o relatório pode não ter sido expresso com os mesmos termos que um médico perito usaria. Aliás, nem sequer efetuei a visita com critérios médicos, pois fui um simples observador, embora o mais diligente possível. Quanto ao Padre Pio, *resignou-se* em suportar a visita; não me passou despercebido o sofrimento interior que se manifestava no seu rosto. Depois, à noite, disse-me: "Como senti hoje o peso da obediência! Mas o Senhor fez com que sentisse tudo no princípio; depois, as coisas correram mais facilmente!".

34. Portanto, os estigmas *nas mãos* são visibilíssimos, estigmas produzidos, parece-me, por exsudação sanguínea: não há de modo nenhum abertura nem desagregação dos tecidos, pelo menos nas palmas; poder-se-á dizer que haja nas costas – das mãos –, ao que me parece, mas, nesse caso, é preciso esclarecer que a eventual abertura não penetra em toda a cavidade da mão e também não atinge a palma.

Portanto, mesmo não sendo especialista, e por somente ter observado o fato, ater-me-ia ao parecer do doutor Festa, contra o do doutor Romanelli, que afirma a existência de uma ferida de lado a lado. De resto, se houvesse uma desagregação de tecidos, o Padre Pio não poderia articular a mão e fechá-la, e, no entanto, ele abre-a e fecha-a *quase* completamente.

Nas extremidades inferiores, os estigmas estavam quase desaparecendo: notava-se apenas algo semelhante a dois botões pela epiderme branca e delicada; mas o padre assegura que tais estigmas "são, por vezes, mais ou menos visíveis; acontece que agora parecem estar quase sumindo, mas, na verdade, não desaparecem.

Depois, voltam, reflorescem";[87] por isso, também pode acontecer que os dos pés se tenham agora reaberto.

No peito, o sinal é representado por uma mancha triangular cor de vinho e por outras pequenas, portanto, não mais como uma espécie de cruz invertida, como foi vista em 1919 pelos doutores Bignami e Festa.[88] É nesse sinal que há maior efusão de sangue. Não pude nem quis permitir-me uma visita mais extensa, uma vez que, dada a minha tarefa e a minha ignorância em estudos médicos, a nada teria chegado; mas notei que em volta desse sinal ensanguentado não aparece nenhum outro fenômeno de caráter dermográfico. Além do mais, o Padre Pio assegurou-me de que no seu corpo não existe nada semelhante. Por conseguinte, com isso, ter-se-ia uma mudança em relação ao que o professor Bignami referia: "Além disso, existe um evidente dermografismo em todo o tórax e também nas costas".[89]

35. Quando e como se manifestaram esses sinais? Interroguei o Padre Pio: baixou os olhos; depois, com um leve sorriso, contou: isso se deu no dia 20 de setembro de 1918, enquanto estava em oração, depois da Santa Missa. Foi, então, tomado repentinamente por um grande tremor e, depois, teve uma visão: apareceu-lhe Jesus crucificado, que lhe disse que o associava à sua Paixão. Quando caiu em si, viu que das mãos gotejava sangue.[90]

Talvez só o Padre Benedetto conheça esses pormenores, pois pode ter sabido através do próprio Padre Pio, que foi re-

---

[87] Ibid., 24.
[88] *Lemius*, pp. 35 e 49.
[89] Ibid., p. 34.
[90] Dep. 18, 20.

servadíssimo. Não há dúvida de que isso depõe a seu favor, bem como o cuidado que, desde o princípio, teve em esconder o fato extraordinário: foram algumas devotas na igreja que se aperceberam do que ocorria. Mas, apesar de tudo, era demasiado natural que se aventassem diversas hipóteses para explicar os estigmas, tanto que, até agora, não se sabia com precisão o que o Padre Pio disse sobre sua origem. Por isso, agora, é preciso resumi-las e discuti-las.

36. I. Nesse caso, haverá a possibilidade – houve quem escrevesse[91] – de uma autoestigmatização patológica *ab intrinseco*?* Quer dizer, serão esses estigmas a manifestação de um estado morboso?

II. Nesse caso, será possível uma "estigmatização" *ab extrinseco*? Quer dizer, esses estigmas foram provocados por sugestão ou por aplicação voluntária de meios artificiais?

III. Será provável que os estigmas do Padre Pio sejam de origem divina?

IV. Haverá possibilidade de que sejam de origem diabólica?

37. Gostaria de começar por excluir absolutamente esta *última hipótese*. A vida retíssima do padre, sua virtude e sua piedade são demasiado valorosas para se aceitar que o demônio – embora o combata, como parece – tenha sobre ele um tal poder que o fizesse se submeter a fins diabólicos. Seria necessário encontrar no Padre Pio uma forma *culpável* de obsessão ou quase obsessão, para se pensar na estigmatização diabólica. No entanto, nesse

---

[91] *Lemius*, pp. 6 e ss.
* A partir de dentro. *Ab extrinseco*: a partir de fora. (N.T.)

momento é evidentíssimo que isso não ocorre. Portanto, *exclui-se a hipótese diabólica.*

38. Considero *a primeira hipótese:* os estigmas *são manifestações de um estado morboso?*

    O Revmo. Padre Lemius, que propunha a questão, em resposta a si mesmo disse que, por um lado, o temperamento de Padre Pio parecia predisposto a esse fenômeno – alimentação escassíssima, dermografismo ou autografismo –, mas, por outro, não saberia explicar como é que um neuropata poderia resistir às fadigas do ministério, nem como nunca teria havido nele fenômenos consequentes da congestão, isto é, inflamação etc.[92] Pois bem: agora o Revmo. padre deveria também remover de sua exposição os argumentos a favor da tese proposta, pelo menos como dúvida, porque, se é verdade que o Padre Pio se alimenta pouco – digamos até pouquíssimo –, também é verdade que esse *pouquíssimo* não é ultrasuperlativo, como se julgava. Na realidade, ele se alimenta com o suficiente para sobreviver. E também já não é o caso de se falar em dermografismo, porque, além dos estigmas observados, não foi encontrado mais nenhum sinal dermográfico, como ele mesmo afirma. Depois, se o dermografismo se identifica com o autografismo – e nunca se poderia saber a não ser que lhe perguntasse –, Padre Pio, quando interrogado, respondeu sob a santidade do juramento que nunca tinha feito no seu corpo sinais que depois pudessem ser visíveis, com base em ideias fixas e dominantes.[93]

---

[92] *Lemius*, p. 7.
[93] Dep. 23.

Aliás, não está absolutamente comprovado que o efeito morboso de autossugestão possa produzir estigmas; a propósito, pode-se oportunamente consultar o Padre Poulain, que, na sua obra *Delle grazie d'orazione*,[94] se manifesta muito incrédulo sobre isso, considerando problemático que a imaginação tenha tanto poder, e terminando por escrever: "Se afirmarmos que a imaginação é capaz de produzir chagas estigmáticas, estaremos fazendo isso sem nenhuma prova experimentada".

Mas admitindo que, num primeiro momento, o fenômeno se tivesse manifestado em Padre Pio por efeito da excitação doentia, seria porventura igualmente fácil sustentar que essa excitação morbosa perdurou e ainda agora continua a manter em ato esse mesmo fenômeno, *passados três anos completos*? Interrogo-me como é que um homem poderia viver sob a pressão constante desse estado morboso, capaz de reavivar continuamente os sinais dolorosos externos ou, pelo menos, pergunto-me como é que poderia manter-se sereno, calmo, no desempenho ininterrupto de seus deveres, como o Padre Pio faz. Portanto, *a hipótese de autoestigmatização patológica* ab intrinseco *parece-me impossível de ser sustentada ou, quando muito, parece-me que os dados hodiernos não são suficientes, no caso, para reavaliá-la e transformá-la em certeza. Seria, ainda, necessário estudar e, sobretudo, esperar.*

39. *Segunda hipótese:* a *autoestigmatização* ab extrinseco. Três casos:

1. Autoestigmatização por sugestão externa.

---

[94] Cap. XXXI, pp. 8-10.

2. Id., por autossugestão.

3. Id., provocada por meios químicos e físicos.

A autoestigmatização *por sugestão externa* (1º caso) seria admitida pelo Padre Gemelli, que lança a dúvida de que o exprovincial Padre Benedetto – que foi o educador, o conselheiro e o protetor do Padre Pio[95] e, atualmente, é o seu diretor espiritual – teria constantemente contribuído com isso. E, para reforçar a dúvida, poder-se-iam – se o Padre Gemelli soubesse! – citar algumas expressões do Padre Benedetto que, por exemplo, três meses antes da "visão" e dos estigmas, escrevia ao Padre Gemelli: "... não é a justiça, mas o amor crucificado que *te crucifica* E TE QUER ASSOCIADO *às suas penas amorosíssimas*".[96] E, um mês antes, aludia a uma *vocação para a corredenção* no Padre Pio, a uma *união dolorosa* com nosso Senhor, a uma *transverberação* e a uma *ferida* que não se compreende o que seja: "*O fato da ferida* cumpre a vossa paixão como cumpriu a do Amado na cruz".[97] O que essa alusão a uma *ferida* teria provocado no capuchinho?... E as palavras da carta anterior não são atribuídas a nosso Senhor na "visão" tida por Padre Pio: *Associo-te à minha Paixão?*... Não seria a primeira vez que Padre Pio *usaria* "belas" frases do Padre Benedetto.[98] Sendo assim, não poderia tê-lo fei-

---

[95] *Lemius*, p. 18.
[96] Carta, 7 de junho de 1918.
[97] Carta, 27 de agosto de 1918.
[98] Um exemplo: no dia *8 de maio de 1919,* o Padre Pio escrevia a uma pessoa: "Ajudai também vós com as vossas orações este cireneu que leva a cruz de muitos até que nele se cumpra o dito do Apóstolo: *Suprir e aperfeiçoar o que falta à Paixão de Cristo*". Pois bem: não será esse um pensamento do Padre Benedetto? Pois, já no dia *7 de junho de 1918* lhe tinha escrito: "A justiça não tem nada a reivindicar em ti, mas noutros, *e tu, vítima, deves pelos irmãos aquilo que ainda falta à Paixão de Jesus Cristo*".

to outras vezes? Por isso, a comparação dos estigmas de setembro com a "ferida" a que alude em agosto – da "vocação" de Padre Pio *de estar associado* à Paixão de nosso Senhor, segundo as palavras de Padre Benedetto (junho), que seríamos tentados a chamar de proféticas – não é singular? Não seria possível que, por sugestão, se tenham formado as feridas que o Padre Benedetto havia preanunciado e que Padre Pio tenha acreditado que eram dirigidas a ele aquelas palavras ditas a nosso Senhor, palavras que não eram senão de Padre Benedetto e que lhe ecoavam na mente?

É vidente que é possível. Em razão do trabalho contínuo, intenso – quatro palavras de uma carta que, de per si, não seriam suficientes para produzir efeitos tão graves; dada a estima que o Padre Pio tem pelo Padre Benedetto – a qual é grande, em razão da autoridade que este último exerce sobre ele, autoridade de ex-superior e de diretor –, também o caso de sugestão *não é impossível,* segundo parece a alguns, mas não a mim. Mas será que é *provável?* Gostaria de fazer reservadamente as seguintes considerações:

a) Que, em geral, as cartas do Padre Benedetto são *respostas* a cartas do Padre Pio e, em particular, o são as cartas de 7 de junho e de 27 de agosto de 1918, como se deduz do contexto.

E ainda: no dia *26 de janeiro de 1921*, o Padre Pio escrevia a uma Irmã: "Quererias saber quem é a causa do teu tamanho padecer com alegria e lamentar o que ardentemente desejas; fazer-te inebriar na dor e sofrê-la com extremo afã! Não sabes que só Deus pode conciliar os dois opostos na alma e transformar *in pace amaritudo tua amaríssima?*" [em paz a tua amargura amaríssima]. Pois bem, essas *mesmíssimas* palavras, *ad literam* [letra por letra], não tinham sido escritas pelo Padre Benedetto ao Padre Pio, no dia *6 de janeiro* anterior, como consta numa carta do diretor espiritual?

Portanto, se o Padre Benedetto fez menção de "feridas", "transverberação", "crucifixão", ele teria sido o *segundo* a fazê-lo, e não o *primeiro*; se escreveu isso foi porque o Padre Pio já havia dito algo a esse respeito antes. Por consequência, dever-se-ia dizer que foi o Padre Pio quem sugestionou o Padre Benedetto, e não vice-versa!...[99]

b) Mas admitamos o contrário: admitamos por um instante que o Padre Benedetto tenha conseguido produzir no Padre Pio um fenômeno psicológico como o que está em questão: então, ressurge uma dificuldade já discutida em outro caso. A possibilidade de que, *por três anos seguidos*, ele venha apresentando uma efusão de sangue contínua? A possibilidade de que o autor disso, mesmo inconscientemente, é um religioso que está permanentemente a 400 quilômetros de distância, que raramente vai a San Giovanni Rotondo, que escreve, cerca de uma vez por mês, cartas que quase não se referem ao discípulo estigmatizado e a sua direção, dando maior destaque aos desejos de... apostolado místico do seu diretor?... A mim, não parece que seja isso, francamente. Por essa razão, ao concluir, eu diria o seguinte:

a) Que o Padre Pio talvez não tenha sido muito bem dirigido pelo Padre Benedetto, que me parece – embora eu não o conheça, a não ser pelo espólio da sua correspondência com o capuchinho

---

[99] Se pudéssemos consultar a correspondência de Padre Pio enviada a Padre Benedetto, creio que ajudaria muito no entendimento dos fatos extraordinários e na verificação da participação de Padre Benedetto. Mas trata-se de correspondência de espírito, e até teria sido ousado pedir-lha... Se o Santo Ofício achar por bem fazê-lo, os documentos poderão ser objeto de um estudo suplementar. Nesse caso, também seria ótimo requerer a *Cronistoria* que se afirma que o Padre Benedetto continua a escrever.

– não ter tido as qualidades necessárias para dirigir as almas nas vias místicas: primeiramente porque ele tem um conceito *errado* de mística; depois, porque se obstina em *querer ser* um diretor "místico", quando *é o Senhor quem o faz*; e, finalmente, porque, segundo também outros testemunham, é *demasiado crédulo e entusiasta* diante de supostos fatos extraordinários.

b) Que, com o seu ensino oral e escrito, o Padre Benedetto possa de alguma forma ter influenciado na especial formação ascético-mística de Padre Pio.

c) *Mas que a influência tenha sido tal que o tenha sugestionado, fazendo com que se produzissem os estigmas, isso não: é efeito demasiado superior à causa e não me parece que possa ter acontecido. Não obstante, para maior segurança, também se poderá sugerir alguma medida prudente de precaução nas relações entre os dois religiosos, medida esta que, sem ser prescrita com especial referência ao caso de Padre Pio, poderia fazer parte do âmbito das medidas mais gerais que proporei separadamente em apêndice a propósito do Padre Benedetto.*

Ao examinar a hipótese de autoestigmatização *ab extrinseco,* estamos no 2º caso que a própria hipótese apresenta: autoestigmatização *por autossugestão*. Por isso, o Revmo. Padre Lemius escreve "que a autossugestão com referência a atos externos é tão somente um dos sintomas possíveis da histeria, sintoma esse que pode muitíssimo bem não se manifestar; e que, por outro lado, a histeria de Padre Pio é apenas provável, e não certa".[100]

---
[100] *Lemius*, p. 8.

Creio que posso completar esse julgamento, reformulando-o. O Padre Pio não é de modo nenhum histérico; pelo que se vê e se sabe, é normalíssimo; assim depuseram o superior, o Padre Lorenzo,[101] e o Padre Ignazio.[102] Também ele – o Padre Pio –, juiz suspeito em causa própria, mas não a ponto de se lhe negar veracidade naquilo que afirma, disse que "por graça de Deus" nunca sofreu de doenças nervosas, de histeria ou qualquer coisa semelhante.[103]

Portanto, considerando-se o que disse o Revmo. Padre Lemius, *dever-se-á excluir o caso de autoestigmatização por autossugestão.*

Fica por considerar o 3º caso: autoestigmatização *provocada com meios físicos e químicos.*

De um depoimento em nada desprezável,[104] surge uma grave e legítima suspeita, recolhida no relatório do Padre Lemius – que não podia ser de outro modo.[105] Um dia, o Padre Pio, por intermédio de uma senhorita e com recomendação de manter segredo, tinha pedido a um farmacêutico de Foggia, parente dela, um frasco de ácido fênico puro; em outro dia, quatro gramas de veratrina, um cáustico, um potentíssimo veneno que só algumas farmácias possuem, mesmo assim em pequeníssimas quantidades. O que escondia esse mistério? Os estigmas eram uma ficção, uma fraude vulgar, e o Padre Pio, mesmo à custa de sofrimentos, tê-los-ia produzido, cultivado e

---

[101] Dep. 7.
[102] Ibid., 10.
[103] Ibid., 23.
[104] *Lemius*, pp. 20-28.
[105] Ibid., p. 9.

aumentado artificialmente para, desse modo, fazer crescer sua fama de "santo"?... Estava desvendado o "mistério"; mas não creio que haja razão para se duvidar da sinceridade de Padre Pio, chamado a juramentos – *sob cuja santidade ele testemunhou nunca ter provocado ou completado artificialmente os estigmas*[106] – que teriam aberto um brecha na sua alma sacerdotal. O segredo que ele pedira não teria sido por causa dos seus confrades,[107] "tanto que" – diz o Padre Pio –, "no passado [tempo de guerra, eu] fiquei quase que só com o padre guardião":[108] "Além disso, teria sido com o único objetivo de evitar que se soubesse pelas pessoas que deviam trazê-lo [o ácido fênico[109]] que se tratava de medicamentos encomendados sem receita médica".[110] Note-se que o remédio comprado em Foggia pela senhorita deveria ser depois levado pelo "chofer que prestava serviço no autocarro de passageiros de Foggia para San Giovanni".[111] *O ácido fênico* foi requisitado para desinfecção de seringas de injeções;[112] a *veratrina* para... uma brincadeira que iria fazer no recreio! – Padre Pio tinha experimentado os efeitos desse pó numa dose imperceptível colocada no tabaco que um confrade lhe oferecera.[113] Sem conhecer venenos e nem sequer imaginar o que seria a veratrina (por isso, tinha encomendado *quatro* gramas), requisitou-a para

---

[106] Dep. 23, 24.
[107] Ibid., 20, 22.
[108] Ibid., 20.
[109] O pedido de veratrina foi feito por escrito, e o documento original não faz referência a nenhum segredo.
[110] Dep. 20; cf. dep. 22.
[111] *Lemius*, p. 27.
[112] Dep. 19, 22.
[113] Ibid, 9.

repetir a brincadeira e rir-se de algum confrade!...¹¹⁴ E é tudo. Em vez de malícia, revelam-se aqui sua simplicidade e seu espírito brincalhão.

Mas de um outro modo, pelo menos, e *praeter intentionem*,* o capuchinho pôde conservar os estigmas: isto é, usando, como consta, outros medicamentos, como, por exemplo, a tintura de iodo.

Deixando de lado o uso desse medicamento, que o relatório do Padre Lemius afirma ter por fim *esterilizar* as chagas, e o fato de que "provoca uma curiosa impressão que seja necessário desinfetar estigmas que seriam miraculosos",¹¹⁵ essa aplicação de tintura de iodo, dado que se tratava de *tintura velha*, pôde muito bem ter dado origem ao ácido iodídrico que se desenvolveu, que "torna mais intensas eventuais alterações cutâneas preexistentes" e produz outras "em tecidos normais".¹¹⁶ E assim se explica, pelo menos, como se teriam *conservado* os estigmas.

Tendo em conta as justas observações já referidas, feitas na visita apostólica, hoje, conclui-se dos depoimentos jurados:

1º Que o Padre Pio usou tintura de iodo não para desinfetar as chagas, *mas para estancar o sangue*.¹¹⁷ "Eu não conhecia sequer a eficácia; vi outros, quando se cortavam, usarem esse remédio para estancar o sangue",¹¹⁸ declarou o Padre Pio. Portanto, *não*

---

[114] Ibid., 19.
* Independentemente da intenção. (N.T.)
[115] *Lemius*, p. 12.
[116] Ibid., p. 37.
[117] Dep. 6, 18.
[118] Ibid., 22.

há nenhuma eventual singularidade e estranheza em desinfetar estigmas talvez miraculosos.

2º Que não só usou tintura de iodo, mas também vaselina ou glicerolato de amido, e sempre por razões óbvias: "Mandaram-me usar um pouco de vaselina quando as chagas formassem crostas".[119]

3º Que deixou de usar a tintura de iodo para evitar (e também independentemente de razões superiores) irritação nos tecidos cutâneos: "Um médico disse-me que não o usasse mais porque poderia causar uma irritação ainda maior".[120]

4º Que, finalmente, *faz quase dois* anos[121] que o Padre Pio já não usa nada, isto é, *não aplica nenhum remédio nos estigmas* e, no entanto – o que é de se notar –, eles *ainda permanecem*. Portanto, a sua permanência também independe desses remédios: *consequentemente, pode-se dizer que não foram provocados nem mantidos com meios físicos e químicos. O que, aliás, estaria em absoluto contraste com a provada virtude de Padre Pio. Assim, não se teria encontrado nenhuma explicação, a não ser que se quisesse acreditar na existência de um estado doentio, mas esse não parecia ser o caso dele.*

40. Falta ainda verificar se os estigmas do capuchinho são de *origem divina* (*terceira* hipótese): exame nada fácil, juízo dificílimo.

---

[119] Ibid., 18.
[120] Ibid., 18.
[121] Ibid., 18, 23.

Escreve o Padre Poulain:[122] "Foi demonstrado que os estigmas dos santos são muito diferentes dos estigmas hipnóticos".

Guiado por esse autor, exporei tais *diferenças* e, desse modo, tornando oportunas as aplicações ao caso particular, procurarei deduzir delas, com a devida reserva, as consequências possíveis.

"1º *Nos primeiros* (os estigmas dos santos), *há verdadeiras chagas e frequentemente o sangue brota abundantemente. Nos outros não se observa nada de parecido, pois não há senão um inchaço ou um suor com aspecto de sangue; em suma, uma imitação grosseira.*" No caso do Padre Pio, realmente não temos nem um simples inchaço nem um simples suor com aspecto de sangue; por vezes, o sangue – *verdadeiro sangue*, como os médicos verificaram[123] – flui e até se recorre a medicamentos, embora inutilmente, para estancar o seu curso; pelo menos uma vez, por causa da efusão desse sangue, o Padre Pio não pôde celebrar a Santa Missa,[124] portanto, isso é uma peculiaridade específica dos estigmas miraculosos; mas também se poderá dizer o mesmo das *verdadeiras chagas*? É verdade que, agora, não há chagas nos pés, mas antes sinais de uma anterior decomposição de tecidos epidérmicos, decomposição que, todavia, também poderia ser de uma chaga, como constava nos relatórios dos médicos Romanelli e Festa,[125] mas não no do professor Bignami.[126] É verdade

---

[122] Op. cit., cap. XXXI, p. 10.
[123] *Lemius*, pp. 39, 40; 48-50.
[124] Dep. 15.
[125] *Lemius*, pp. 39, 48.
[126] Ibid., p. 35.

que no peito não há chaga nem nunca houve, segundo Bignami e Festa,[127] mas houve segundo Romanelli, que a definiu [como] "ferida lacerada linear, com margens nítidas e ligeiramente curvadas, que afeta os tecidos moles".[128] Hoje, no peito, há uma vermelhidão difusa, com forma triangular, uma espécie de inflamação superficial, de "abrasão superficial da epiderme",[129] do qual verte sangue que umedece roupas ou tecidos. Finalmente, nas mãos, onde os estigmas são mais evidentes, parece que só se encontra uma exsudação abundante que produz escaras sanguinolentas; como já disse, talvez haja alguma chaga nas costas das mãos, mas isso não está confirmado. Contudo, Bignami e Festa[130] teriam encontrado *lesões* nas mãos; o doutor Romanelli,[131] *furos* que vão de um lado a outro; furos não vistos, porém, mas pressupostos pela apalpação. Portanto, agora, volta a pergunta: poder-se-á dizer que, no caso do Padre Pio, existe o caráter dos estigmas miraculosos, que são *verdadeiras chagas*? A resposta não é fácil. Hoje, dever-se-ia responder regularmente; ontem, a juízo dos médicos, a coisa parecia apresentar-se de modo diferente, dado que nos pormenores nem os médicos estiveram de acordo. Concluindo, parece-me que se poderá dizer:

1º Que o caráter sobrenatural *do sangue que brota* encontra-se nos estigmas do Padre Pio.

---

[127] Ibid., pp. 35, 49.
[128] Ibid., p. 39.
[129] Ibid., p. 35.
[130] Ibid., pp. 35, 37.
[131] Ibid., p. 39.

2º Que, quanto ao caráter *das verdadeiras chagas,* é prudente suspender o julgamento, embora pareça não faltarem motivos para fazer crer em dom sobrenatural; é verdade, por exemplo, que os *sinais* no Padre Pio não se limitam ao simples *inchaço* de que faz menção o Padre Poulain: pelo contrário, não há nenhum inchaço.

Aliás, também supomos que não há *verdadeiras chagas* no Padre Pio e que nunca houve. Seria isso motivo suficiente para induzir que se sancione a inexistência do fato sobrenatural e do dom de Deus? Que talvez Deus tenha estabelecido limites à sua ação? Que podemos realmente circunscrever os fatos místicos dentro de certas condições imutáveis, dentro de termos absolutos, fazer da mística uma matemática? Ou não ocorreram casos, por exemplo, de estigmas invisíveis, verdadeiros estigmas com ausência absoluta de chagas externas?...

Para Padre Poulain,[132] outra característica *essencial* dos verdadeiros estigmas encontra-se no fato de eles estarem "*localizados no mesmo lugar que os do corpo de Jesus Cristo*". Isso *ocorre indubitavelmente no Padre Pio,* e é fato tão excepcional e fora do comum, que o professor Bignami se viu obrigado a escrever: "O que não é possível explicar, através dos conhecimentos que possuímos acerca das necroses neuróticas, é a localização perfeitamente simétrica das lesões descritas".[133]

Continuo enumerando as diferenças entre os verdadeiros e os falsos estigmas, segundo o Padre Poulain.

---

[132] Op. cit., p. 11.
[133] *Lemius*, p. 37.

"2º *Os primeiros* (os verdadeiros) *duram frequentemente muitos anos, ou produzem-se periodicamente todas as semanas. Os outros são passageiros.*"

Quanto a isso, não há dúvida. Os estigmas do Padre Pio subsistem *há mais de três anos;* portanto, *poder-se-ia dizer que são de origem divina.*

"3º *Não é possível curar estigmas verdadeiros com medicamentos.*" Portanto, é o caso de Padre Pio. De fato, nem o iodo nem o glicerolato de amido, usados para estancar o sangue, conseguiram esse objetivo e, muito menos, cicatrizar as feridas. Fui informado também de que, uma vez, uma das mãos do Padre Pio foi cuidada pelos médicos, enfaixada e, depois, ainda tratada periodicamente, de modo que, segundo o parecer dos mesmos médicos, dentro de oito dias deveria voltar ao estado normal; pois bem, foi precisamente durante esses oito dias que a mão enfaixada e tratada verteu tanto sangue que impediu o padre de celebrar a Santa Missa.[134] E, dessa maneira, *encontrou-se nele mais um distintivo dos verdadeiros estigmas.*

"4º *Frequentemente, os primeiros são dolorosíssimos* (aliás, o Padre Poulain diz em outro lugar que o caráter *essencial* dos verdadeiros estigmas é *produzir sofrimentos atrozes*); *nos outros já não se nota essa particularidade.*"

De fato, o Padre Pio depôs que os estigmas lhe causavam "dor, sempre, especialmente nos dias em que gotejavam sangue. A dor é mais ou menos aguda: "em alguns momentos" – palavras dele

---
[134] Dep. 15.

–, "não posso aguentar".[135] E acrescentou: "Sentia dor naqueles mesmos pontos (isto é, onde agora estão os sinais visíveis), igual à que experimentei depois. As dores começaram por volta de 1911-1912, nos primeiros anos do meu sacerdócio".[136] E ocorriam "a intervalos, pois às vezes paravam. Em geral, ocorriam de quinta-feira à noite até sábado de manhã e, algumas vezes, também de terça-feira".[137] Portanto, *no caso do Padre Pio, existe a dor,* dada como sinal dos estigmas sobrenaturais, e durante muito tempo; por isso, pode-se pensar que os estigmas terão sido *invisíveis* durante um certo período.[138]

"5º *Os primeiros são sempre acompanhados de êxtases.*"

Nesse ponto, não se pode, certamente, dar muitos esclarecimentos. O Padre Pio é um religioso de oração, mas ainda não há clareza quanto ao grau de elevação mística que terá chegado. O Padre Gemelli escreveu que "não apresenta nenhum dos elementos característicos da vida mística":[139] em contrapartida, um confrade seu diz que "tem o aspecto de um místico profundo".[140] No entanto, é um fato que, segundo os depoimentos jurados do próprio Padre Pio, os estigmas ter-lhe-iam sido concedidos por nosso Senhor *durante a oração, na ação de graças da Santa Missa,* numa "visão"...[141]

---

[135] Ibid., 19.
[136] Ibid., 20.
[137] Ibid., 22.
[138] Cf. ibid., 12.
[139] *Lemius*, p. 17.
[140] Dep. 15.
[141] Ibid., 18.

Foi um êxtase? Se não foi uma ilusão, pelo menos aconteceu algo mais do que um vulgar recolhimento na oração...

"6º *Contrariamente a tudo quanto se observa em todas as chagas naturais com alguma duração, as dos santos não têm nenhum cheiro fétido (por vezes, até emitem perfumes), nenhuma supuração, nenhuma alteração morbosa dos tecidos. E, coisa notável, as chagas não estigmáticas têm, ao contrário, uma evolução normal.*"

Pois bem: um novo elemento a favor de Padre Pio e dos seus estigmas que, assim, teriam uma sanção ulterior de fato miraculoso. *Nenhuma supuração* nas chagas do capuchinho; é evidentíssimo e também o tinham constatado os próprios médicos:[142] um *perfume* vivíssimo e agradabilíssimo que ou é emanado pelos estigmas ou – ainda muito melhor – por toda a pessoa, acerca do qual se falará separadamente. Portanto, não estaremos nós realmente diante da maravilha de São Francisco de Assis, de algum modo renovada em um dos seus filhos? Não sei. Disse ser dificílimo julgar a origem divina dos estigmas de Padre Pio e seria imprudente, pelo menos agora, pronunciar-me, sem mais nem menos, a favor da sentença ou contra. Por hora, é suficiente ter realçado essas circunstâncias, que, nesse caso, poderão iluminar e oferecer critérios para um futuro parecer.

41. *Recapitulando, o que seguramente me parece que ora podemos afirmar é que os estigmas em questão e exame não são nem obra*

---

[142] *Lemius*, p. 40.

do demônio nem um engano grosseiro, nem uma fraude nem uma arte de um malicioso ou de um malvado. E, se não erro, hoje isso pode ser suficiente para tranquilizar a autoridade eclesiástica suprema sobre o "caso" do Padre Pio de Pietrelcina. *Gostaria de acrescentar que os seus estigmas não me parecem ser um morboso produto de sugestão externa, dado que a prudência pode sugerir alguma medida de observação e de precaução. Também não acreditaria no efeito de autossugestão, pelas razões já expostas. Mas peritos melhores que eu podem dar uma opinião mais autorizada, e, além disso, de qualquer modo, o tempo fará conhecer o que hoje é tão difícil demonstrar.*[143]

O perfume

42. Esse perfume agradabilíssimo e vivíssimo, comparável ao da violeta, como bem escreveu o bispo de Melfi, é testemunhado por todos e os Emmos. padres permitirão que também eu o testemunhe. E posso assegurar-lhes de novo que fui a San Giovanni Rotondo determinado a fazer uma investigação absolutamente *objetiva*, mas, ao mesmo tempo, com certa *prevenção pessoal* em relação a tudo o que se narrava acerca de Padre Pio. Hoje, não sou um... convertido, um admirador do padre: absolutamente não; sinto-me com plena indiferença e diria quase frieza, de tanto ter querido manter a objetividade serena do relator; mas, por dívida

---

[143] Correra a fama de que também na fronte de Padre Pio começavam a aparecer os sinais da *coroa de espinhos*. Eu nada vi; o Padre Lorenzo, o superior, de nada se apercebeu (dep. 7); interrogado, o capuchinho respondeu, rindo: "Oh! Por amor do Senhor! Que quer que eu responda? Algumas vezes, encontrei manchinhas na fronte ou na cabeça, mas não lhes dei nenhuma importância nem nunca me passou pela cabeça dizê-lo a alguém!" (dep. 24).

de consciência, devo dizer que diante de alguns fatos não pude manter minha prevenção *pessoal*, embora exteriormente nada tenha manifestado. E um desses fatos é o *perfume* que, repito, senti, como todos sentem:[144] o único que não o sente é o Padre Pio.[145] De onde isso procede?

Eis uma pergunta mais embaraçosa que outra: de onde procedem os estigmas? Porque acerca dos estigmas poder-se-ão aduzir, sustentar e defender, caso se queira, a sugestão e a autossugestão; mas, que eu saiba, um estado tão morboso não pode produzir perfumes. Por isso, de novo, ou estamos diante de obra diabólica, o que por razões antes expostas deve ser excluído; ou perante uma ação divina, mas sobre ela não ouso pronunciar-me; ou, então, estamos pura e simplesmente diante do truque, do engano ou, pelo menos, perante um caso inocente de uso de perfumes da parte de Padre Pio. Mas a possibilidade de engano não se sustenta no confronto com a vida que o religioso[146] levava, como, pelo mesmo motivo, não se explicaria nele uma tal vaidade mundana: de qualquer modo, seja engano ou simplicidade, o fato é que na cela ele só tem o... sabão – e eu visitei a cela com a maior atenção, de parte a parte.

Contudo, assim como é evidente que também fora da cela se poderia conservar algo de... contrabando, o que mais reafirma a questão é a declaração jurada com a qual o Padre Pio testemunhou que não usava nem nunca tinha usado perfumes.[147]

---

[144] Dep. 6, 11, 13, 15, 16, 17. Também o arcipreste Prencipe me garantiu que o tinha sentido.
[145] Ibid., 19.
[146] Cf. ibid., 13.
[147] Ibid., 23, 24.

Aliás, se efetivamente ele, por alguma razão, tivesse consigo aquele perfume, dever-se-ia senti-lo sempre. Pelo contrário, não. É percebido só em alguns momentos, *por ondas*: dentro e fora da cela, quando o padre passa, no lugar que ele ocupa no coro e até a distância: um caso do gênero ocorreu com o arcipreste Prencipe, que sentiu o perfume na igreja paroquial ao dar a comunhão a uma das pessoas que se aproximavam do Padre Pio, como também com o Padre Lorenzo, o superior; no entanto, as pessoas que estavam com ele[148] nada notaram. E observe-se que o Padre Lorenzo é muito sério, prudente e, em princípio, "cético" a respeito de tudo quanto se dizia do capuchinho.

Além disso, havia os panos brancos banhados em sangue vertido das feridas do Padre Pio, o seu solidéu, as luvas,[149] os cabelos *cortados há dois anos* que conservavam esse perfume... De onde vem? Constatei e referi um fato. Julguem os Emmos. padres.

A temperatura de 48°C

43. Eis outro fato singular e que, caso seja verdade, "seria impressionantíssimo, em razão do que teria de miraculoso",[150] porque sabe-se que o organismo humano não parece que possa atingir temperatura tão elevada. E, no entanto, no Padre Pio, o caso verificou-se muitas vezes, por vários anos,[151] e o Padre Lorenzo, que se mostrava absolutamente incrédulo não apenas com relação a isso, mas a todo o resto, teve de convencer-se diante

---

[148] Ibid., 6.
[149] Ibid., 11, 15.
[150] *Lemius*, p. 11.
[151] Dep. 20.

do que viu acontecer debaixo dos seus olhos e nas suas mãos.[152] Não se creia, porém, que esse estado seja permanente no Padre Pio; muito pelo contrário, e isso explica como não o tinha notado, por exemplo, Dom Menghini. Dá-se em especiais circunstâncias *de espírito*; o mal que o leva a essa temperatura ou do qual essa temperatura é indício é – declarou-o Padre Pio – "mais mal moral do que físico"; ele tem "sentimentos advindos de imagens representativas do Senhor. Como em uma fornalha, mantendo sempre a consciência".[153] E, realmente, um confrade testemunha que mesmo sofrendo dessa febre ele não fica abatido, levanta-se, movimenta-se e faz tudo.[154] O que não há como negar que é muito mais singular e excepcional! Nos oito dias de permanência no convento, não tive ocasião de poder verificar esse estado anormal do religioso; contudo, o depoimento do superior é sério, a que se junta o do Padre Pio. Portanto, não me parece que se duvide disso. Só permanece obscura a explicação para as diversas hipóteses sugeridas. E, novamente, não posso deixar de excluir qualquer intervenção diabólica ou fraude. Se o fato, além de excepcional, também for miraculoso, o Senhor manifestá-lo-á quando quiser.

***

44. No fim deste longo relatório e antes de concluir com eventuais propostas, volto a mencionar algo citado lá no início (nn. 7 e 8): *O que acontece hoje no convento e na região à volta de Padre Pio?*

---

[152] Ibid., 6.
[153] Ibid., 19.
[154] Ibid., 9.

45. As coisas tomaram um aspecto diferente do passado, mais sério e mais calmo. O entusiasmo popular diminuiu:[155] de San Giovanni Rotondo são poucos os frequentadores habituais do convento e da igreja; [são] sobretudo as devotas, boas mulheres, sem dúvida, mas que talvez fizessem melhor se tornassem menos frequentes as suas visitas e abandonassem o ridículo hábito de trazer um retrato de Padre Pio ao pescoço.

O Padre Pio lhes disse isso, mas elas não lhe obedecem; que espírito de submissão ao diretor espiritual!...

Contudo, se o Padre Pio deixasse o convento, penso que, dado o fanatismo daquelas pessoas, dever-se-ia recear novamente uma vivíssima oposição dos habitantes de San Giovanni Rotondo; para não falar das devotas que, diante da simples suspeita de um recurso que julgavam ter sido feito contra o Padre Pio, ameaçaram um religioso de dizer tantas coisas sobre ele, que o religioso e seu superior seriam expulsos!

46. Agora, são mais frequentes as visitas dos forasteiros do que as dos moradores locais. Há dois ou três senhores e senhoritas que há meses passaram a viver em San Giovanni Rotondo[156] e que, sem falta, todas as manhãs e todas as tardes vão à igreja do convento assistir à Santa Missa e à função vespertina celebradas por Padre Pio. Dentre elas, a senhora Morselli, de Roma, que, tendo ficado viúva, foi para lá com a filha – uma criança – para encontrar paz e consolação.

---

[155] Cf. ibid., 4.
[156] Ibid., 7, 20.

47. No convento tudo corre bem. Os religiosos, que no passado fizeram tanto alarde, foram todos transferidos pelo atual provincial,[157] um homem sagaz e prudente, um antigo delegado na Casa Generalícia em Roma. Os religiosos que compõem a comunidade de San Giovanni Rotondo são sérios, reservados e prudentes: não é necessário tomar nenhuma providência a seu respeito. Foram designadas regras especiais para se receber forasteiros na hospedaria, no convento e no refeitório; proibiu-se que fotógrafos e jornalistas se aproximem de Padre Pio; foi vetada a distribuição e difusão de lenços ou outros objetos pertencentes a ele. Por fim, os lenços manchados de sangue foram guardados cuidadosamente pelo Padre superior.[158]

48. Na igreja, há alguma publicidade, mas bem menos que no passado. O Padre Pio celebra a Santa Missa todos os dias às 10 horas – missa *de officio diei* – e distribui a sagrada comunhão aos fiéis que esperam aquele momento para comungar das suas mãos. Depois da Santa Missa, retira-se para a sacristia para a ação de graças que faz, pelo menos como eu vi, de pé, apoiado no banco, com a cabeça entre as mãos. Entretanto, os visitantes esperam silenciosamente na mesma sacristia. Depois, tem lugar o beijo das mãos e algum breve diálogo. A missa não é *por convite*, como alguém referiu; todos podem entrar na igreja livremente. Apenas é pedido aos que querem ver o Padre Pio que aproveitem aquela cerimônia, durante a qual ele pode ser visto por todos sem

---

[157] Ibid., 16.
[158] Ibid., 6.

dificuldade.¹⁵⁹ À tarde, é novamente ele quem celebra as sagradas funções (depois das quais, outro beija-mão), mas, sendo sempre o celebrante, já sabe que, na falta de outros, é o padre superior quem ministra como diácono...¹⁶⁰ Se fosse possível acabar com todo esse resíduo de exterioridade, não haveria mal e também atenderia aos desejos comuns;¹⁶¹ até agora, isso ainda não foi eliminado, para se proceder de forma prudente, gradual,¹⁶² e dar oportunidade a que aqueles que querem possam ver o Padre Pio assim em público, sem, no entanto, perturbar sua privacidade. A Santa Missa é deixada para as 10 horas, a fim de não desagradar às pessoas que desejam participar da celebração feita pelo Padre Pio, porque talvez não pudessem ir à igreja do convento mais cedo, uma vez que esta fica bastante afastada da povoação. Parece que também há alguma impossibilidade "física" da parte de Padre Pio, que, porém, acabaria por sacrificar-se à obediência.¹⁶³ Em suma, não parece nada fácil mudar o horário dessa missa.

***

49. *Apêndice.* Não encontrei outro lugar para tratar desse tema; [por isso,] torno-o objeto de um breve apêndice, quase *extra formam.*

Em Roma, no Mosteiro de Santa Brígida, na Via delle Isole, encontra-se uma certa Irmã Giovanna, outrora filha espiritual de Padre Pio. No passado mês de fevereiro, a madre superiora, ao

---

[159] Ibid., 6, 12.
[160] Ibid., 14.
[161] Ibid., 13.
[162] Ibid., 12.
[163] Ibid., 13, 24.

queixar-se das intromissões espirituais de Padre Benedetto de San Marco in Lamis, confessor extraordinário, também lamentou:

1º Que Padre Pio tivesse escrito uma carta para a Irmã Giovanna, insistindo *que tomasse por diretor espiritual o Padre Benedetto*, tendo em vista que a irmã não queria, pois já lhe bastava um: imagino, o confessor ordinário.

2º Que essa irmã teria dito "que era visitada pelo Padre Pio em espírito e arrebatada com ele a uma altura espiritual inexprimível" e que nosso Senhor lhe disse o seguinte: "Encarnei-te na minha divindade para fazer em ti imediatamente um oráculo, sem distinção alguma de seres"; e, depois: "Serás a porta-voz do Altíssimo". Portanto, estranhas "visões" que representavam perigo para a virtude e para a perfeição.

50. A propósito, existe realmente a carta de Padre Pio, datada de 26 de janeiro de 1921, e que se transcreve, n. 26. Nela, sugere-se à Irmã Giovanna que use o ministério espiritual do Padre Benedetto e também se faz alusão a algo de extraordinário que aconteceu com a Irmã Giovanna, que talvez seja a estranha "visão", ou melhor, o sonho da utópica religiosa.

51. Como esses documentos se encontram no meio de outros relativos ao Padre Benedetto, evitei uma verificação pessoal do seu conteúdo com o Padre Pio. Contentei-me em enviar-lhe uma cópia da carta e um formulário a que deveria responder. Fiel e prontamente, ele o respondeu (n. 27). Do "sonho" *nada sabe ou se recorda*, nem conserva as cartas da Irmã Giovanna; por isso, não é capaz de dar uma resposta exaustiva. Contudo, não

se exclui que também ele seja demasiado crédulo; aliás, pelas respostas, parece claro que julga a Irmã Giovanna quase uma alma privilegiada... Depois, o conselho dado à mesma Irmã Giovanna: "Exorto-te que, de vez em quando, confiras coisas do teu espírito com o Mui Revmo. Padre Benedetto etc." (conselho lamentado pela superiora), é, realmente, do Padre Pio, *mas vem remotamente do... Padre Benedetto,* que, não conseguindo pessoalmente submeter à sua orientação *mística* a pobre irmã, tinha escrito ao capuchinho, menos de um mês antes, em 31 de dezembro de 1920:

> Faço-te saber que não sei por que é que a Irmã Giovanna não tem vindo confessar-se: pensará que pode dispensar a confissão? Se escreveres para ela, *sem lhe dares a entender que te avisei, exorta-a a esclarecer-se da melhor forma possível e mostra-lhe que os santos e as santas não se contentaram com um braço que os ajudasse nos caminhos do espírito, mas com cem, excetuado o caso de algum diretor iluminado e de confiante autossuficiência.*

52. Se a cupidez mística de Padre Benedetto for freada, será melhor para o Padre Pio, e várias almas ficarão em paz.

Conclusão

53. Acabei, Emmos. padres. É tempo de tirar algumas conclusões práticas e pode-se fazer isso dizendo sumariamente: que, como se vê e salvo erros e melhor opinião, o Padre Pio é um bom religioso; que, como se disse, das "graças" impetradas

pelas suas orações, muitas não têm consistência, muitas só se afirmam, mas não há prova jurídica; que tudo de extraordinário que acontece com ele não tem explicação, mas com certeza não é por intervenção diabólica nem por engano ou fraude; que os entusiasmos populares diminuíram muito; que a comunidade religiosa em que ele vive é uma boa comunidade, em que se pode confiar.

Agora, é necessário ter prudência e continuar na expectativa; como não se pode pensar numa mudança de Padre Pio, recomende-se aos superiores vigilância e observação – tácita, conduzida de modo não visível; exija-se que seja corrigido o comportamento das devotas, diminuída a sua frequência à igreja e ao convento, e em tudo isso o Padre Pio deve ser mais enérgico: advirta-se caridosamente ele para que seja cauteloso em dar crédito às elevações espirituais de certas almas; diminuir, tanto quanto possível, toda a publicidade externa demasiado evidente; manter informada a Sagrada Congregação de fatos novos que, progredindo ou retrocedendo, eventualmente ocorram no Padre Pio.

Quanto às relações dele com o Padre Benedetto, bastará que, como de novo proporei em lugar próprio, se deem a ele avisos prudentes de índole geral acerca da direção das almas, com uma alusão particular à suma prudência que deve ter em relação ao Padre Pio, tanto ao tratar com ele como ao escrever-lhe. Seria ótimo que se pudesse ter para consulta a Cronistoria di P. Pio *que ele – diz-se – está redigindo ou, pelo menos, tudo o que ele recolhe, para um dia ser possível escrever sobre a vida de Padre Pio.*[164]

---

[164] Ibid., dep. 16.

De joelhos, beijando as Vossas Púrpuras, honro-me de professar-me a V. Ema. Revma.,

Volterra, 4 de outubro de 1921

† Fr. Raffaello C., bispo de Volterra
Visitador apostólico

Nota: *Depois dos depoimentos a propósito do relatório sobre o Padre Pio, há um breve apêndice com o respectivo depoimento acerca do Padre Benedetto.*

DEPOIMENTOS

Transcrevem-se integralmente os depoimentos que o visitador apostólico tomou de cada um dos depoentes, os quais não se encontram dispostos segundo a ordem cronológica das sessões. No entanto, como houve um nexo natural entre os interrogatórios, para se compreender a razão de alguns quesitos propostos às testemunhas, no fim, apresentamos a ordem cronológica de cada sessão com as oportunas referências a estes depoimentos.

1

Primeiro depoimento do cônego Dr. Giuseppe Prencipe, Arcipreste pároco de San Giovanni Rotondo

14 de junho de 1921 – 21h

Perante mim, o abaixo assinado visitador apostólico, delegado pela Suprema Sagrada Congregação do Santo Ofício para fazer uma investigação sobre o Padre Pio de Pietrelcina, capuchinho, compareceu, convocado, em San Giovanni Rotondo, arquidiocese de Manfredonia, na casa paroquial, o *Mui Ilmo. e Revmo. Sr. Dr. Giuseppe Prencipe*, arcipreste pároco, filho de Pasquale de San Giovanni Rotondo, de 49 anos, o qual, prestando juramento *de veritate dicenda** tocando no santo Evangelho, expõe o que segue:

O Padre Pio é precedido pela fama de fatos maravilhosos, difundida pelos confrades de então, que consistem essencialmente em barulho de correntes, ouvido no Convento de Foggia, em aparecimentos do diabo em forma de mulher etc. Dada essa fama, houve afluência de pessoas para vê-lo: note-se que ainda não se tinha estabelecido no Convento em San Giovanni, apenas esteve lá por duas ou três vezes. Depois, creio eu, o padre guar-

---

* De dizer a verdade. (N.T.)

dião, pressionado por um grupo de devotas, fez com que ele fosse aqui estabelecido como família. O Padre Pio não era confessor; passava a vida a dar conselhos às devotas; não pregava. Teve início o surgimento dos estigmas e, a partir daí, o relato de muitos fenômenos extraordinários que aconteciam com as devotas que frequentavam o convento, por influência sua, fenômenos esses referenciados no *Mattino* de Nápoles pelo correspondente em San Giovanni, Adelchi Fabbrocini, professor primário e mação. A verdade é que nunca tive a sorte de presenciar qualquer um desses acontecimentos em San Giovanni.

Devo acrescentar que chamei algumas das devotas para saber o que de extraordinário teria ocorrido com elas, mas não pude descobrir, porque diziam que lhes tinha sido imposto silêncio.

Quanto à questão das curas, espalhou-se a notícia de que inumeráveis delas teriam se dado, mas *de visu* não pude confirmar a veracidade de nenhuma, pelo menos daquelas a que chamavam "milagres", as quais sempre se limitavam a San Giovanni Rotondo. Verificou-se que algumas dessas curas, difundidas pelos confrades, não tinham consistência, especialmente uma acerca de um rapaz que usava muletas e que, na verdade, continua a necessitar delas para andar. Noto que os confrades tinham a mania de exagerar.

A propósito, cito um caso. Levaram ao Padre Pio duas *mudas*: disse-se que deveria ser realizada uma cura; mas não ocorreu, nem mesmo depois das orações. Voltaram duas, três vezes, e nada. Enquanto o padre, interrogado, dizia: "Eu não disse que aconteceria, e sim que oraria", os outros afirmavam que deveria acontecer.

De fato, posso dizer que não encontrei nada de irregular no Padre Pio, isto é, no que diz respeito a sua vida e com base no que se pôde constatar, já que não frequento o convento todos os dias.

Por agora, encerra-se a presente sessão.

Depois de devidamente lido e aceito tudo o que foi escrito, o Mui Ilmo. Revmo. Giuseppe Prencipe foi dispensado, após ter feito juramento *de silentio servando** perante os santos Evangelhos, e, em confirmação de tudo isso, assinou.

Giuseppe, arc. Prencipe

Acta sunt haec per me, Visitatorem Apostolicum**

L. ✠ S. Fr. Raphael C., Episc. Volterr. *Visit. Apost.*

---

* De guardar sigilo. (N.T.).

** Tudo isso foi feito por mim, o visitador apostólico. (N.T.)

2

Segundo depoimento do cônego Dr. Giuseppe Prencipe

15 de junho de 1921 – 8h30

Perante mim, o abaixo assinado visitador apostólico, compareceu de novo o *Mui Ilmo. e Revmo. Sr. Dr. Giuseppe Prencipe*, que, tendo prestado novamente o juramento *de veritate dicenda* perante os santos Evangelhos, foi interrogado por mim como segue.

Tem alguma mudança a fazer com relação ao que depôs ontem à noite?

R. Não.

Tem algo a acrescentar?

R. Ainda a propósito dos "milagres". No dia 12 de junho de 1919, enquanto os sinos dobravam, o sino grande da igreja paroquial quebrou-se; entre mim e o convento as relações eram as mais cordiais. No dia 25 de junho, um sacerdote da paróquia aconselhou um amigo a mandar o Padre Pio batizar uma criança, no convento, que dista mais de um quilômetro. Dada a multidão que ia ao convento, observei que essa permissão poderia abrir um precedente para muitas outras no futuro e, portanto, para irregularidades na paróquia. Interrogando o próprio Padre Pio e o padre guardião de então, também notei neles uma certa relutância em assumir esse ministério, pois concordavam comigo sobre os aborrecimentos futuros que poderiam nos causar. Por isso, pedi ao sacerdote, anteriormente [citado], que, de maneira prudente, fizesse o seu amigo desistir daquele desejo. Menos de quinze minutos depois dessa conversa, difundiram-se boatos malignos de que o pároco teria negado o pedido, com ofensa, para provocar despeito no Padre Pio. Dali a poucos dias, a ordem das coisas inverteu-se: disse-se que, por vingança da minha recusa, o Padre Pio teria feito o sino se quebrar, quando, na verdade, a fratura do sino havia acontecido dez dias antes. O padre guardião, ao ver que se estava caindo no ridículo, sobretudo junto de pessoas sérias, foi obrigado a fazer uma celebração na igreja paroquial e, na homilia, dirigiu-se ao povo para desfazer os boatos.

Como o Padre Pio se comportou relativamente a esses fatos "maravilhosos" ligados ao nome dele?
R. Pelo que eu pude perceber, permaneceu tranquilo.

O que sabe dos pretensos estigmas?
R. Primeiro, através do grupo de devotas que frequentava o convento; depois, soube pelo padre guardião de então que o Padre Pio se sentia honrado com os estigmas. Tendo ousado perguntar diretamente ao padre de que modo teria recebido esses estigmas, e também sobre as outras circunstâncias com respeito a esse fato etc. – dado que, entre o povo, corriam várias versões, e eu, assediado por cartas de todos os lados queria pôr-me em condições de dar uma resposta precisa e não cair em contradição –, ele respondeu-me: "Não posso falar".

É verdade que o Padre Pio come pouquíssimo?

R. Ao que me consta, é verdade que não come muito, mas pude constatar *de visu* que come. É de compleição frágil, esteve doente, foi transferido do convento para a hospedaria e assistido pelas devotas, em turnos, irregularidade que o padre provincial providenciou para que cessasse. Durante o período da doença, não tolerava facilmente os alimentos; para mostrar a que ponto chegou o fetichismo dos confrades, sei que mostravam o que o padre não tinha conseguido manter no estômago. As devotas não deixam de fornecer ao Padre Pio tudo que fosse necessário.

Quanto ao caráter espiritual e moral de Padre Pio, prática de virtudes, obediência, humildade etc.

R. Sim, demonstra ter todas essas coisas. Só sei, [através] de um religioso do convento, que o padre provincial tinha proibido as conversas na hospedaria, mas o Padre Pio continuou-as.

Devidamente lido e aceito tudo quanto foi escrito, o Mui Ilmo. Revmo. Sr. Dr. Giuseppe Prencipe foi despedido, após ter feito o juramento *de silentio servando* perante os santos Evangelhos, e, em confirmação de tudo isso, assinou.

Giuseppe, arc. Prencipe

Acta sunt haec per me, Visitatorem Apostolicum
L. ✠ S. Fr. Raphael C., Episc. Volterr. *Visit. Apost.*

3

Terceiro depoimento do cônego Dr. Giuseppe Prencipe

18 de junho de 1921 – 16h30

Perante mim, o abaixo assinado visitador apostólico, compareceu, convocado, na sua casa paroquial, o Mui Ilmo. Revmo. Dr. *Giuseppe Prencipe*, arcipreste pároco de San Giovanni Rotondo, diocese de Manfredonia, o qual, prestando o juramento *de veritate dicenda* sobre os santos Evangelhos, respondeu e depôs o seguinte:

Tem alguma mudança a fazer com relação ao que anteriormente depôs.

R. Não.

Sobre os presentes "milagres" operados por intercessão do Padre Pio de Pietrelcina.

R. Surgida a notícia de que o Padre Pio operava "milagres", eu tinha vivo desejo de ter alguma constatação direta disso; por isso, deslocava-me frequentemente ao convento para observar *de visu* algum fato extraordinário, alguma cura miraculosa, porque eram muitos os aleijados da região e também os estrangeiros que se dirigiam para lá. Mas nunca tive a sorte de poder assistir a nenhum fenômeno extraordinário. Para dizer a verdade, talvez eu fosse indigno. Mais de uma vez estimulei o Padre Pio a realizar algo de extraordinário em San Giovanni, ao menos algum milagre de bilocação pela conversão de algum incrédulo, especialmente pela conversão de um médico, meu amigo, que me tinha dito essas exatas palavras: "Se eu visse o Padre Pio vir ao meu quarto, de noite, de dia ou, então, se visse o Santariello com as pernas realmente endireitadas, e também com os olhos (é estrábico) e a mente (tem uma leve demência) curados, eu seria o primeiro a crer no sobrenatural". O Padre Pio riu-se com as minhas palavras e, uma única vez, pareceu-me que acreditava nos milagres que lhe eram atribuídos, dizendo estas palavras: "Não basta o de São Severo?". Queria aludir à vista recuperada por uma moça: milagre que, depois, nunca pude verificar, por mais informações que tivesse recebido.

Os "milagres" que fizeram mais estardalhaço aqui em San Giovanni Rotondo são: o das mudas, sobre o qual já depus; o do corcunda; o do escrivão; o do Santariello.

1º Digo o que ouvi dizer; embora tenha acontecido aqui o fato – do corcunda –, não o presenciei. Todavia, desloquei-me propositadamente a Foggia, até onde estava o pai do corcunda, para vê-lo e fazer o relatório da graça recebida. Não sei os nomes das pessoas. O tal corcunda frequentava o quarto ano; fui à escola procurar o vice-diretor das escolas primárias, que era meu amigo, mas, nessa manhã, ele estava ausente. Então, a professora que o tinha acompanhado durante três anos na escola fez esse relato, a mim e ao vice-diretor: "Desde pequeno, ele andava de gatinhas; por ocasião da festa de Nossa Senhora das Dores que se venera em Foggia, teve uma primeira graça, podendo endireitar-se e caminhar. Tinha quatro ou cinco protuberâncias na espinha dorsal. Tendo ido ao Padre Pio, duas ou três desapareceram, mas as outras ainda ficaram". Não disse mais nada.

2º "Milagre" do escrivão do Tribunal de San Giovanni Rotondo. Por ocasião do armistício, num banquete noturno entre amigos, o nosso escrivão bebeu um pouco a mais e, ao descer as escadas, escorregou e sofreu uma luxação no peito do pé. Esse deslocamento manteve-o de cama durante cerca de dois meses. Então, começou a deixar o leito, mas teve de ficar em casa, creio, por mais um mês, andando de muletas. Depois, melhorou, deixou as muletas, pegou uma bengala e começou a sair de casa e a subir as escadas do tribunal. Portanto, estava em vias de melhorar, de modo que já dava os seus passeios com os amigos. A essa altura, vem de Lucerna o procurador do rei (creio, Milone), que deseja fazer uma visita ao Padre Pio; por que razão, não sei. Por acaso, naquele dia, creio que se encontravam aqui o professor Tangaro, de Foggia, o escrivão de Lucera e o redator do *Mattino*, Trevisani. Também o nosso escrivão foi convidado pelo procurador do rei e pelo vice-pretor daqui, para irem juntos ao convento. O escrivão escusou-se, aduzindo que o deslocamento não lhe permitia fazer uma caminhada assim tão longa. No dia seguinte, recebeu novo convite, depois do almoço. Dessa vez, aceitou e foi caminhando devagar até o convento. A narração a seguir me foi feita pelo escrivão no dia seguinte: "Encontrava-me caminhando por dois corredores que ficam no piso térreo do convento, os quais estavam apinhados de pessoas que esperavam a sua vez para falar com o Padre Pio, que se confessava num canto daqueles corredores. De repente, ouvi somente isto: 'Bengala!', mas não sabia quem tinha pronunciado, a quem se dirigia, com que fim. Eu não tinha ido ao convento com nenhuma ideia de receber graças. Em seguida a isso, os dois amigos que estavam a meu lado me sacudiram pelo braço e disseram: 'Escrivão, não ouve?'. O Padre Pio tinha dito que eu podia jogar a bengala fora porque a graça havia se operado. Então, senti um calor subindo dos pés à cabeça e comecei a suar; as pessoas fixaram os olhos em mim, e do meio daquela multidão saiu uma voz: 'Graça, graça!'. E os amigos continuaram: 'Joga fora a bengala, joga fora a bengala!', pois havia a convicção de que se não obedecesse imediatamente, a graça não aconteceria. Eu não sabia o que fazer, se levava a bengala à igreja, se a entregava ao Padre Pio... Então, encostei-a numa parede. 'Anda', disseram os amigos, 'estás curado!'. Comecei a mover-me e não senti mais dor no pé. Com o barulho dos gritos, o procurador do rei e os outros desceram; aproximaram-se de mim, tomaram-me pelo braço e pediram que eu andasse; eu não sentia nenhuma dor. Voltei para casa sem bengala. Quando o médico foi chamado, viu que o osso que se tinha deslocado não tinha voltado ao lugar". Esse é o relato que ele me fez. Contudo, no dia seguinte, tal como eu, todas as outras pessoas da localidade puderam constatar que a pretensa cura não tinha acontecido. O escrivão foi obrigado a andar novamente de bengala, enquanto não fosse aos banhos nas férias do verão.

3º O milagre do Santariello. Um jovem quarentão, estrábico, meio tolo, pálido, com uma corcunda, pernas encarquilhadas, e um pé rotundo e virado para trás. Tanto o próprio Santariello como muitas outras testemunhas oculares me relataram o pretenso milagre da seguinte maneira. O Padre Pio sentava-se diante do adro da igreja do convento, em frente de uma multidão de pessoas. O jovem, não sei se de espontânea vontade ou por conselho de um padre capuchinho, apresentou-se a ele para pedir-lhe alguma coisa. "O que queres que eu te faça?" – parece dizer-lhe o Padre Pio. E o rapaz – creio que essa pergunta também lhe tinha sido aconselhada pelo frade – respondeu: "Dá-me a graça da cura". "Bem" – retomou o padre –, "joga fora as muletas". Como conta o jovem, uma delas caiu-lhe das mãos, enquanto a outra ficou; então, o Padre Plácido foi prontamente tirá-la e disse-lhe: "Pode andar, estás curado". O pobrezinho começou a caminhar como pôde, esbracejando no ar, apoiando-se à esquerda e à direita nas pessoas que o rodeavam com gritos de milagre.

À noite voltou para a aldeia; mas em todos houve uma grande desilusão ao observar que se tentava considerar milagre aquilo que nem sequer fora uma sombra disso.

Aqui, a testemunha narra um fato de bilocação.

Esse relato foi-me feito pela própria doente, a senhora D'Enrico Bambinella, esposa de Luigi Masta, empresário do ramo automobilístico. Estava doente há oito dias. A febre permanecia em torno de 39ºC. Os médicos encontraram só uma ligeira bronquite e tinham dado ao marido a garantia de que não havia gravidade. Um dos médicos, pressupondo problemas intestinais, prescreveu à doente uma dose de calomelano, que lhe produziu fortes distúrbios. Dizia a mulher: "Em mim surgiu a ideia de que o médico me tinha envenenado e fiquei sob o pesadelo dessa ideia durante duas horas. Até que comecei a achar que ia morrer, e fiquei assim por mais duas ou três horas. Então, chamei o meu marido e os meus filhos, e expus-lhes as minhas últimas vontades. Desse pensamento de que ia morrer – mas claramente – passei a outro, o de esperança de cura. Não sei por quanto tempo me agarrei a essa ideia. E achava que essa cura poderia vir do Padre Pio. Se a minha graça não viesse, não era por mim, mas pelo meu marido. Então, chamei-o: se eu morrer, será porque tu não crês. O meu marido protestou, mas não acreditei nele e fiquei ainda mais agitada. Por volta das 2 horas da madrugada, meu marido foi chamar o médico, que me visitou. Quando se foi embora, o meu marido pegou a candeia do quarto em que nos encontrávamos e levou-a para o quarto contíguo. Nesse momento, vi no quarto o Padre Pio encostado à parede. (Nota: parede na qual se projetavam sombras e luz que vinha da candeia.) Quando o meu marido voltou ao quarto, eu disse-lhe: 'Vi o Padre Pio', mas, por mais que procurasse, ele não encontrou nada. Cerca de uma hora depois, repetiu-se o mesmo fenômeno da presença do Padre Pio, e novamente nada foi achado. Invectivei novamente o meu marido, acusando-o de que se eu morresse seria porque ele não cria". Aqui, o relato é terminado pelo marido: "Na verdade, eu nem sequer acreditava na santidade do Padre Pio e na possibilidade de um milagre; por causa das insistências da minha esposa, e tomado por uma grande excitação, disse: 'Acreditaria no Padre Pio, se nesse momento tu te curasses'. Ditas essas palavras, ela deu um salto da cama e, de repente, a vi de pé diante de mim. Acomodei-a na cama uma vez mais. Nesse mesmo momento havia um bebê de colo chorando; a mãe o colocou ao peito e o amamentou, enquanto já havia oito dias que não tinha leite. Contudo, imediatamente depois, o leite desapareceu outra vez. Por volta da meia-noite, a mulher foi tomada por um sono profundo e de manhã encontrou-se enfraquecida, mas curada".

Quero destacar que a família da mulher é profundamente neurastênica: um irmão tentou suicidar-se, ao passo que um outro tem uma deformação física e é vesgo.

Outro caso.

Um dia, estava em Foggia e veio ao meu encontro um tenente que era meu conterrâneo. Disse-me ele: "Ontem, fui chamado pelo tenente-general comandante de divisão, que me disse: 'Esta manhã, o Padre Pio de San Giovanni Rotondo veio me procurar para reclamar de soldados que estavam perturbando'; tratava-se de um grupo de soldados enviados, não sei se para um convento ou próximo de um convento. Eu respondi que não podia ser, porque o Padre Pio estava em San Giovanni. 'Asseguro-te' – retomou o general – 'que o Padre Pio veio falar comigo'".

Não soube como dizer ao tenente que, no dia anterior, eu tinha falado com o Padre Pio em San Giovanni Rotondo. Então, ao voltar para lá, dirigi-me ao convento com o propósito de perguntar isso ao Padre Pio, mas, enquanto estava com o padre guardião discorrendo sobre tal fato, eis que intervém outro padre capuchinho, que falou: "Agora já não há dúvida sobre o milagre da bilocação de ontem; foi o próprio Padre Pio que o disse a algumas devotas, para as quais ele respondeu, quando lhe perguntaram: 'Sim, de fato, estive viajando'. Por onde? 'Não importa sabê-lo'".

Depois que esse padre saiu, o padre guardião pediu-me que mantivesse segredo sobre aquela conversa. Naquele dia, dispensei-me de pedir explicações ao Padre Pio. Depois, vim a saber que se tinha tratado de um equívoco do tenente-general que um Padre Pio de San Giovanni Rotondo houvesse se apresentado a ele, e que, na verdade, era um outro padre que estava em Benevento e que tinha ido pessoalmente a Foggia.

Perante todos esses fatos, que atitude teve o Padre Pio?

R. Tenham sido eles verdadeiros ou falsos, nunca me chegou aos ouvidos nenhuma palavra sua de retificação.

Concluindo, posso dizer que gostaria que algumas das minhas dúvidas fossem absolutamente falsas e que ele fosse verdadeiramente um homem privilegiado por Deus, enviado à minha terra para santificar e assombrar o mundo com outros portentos.

Todas essas coisas lidas e aprovadas, o Mui Ilmo. Revmo. Dr. Giuseppe Prencipe foi despedido com o juramento *de secreto servando*, depois de tocar nos santos Evangelhos e, em confirmação de tudo, assinou.

Giuseppe, arc. Prencipe

Acta sunt haec per me, Visitatorem Apostolicum
L. ✠ S. Fr. Raphael C., Episc. Volterr. *Visit. Apost.*

4

Primeiro depoimento do cônego
Domenico Palladino, ecônomo da
paróquia de San Giovanni Rotondo

18 de junho de 1921 – 19h

Perante mim, o abaixo assinado visitador apostólico, compareceu, convocado, na casa paroquial de San Giovanni Rotondo, o *Mui Revmo. Sr. D. Domenico Palladino*, ecônomo da paróquia, o qual, prestando sobre os santos Evangelhos o juramento *de veritate dicenda*, depôs e respondeu o seguinte:

Identifique-se.

R. Chamo-me Domenico Palladino, sou filho de Giuseppe, tenho 30 anos e sou ecônomo desta igreja.

Sobre a vida do Padre Pio de Pietrelcina.

R. Não o conheço; um mês depois da Ordenação sacerdotal, fui para a tropa; quando, em 1918, voltei da licença de convalescença, um dia, depois da função, dois jovens, Michele Perna e Pasquale Ricci, vieram à igreja procurar o arcipreste e, não o tendo encontrado, contaram-me que no convento dos capuchinhos – tendo eles ido até ali por curiosidade, e parado junto de uma fonte – tinham visto, através de uma janelinha que dá para a hospedaria, o Padre Pio conversando com uma jovem professora primária e que se afastaram várias vezes para não serem vistos. Entretanto, porém, os dois aperceberam-se, e a jovem procurou esconder-se. Depois, o Padre Pio saiu de lá e foi para a sacristia, e ela o seguiu. Em seguida, os dois sentaram-se perto de uma braseira enquanto conversavam. Os dois jovens deram a volta e entraram na igreja para encontrar o Padre Pio, pois tal acontecimento lhes tinha causado grande espanto. Na sacristia, ocorreu uma discussão terrível entre o padre e os dois jovens, que lhe dirigiram muitos impropérios e ameaçaram escrever ao arcebispo. Criticaram-no por ter ficado sozinho com uma jovem; ele respondeu que exercia o seu ministério. Eles, então, em resposta disseram que o ministério devia ser exercido no confessionário.

À noite, ao tomar conhecimento do fato, o guardião e um outro monge, juntamente com o cônego Giuseppe Massa, procuraram acalmar os dois jovens. Conseguiram-no, e tal fato manteve-se encoberto. Passados alguns dias, surgiu o boato de que o Padre Pio fazia milagres; por isso, o povo acorreu em grande número ao convento, mas as privilegiadas eram as referidas devotas, que quase não saíam do convento e criticavam as outras mulheres que antes nunca haviam aparecido ali.

Ouvindo tudo o que se contava acerca dos "milagres" de Padre Pio, um dia, juntamente com outros sacerdotes, fui ao convento para tentar ver alguma coisa. Deparamo-nos com um acolhimento frio, se comparado com os acolhimentos passados; pois, em vez de virem ao nosso encontro como antes, os padres permaneceram conversando com as mulheres. Aproximamo-nos do guardião, e um colega quis saber quantas graças haviam acontecido naquele dia. O guardião respondeu: Dezesseis. Então, o colega acrescentou: parece-me que são vinte e quatro. "Não" – retomou o guardião –, "as verdadeiras são só essas que eu disse" e, entre elas, há a do Santariello, aqui presente. Voltamos o olhar para a igreja e vimos o nosso Santariello, que dava um ou dois passos e caía no chão. Uma vez que nos mostramos admirados com isso, o guardião disse: "Que quereis? Se nós, que somos sãos, precisamos da bengala, que dirá alguém que, há pouco, recebeu a graça!".

Despedimo-nos e fomos para o jardim, onde, naquele momento, se encontrava o Padre Pio. Depois de lhe termos beijado a mão, começamos a conversar sobre a saúde pública e privada, e o assunto dirigiu-se especialmente para a greve dos professores do ensino elementar. O Padre Pio fez uma crítica violenta e disse que, se fosse o Governo, mandaria todos para a Apúlia. E um companheiro disse-me que, entre uma e outra frase, ele teria dito, como se falasse para si mesmo: "*In dubio libertas*", mas eu não me apercebi. Depois de ter recebido uma bênção solene dele (éramos sacerdotes), fiquei um pouco mais perturbado; fomos, então, até alguma taberna para ver os milagres afirmados pelo padre guardião, mas não observamos nada.

Desde aquela época, nunca mais voltei ao convento.

Duas mulheres, sob segredo, compreende-se que não de confissão, contaram-me que, juntamente com outras chamadas devotas, iam ao convento todos os dias e, em algumas ocasiões, duas vezes por dia. Também afirmaram ter ficado por bastante tempo na hospedaria, quando o Padre Pio esteve doente lá. As chamadas devotas tocavam nos braços, nos pés e no peito do padre adormecido unicamente para adquirir sua santidade, e incitaram-nas a fazer o mesmo, mas elas, com pudor, o tocaram a custo e quase à força. A partir daquele dia, nunca mais foram ao convento e nem querem voltar lá. As devotas ainda frequentavam o convento: eram as donas do convento. Elas andavam com o retrato do Padre Pio ao pescoço. Ele via isso; teria podido impedi-lo.

Lidas e aprovadas todas essas coisas, o Revmo. D. Domenico Palladino foi dispensado, depois de ter feito juramento *de secreto servando* perante os santos Evangelhos, e, para confirmar tudo, assinou.

Domenico Côn. Palladino

Acta sunt haec per me, Visitatorem Apostolicum

L. ✠ S. Fr. Raphael C., Episc. Volterr. *Visit. Apost.*

5

Segundo depoimento do cônego Domenico Palladino

19 de junho de 1921 – 17h

Perante mim, o abaixo assinado visitador apostólico, compareceu, novamente convocado, o *Mui Revmo. Sr. Côn. Domenico Palladino*, que, tendo prestado sobre os santos Evangelhos o juramento *de veritate dicenda*, depôs e expôs o seguinte:

Há algo a modificar no depoimento anterior?

R. Não. Sendo eu ecônomo desta colegiada, uma noite, antes de voltar para casa, quando estava fazendo a habitual visita aos doentes graves, entrei na casa de uma mulher doente e vi que uma daquelas devotas seguidoras do Padre Pio estava aplicando na enferma um lenço banhado no sangue do dito padre, recitando ao mesmo tempo uma fórmula: "Santo Padre Pio etc.". (Note-se que o povo ignorante dizia que o padre era o próprio Jesus Cristo.) Aliás, este fato ocorreu-me mais uma ou duas vezes; mas assim que as tais mulheres me viam, escondiam-se. Creio que o Padre Pio é um bom filho, mas fiquei muito desgostoso com a frequência contínua das mulheres, que permaneciam o dia todo no convento, até mesmo à noite, além de lançarem aos quatro ventos a fama dos "milagres" do Padre Pio.

Foi-me referido, mas não ouvi pessoalmente, que um monge, dos que estavam aqui antes, tinha dito: "A nossa pouca sorte foi termos o arcipreste Prencipe".

Repito, em relação ao Padre Pio, creio que é uma pessoa de oração e bom sacerdote, mas os monges que estavam próximos a ele e as tais mulheres fizeram com que eu e outros perdêssemos um pouco da estima, de tal modo que antes eu ouvia falar no nome do Padre Pio com todo o respeito, agora o ouço praguejando. Além disso, passou todo aquele fervor religioso que se tinha suscitado, de modo que, enquanto à época dos "milagres" muitos que há tempos não se aproximavam dos sacramentos passaram a se confessar etc., agora eles nem sequer têm cumprido o preceito.

Lidas e aprovadas todas essas coisas, o Revmo. Sr. Côn. Domenico Palladino foi dispensado, depois de ter feito o juramento *de secreto servando* sobre os santos Evangelhos e, para confirmar tudo, assinou.

Domenico Côn. Palladino

Acta sunt haec per me, Visitatorem Apostolicum
L. ✠ S. Fr. Raphael C., Episc. Volterr. *Visit. Apost.*

6

Primeiro depoimento do Padre Lorenzo de San Marco in Lamis, Superior dos Capuchinhos de San Giovanni Rotondo

16 de junho de 1921 – 9h

Perante mim, o abaixo assinado visitador apostólico, no Convento dos Menores Capuchinhos de San Giovanni Rotondo, hoje, às 9 horas, compareceu o *Mui Revmo. Padre Lorenzo de San Marco in Lamis*, guardião do convento, que, tendo prestado o juramento *de veritate dicenda* sobre os santos Evangelhos, depôs e respondeu o seguinte:

Seu nome e sua identificação.

R. Chamo-me Padre Lorenzo de San Marco in Lamis, no século chamado Nicola Giavarella. Sou filho de Leonardo, tenho quarenta anos e sou superior deste convento desde novembro de 1919.

Narre o que sabe sobre o Padre Pio de Pietrelcina.

R. Parece-me que o conheci por volta de 1906 ou 1907, quando eu era guardião em Montefusco, e ele foi para o convento como estudante de Filosofia. Não permaneceu muito tempo em Montefusco, pois foi transferido para outros conventos devido a sua saúde. Posso dizer que, durante o tempo em que esteve em

Montefusco, foi sempre exemplar, a ponto de o próprio Leitor o ter consultado em questões de ordem disciplinar. Naquele tempo, não percebi nada de extraordinário.

De outros conventos – Campobasso, Venafro e Morcone – foi, então, para sua casa, sempre por razões de saúde: ordenou-se sacerdote quando ainda se encontrava em sua residência, onde, porém, vestia o hábito religioso. Diziam que a sua doença era broncoalveolite; mas, na realidade, quando examinaram o pulmão dele, nada foi constatado.

Sei que, nesse tempo em que esteve em casa, tanto o Leitor, que atualmente é o primeiro definidor provincial e se chama Padre Agostino de San Marco in Lamis, quanto o padre provincial de então, Padre Benedetto de San Marco in Lamis, foram consultá-lo sobre assuntos relativos à província. De modo que, algumas vezes, os religiosos reclamavam disso, porque, então, era emitida uma circular e, sabendo-se que os superiores tinham consultado o Padre Pio, dizia-se: "Foram consultar o santo de Meca".

Sabe-se que nunca os superiores se haviam comportado assim com relação a um jovem, uma vez que certamente não faltavam na província religiosos com idade e sensatez suficientes para serem bons conselheiros.

R. Tanto o Padre Agostino – que tinha sido seu confessor – como o Padre Benedetto – que, depois, foi o seu diretor – acharam-no exemplaríssimo, reservado.

Continue narrando.

R. No primeiro ou segundo ano de guerra, foram buscá-lo em casa e mandaram-no para Foggia, onde esteve por alguns meses; em seguida, veio para cá como diretor espiritual dos jovens do Colégio Seráfico, onde ainda se encontra. Destaco que também foi chamado a servir como soldado, função que exerceu por cerca de dois meses, quase sempre no Hospital de Nápoles; então, foi dispensado *ad tempus** e, depois, definitivamente.

Quando esteve em Foggia, o superior de então, o Padre Nazareno d'Arpaise, dizia que, por diversas vezes, ouviam-se barulhos estranhos no quarto dele. Certa vez, quando toda a comunidade estava reunida no refeitório, puderam também ouvir tais barulhos. Então subiram até o quarto, mas o encontraram composto. Diante da pergunta do superior a respeito desse acontecimento, ele respondeu: "Não vos alarmeis, não é nada". Suspeitávamos que se trataria do diabo.

Depois, veio para cá: antes de eu chegar aqui, diziam-se muitas coisas: que teria febre de 48°C, que teria recebido os estigmas, que perscrutava os corações. Mas, para dizer a verdade, eu dava pouco crédito a isso, tanto que eu era capelão militar e tinha tido uma licença para [ir para] a minha terra, que não fica muito longe daqui, mas me recusei a ir. Contudo, vim aqui pela segunda vez, porque os capuchinhos de Bolonha e de Milão pediam-me notícias, e eu tinha me limitado a dizer que conhecia o Padre Pio havia cerca de quinze anos e que sempre achei que era boa pessoa, mas que achava um exagero que agora se fizesse dele um santo [capaz] de milagres.

Como atrás referi, dizia-se que ele tinha febre muito alta, mas também como superior lhe dava pouca importância. Uma

---

* Temporariamente. (N.T.)

vez em que teve febre, eu quis usar o termômetro: o próprio padre desaconselhou-me, dizendo que se quebraria. Cedi, mas, numa segunda vez, quis experimentar de qualquer maneira, e o termômetro subiu até 43ºC, isto é, até o último traço do marcador, mas não se quebrou. Uma terceira vez, foi usado um termômetro que marcava até 45ºC, e o mercúrio subiu até o fim, sem, no entanto, se quebrar. Estava presente o doutor Franc. Antonio Gina e o doutor Angelo Maria Merla, médico da casa. [*sic*] socialista. Uma vez mais, eu quis medir a temperatura com um termômetro levado pelo doutor Festa, de Roma – que chegava aos 150ºC –, e marcou 48ºC. Assim, também passei a crer no que se dizia.

Outra coisa especial: o perfume que, às vezes, se sente vivamente e que exala dele. Hesitei, e ainda hesito, pois não consigo encontrar uma explicação. O que me faz suspeitar que não é uma coisa comum é o fato de, algumas vezes, ser possível senti-lo, enquanto em outras não; vem em ondas. O Padre Pio fica próximo de mim no coro, por isso, sinto bem [o perfume]. Uma vez o padre provincial disse-me que também estava hesitante; mas teve essa experiência quando estava no confessionário ao fundo da igreja, enquanto o Padre Pio se achava no convento, num dia de grande afluência de pessoas. E aquele perfume tinha penetrado na caixa de tabaco, no tabaco e na capa.

Há pessoas que dizem tê-lo sentido mesmo estando muito longe: isso aconteceu comigo uma vez, na estrada, quando regressava ao convento, mas as outras pessoas que estavam comigo não sentiram nada.

O que sabe e pensa sobre os estigmas?
R. Vi os das mãos; mas os do peito e dos pés, não.

Na verdade, não conheço a origem desses estigmas. Eu era capelão militar (diz-se que surgiram no dia 20 de setembro de 1918). O guardião de então, o Padre Paolino de Casacalenga, disse-me que nem ele sabia qual era a verdadeira origem deles: a princípio, o Padre Pio andava com um lenço ou puxava as mangas da roupa para baixo. Foram as devotas na igreja as primeiras a perceberem tal fato. Interroguei algumas vezes o padre provincial anterior, o Padre Benedetto, para saber alguma coisa, mas ele sempre me respondia: "Está tudo escrito". Correm diversas versões: que os teria recebido no coro, durante a ação de graças da Missa, ou enquanto estava confessando um rapaz; não se sabe qual é a verdadeira versão.

Relativamente à natureza desses estigmas, segundo o doutor Festa eram como sinais, e pareciam ter sido produzidos na epiderme com o uso de fogo; segundo o doutor Romanelli de Barletta, eram verdadeiros furos que iam de um lado ao outro. Mas o doutor Festa observa que, nesse caso, os dedos não poderiam dobrar-se como o padre costuma fazer. Uma vez, antes de o Padre Pio descer para a celebração, vi quando saía muito sangue de uma das mãos.

Quanto aos panos molhados com sangue, a princípio eram jogados fora; quando vim para cá, quis que fossem destruídos, mas o padre provincial disse-me que não seria bom fazer isso, então, agora eu os guardo.

Sabe se o Padre Pio alguma vez aplicou remédios nos estigmas?

R. Pelo que me consta, não; mas sei que, no princípio – não sei se ainda o faz –, usava tintura de iodo com o objetivo de estancar o sangue.

Sabe se entre os jovens do colégio houve ou há quem precise de injeções?

R. Houve um jovenzinho – durante um mês – que teve malária, mas não sei se lhe davam injeções.

Em caso de necessidade, há no convento quem aplique injeções?

R. Agora só o Padre Lodovico e o Padre Cherubino.

O Padre Pio sabe dar injeções?

R. Não.

Sabe se o Padre Pio mandou ou manda vir diretamente medicamentos por meio de pessoas estranhas ao convento?

R. Pelo que me consta, não.

No convento há ácido fênico puro ou alguém que use veratrina?

R. Não. No verão do ano passado, o professor Ribola – docente dos rapazes – pediu esse ácido, tendo-o diluído para desinfetar antecipadamente algumas lesões cutâneas provocadas pela varíola. Sequer conheço a veratrina.

Vive no convento um certo Padre Ignazio. Sabe se ele usa tabaco; tem conhecimento de que use veratrina?

R. O Padre Ignazio vive sim aqui. Possui tabaco, mas já não o usa; não sei se utiliza veratrina.

Tem conhecimento das bilocações atribuídas ao Padre Pio?

R. Contam-se fatos, mas não sei quais são realmente verdadeiros, porque com relação a isso sou um pouco cético. Diz-se que havia aparecido, em San Giovanni, a uma mulher doente, casada com um empresário do ramo automobilístico, às 10 horas da noite, e que lhe havia dito que seria curada se o marido, blasfemo, se convertesse. No dia seguinte, o marido veio, confessou-se e a mulher teria sido curada.

Também em Bolonha teria aparecido a uma mulher que queimara uma mão e corria risco de ter gangrena, porque sofria de diabetes: o Padre Pio haveria prometido a cura em nove ou dez dias, e assim teria ocorrido.

Noutro lugar – em Torre Maggiore, Província de Foggia –, houve um forneiro que, por não conseguir acender o forno, começou a praguejar até contra esse novo santo, o Padre Pio. O padre teria aparecido para ele e, em seis horas, o forno se acendera.

E sobre o acontecimento de fatos extraordinários, curas repentinas etc.?

R. Fala-se de um corcunda, do escrivão do tribunal que tinha deslocado um pé, de um rapaz que usava duas muletas e que, agora, anda com uma só; mas tudo isso antes de eu vir [para cá].

O que sabe sobre fotografias do Padre Pio, difundidas, que são levadas ao pescoço, e diante das quais se acendem velas etc.?

R. Sei que essas fotografias teriam sido reproduzidas a partir de uma fotografia tirada em Foggia, mas tentou-se de tudo para impedir esse abuso.

É verdade que o Padre Pio come pouquíssimo?

R. Sim, é verdade.

É verdade que fica até dezesseis horas no confessionário?

R. No passado, sim, de modo que também celebrava às 12h30, às 13h.

E como se explica essa grande atividade com tão pouco alimento?

R. Na verdade, não sei explicá-lo. De manhã, não toma nada; ao meio-dia, em geral, come verdura com azeite; e à noite, um copo de chocolate. Não toma vinho, mas cerveja, e também não [bebe] café.

Durante o dia, fora das refeições, não come nada?
R. Não.

Mas as devotas lhe forneciam algo?
R. Sim, levavam nabos, ervilhas etc., segundo as estações. Agora já não trazem mais.

Por que o Padre Pio celebra tão tarde?
R. Para, antes, ouvir as confissões. A missa que diz é a conventual: antes, essa missa era celebrada cedo, mas agora é realizada à tarde em atenção aos fiéis que vêm e aproveitam a oportunidade para vê-lo.

Fale sobre o caráter espiritual, ascético e místico do Padre Pio.
R. Caráter jovial, simples: algumas vezes tem certo ímpeto nervoso, especialmente se alguém o procura, que imediatamente reconhece. É de observância regular, vai ao coro, à meditação etc., a não ser de manhã, porque precisa de tempo para a higiene. É bom religioso, de recolhimento especial na oração. Não há acontecimentos místicos ou outros pormenores. Só uma vez notei que, durante a conversa – e essa ocorrência foi divertida –, parecia que por cerca de um minuto falava sozinho.

Qual o comportamento de Padre Pio diante de tudo isso que ocorre: clamor do povo, gritos de milagres etc.?
R. Ele se mostra sempre indiferente.

Lidas e aprovadas todas essas coisas, o Padre Lorenzo, superior, foi dispensado, depois de ter feito o juramento *de secreto servando* e tocado nos santos Evangelhos. E, para confirmar tudo, assinou.

Padre Lorenzo de San Marco in Lamis
Superior capuchinho

Acta sunt haec per me, Visitatorem Apostolicum
L. ✠ S. Fr. Raphael C., Episc. Volterr. *Visit. Apost.*

7

Segundo depoimento do Padre Lorenzo de San Marco in Lamis, Superior capuchinho

17 de junho de 1921 – 10h

Perante mim, o abaixo assinado visitador apostólico, no Convento de San Giovanni Rotondo se apresentou novamente, convocado, o superior, *Padre Lorenzo de San Marco in Lamis,* que, tendo prestado juramento *de veritate dicenda* tocando os santos Evangelhos, depôs e expôs o que vem a seguir:

Há algo a modificar em tudo quanto depôs ontem?
R. Não.
É verdade que está sendo feita a Cronistoria di P. Pio*?*
R. Sei que o ex-presidente [sic], o Padre Benedetto, recolhe documentos. Se há algo de específico, comunica-se a ele ou ao provincial.
No convento há cópias de memórias, relatórios etc.?
R. Não. No convento só se conserva um livro, por ordem do provincial, em que se assinalam impressões de pessoas distintas que vêm visitar o Padre Pio.

[Aqui, a testemunha mostra esse livro.]

Há mensagens já preparadas para responder a quem escreve ao Padre Pio?

R. Não. Responde-se caso a caso. Só se têm preparadas as estampas.

O Padre Pio não diz nada sobre essa "auréola" que lhe colocaram? Sobre ter de escrever, preparar estampas?

R. Algumas vezes se mostra avesso a isso. Não é necessário atender a todos os que pedem algo: bispos, provinciais, que gostariam até mesmo de possuir alguma coisa que o Padre Pio tenha usado; isso não é atendido.

O Padre Benedetto escreve frequentemente ao Padre Pio?

R. De vez em quando, cerca de uma vez por mês. As cartas são entregues fechadas ao Padre Pio.

Sobre o comportamento do Padre Pio em relação às mulheres.

R. Nada de especial a dizer: comportamento correto, religioso. Parece-me que não usa nem *tu* nem *você*, mas *vós* para todas.

É verdade que teriam surgido no Padre Pio os sinais da coroa de espinhos?

R. Disseram-me duas pessoas, mas não me apercebi de nada.

Conhece um certo Domenicuccio?

R. Não.

Conhece certas irmãs florentinas ou sabe quem são?

R. Sim, uma, aliás, é diretora da Ordem Terceira. Ao que me consta, são pessoas ótimas; quase anciãs.

É verdade que há pessoas de fora que há tempos estão frequentando o Convento de San Giovanni Rotondo? Quem são?

R. Sim. Uma senhorita de Turim, que está aqui há cinco ou seis meses; uma senhorita de Stigno (Trento), a família se mudou para Florença, e ela está aqui desde antes da Páscoa. Vêm à missa e, em seguida, retiram-se; depois, voltam para a função da tarde.

Consta à testemunha que o Padre Pio sofra de histeria, seja neurótico?

R. Não.

Fale sobre o retrato moral-religioso de Padre Pio.

R. O Padre Pio é um homem simples, sem fingimento, muito educado, dado à piedade, piedade comum; quanto à obediência, segue as ordens do superior; quanto à castidade, julgo-o angélico; quanto à pobreza, não tenho nada de especial a dizer. Observa regularmente as outras virtudes religiosas.

Quanto à oração, reza um pouco de manhã. Em seguida, vai confessar os homens e, depois, as mulheres; celebra a Santa Missa com devoção, é sobretudo longo nos memento: notei algum defeito na missa, especialmente nas palavras da consagração, e adverti-o disso: parece-me que tem certo escrúpulo; ouvi-o repetir algumas palavras. Também esse defeito é observado na fórmula da absolvição sacramental. Depois, a ação de graças – vinte minutos, meia hora – e, então, vai almoçar; em seguida, repousa como os outros; após, assiste ao ofício; depois, permanece no coro de quinze minutos a meia hora; a seguir, desce para confessar, se for necessário. À noite, assiste à oração e ao rosário comum; como não participa da ceia, fica um pouco no coro orando. Volta ao coro por volta das 10 horas, com os outros religiosos.

Não me consta que à noite se levante para orar.

Lidas e aprovadas todas essas coisas, o Padre Lorenzo foi dispensado, depois de ter feito o juramento *de secreto servando* perante os santos Evangelhos e, para confirmar tudo, assinou.

Padre Lorenzo de San Marco in Lamis
Superior capuchinho

Acta sunt haec per me, Visitatorem Apostolicum
L. ✠ S. Fr. Raphael C., Episc. Volterr. *Visit. Apost.*

Terceiro depoimento do Padre Lorenzo de San Marco in Lamis, Superior capuchinho

20 de junho de 1921 – 11h

Perante mim, o abaixo-assinado visitador apostólico, compareceu, convocado, o *Padre Lorenzo de San Marco in Lamis,* superior do convento dos capuchinhos de San Giovanni Rotondo, que, tendo prestado juramento *de veritate dicenda* sobre os santos Evangelhos, depôs e respondeu o que vem a seguir:

Há algo a modificar nos anteriores depoimentos?
R. Não.

Sobre o espírito de obediência do Padre Pio, especialmente em relação às suas condições excepcionais.
R. Nunca lhe dei exatamente uma ordem; algumas coisas eu lhe pedi em forma de desejo (por exemplo, relativamente a mudar o horário da missa); por vezes, apresentou razões que me levaram a deixar as coisas como estavam.

Sobre o espírito e sobre a prática da pobreza.
R. Não há nada de especial. Quanto às ofertas que lhe são enviadas com objetivo determinado de ajudar os pobres, inicialmente ele mesmo, com a permissão oral do provincial de então,

dispunha delas; agora, dá o dinheiro ao ecônomo para, depois, com licença assinada pelo padre provincial, ele mesmo ou uma pessoa devota encarregada disso fazer a distribuição. Também nesse ponto tem uma predileção especial pelos pobres.

Depois, a testemunha diz:

Devo registrar que o nome do Padre Pio trouxe para cá alguns não batizados e protestantes, que receberam aqui o sacramento e voltaram para a Igreja. São eles:

1º um judeu de Florença, tão doente dos olhos que fora obrigado a usar vendas negras; depois de instruído sobre o que era necessário, recebeu aqui o Batismo, fez a sua primeira comunhão e, quando se foi embora, melhorou tanto da vista, que tirou as vendas negras e agora utiliza óculos. Veio aqui para obter graça; o Padre Pio disse-lhe: "Antes, faça-se cristão e, depois, o resto virá por si";

2º um protestante holandês não batizado, que veio aqui movido pelo desejo de receber o Batismo através do Padre Pio. Não estando suficientemente instruído, regressou a Roma, recebeu a instrução por meio do Padre Benedetto e, depois, voltou; recebeu o Batismo e, como estava aqui o bispo de Melfi, também a Crisma e a Primeira comunhão;

3º um protestante nascido de pai e mãe alemã. Esteve aqui o tempo necessário para a instrução; depois, foi batizado *sub conditione* e recebeu a comunhão, após fazer a abjuração;

4º uma senhorita protestante holandesa. Também ela esteve aqui alguns dias para instrução e, depois, recebeu *sub conditione* o

Batismo, fez a abjuração, a comunhão e foi a Foggia para a Crisma. Vive em Capri, mas regressou três ou quatro vezes para se encontrar com o Padre Pio e fazer com ele as suas devoções;

5º uma senhorita da Estônia, filha de pastores protestantes. Também esteve aqui poucos dias, porque já era bastante instruída, e recebeu o Batismo *sub conditione* e a comunhão, depois da abjuração.

Além disso, vieram aqui:

1º um senhor de Milão que professava a teosofia. Reconheceu os seus erros; permaneceu aqui cerca de um mês, recebendo a comunhão todos os dias;

2º uma senhora inglesa, também seguidora das doutrinas teosóficas e que voltou ao bom caminho. Esteve aqui quase dois meses e ainda volta de cinco em cinco ou de seis em seis meses.

Pelo nome de Padre Pio e também por conhecê-lo, sendo, depois, iluminados por ele, abraçaram a vida religiosa ou foram reconduzidos ao seu caminho:

1º algumas jovens que se tornaram irmãs, a cujas primeiras necessidades de vestimenta ele pôde prover com as ofertas que lhe chegaram precisamente para isso;

2º o Padre Gaetano Morelli, das Escolas Pias, ex-reitor do Colégio Nazareno de Roma, entrou no noviciado da nossa Província dos Capuchinhos de San Angelo;

3º o professor Arturo Palagi, de Florença, professor de ciências e matemática, agora nesse convento, está prestes a vestir o nosso hábito religioso;

4º   um pintor russo que entrou para os Trinitários, em Livorno.

Por fim, muitos, especialmente homens, afastados dos sacramentos, vieram para cá e retomaram as práticas da religião.

Tudo isso lido e aprovado, o Padre Lorenzo foi dispensado, depois de ter feito o juramento *de secreto servando* e tocado nos santos Evangelhos, para confirmar tudo, assinou.

Padre Lorenzo de San Marco in Lamis
Superior capuchinho

Acta sunt haec per me, Visitatorem Apostolicum
L. ✠ S. Fr. Raphael C., Episc. Volterr. *Visit. Apost.*

9

Primeiro depoimento do Padre Ignazio da Jelsi, Capuchinho

16 de junho de 1921 – 10h

Perante o abaixo assinado visitador apostólico, no Convento de San Giovanni Rotondo, arquidiocese de Manfredonia, em sua cela, compareceu, convocado, o *Revmo. Padre Ignazio da Jelsi* (Benevento), capuchinho, que, prestando o juramento *de veritate dicenda* sobre os santos Evangelhos, depôs e respondeu o seguinte:

Seu nome, idade etc.

R. Chamo-me Padre Ignazio da Jelsi, no século chamado Salvatore Testa. Sou filho de Pietr'Angelo, tenho 39 anos e sou sacerdote capuchinho, de Jelsi. Encontro-me neste convento desde 12 de outubro de 1919.

Sobre o Padre Pio de Pietrelcina.

R. Na minha opinião, posso dizer que não tenho nenhuma dúvida sobre a virtude do dito Padre, de quem estou muito próximo porque dirige-se a mim, como ecônomo, para qualquer coisa de material que possa precisar e, também, porque o ajudo com a correspondência – geralmente ele não lê as cartas que chegam, exceto alguma que lhe entrego, pois lhe falta tempo.

"VOTO"

Em média chegam cerca de setenta por dia, em sua maioria da Espanha, Brasil, Argentina etc.; substancialmente, as cartas descrevem misérias, sezões, aflições espirituais e pedem a ajuda das orações do Padre Pio. Do estrangeiro nem tanto, mas da Itália chegam ofertas tanto para servir de esmola na missa quanto para ser entregues aos pobres, e até para isso é feito um controle de acordo com o propósito, porque ele não quer de modo nenhum que vá para a comunidade aquilo que é enviado pelos benfeitores com outras intenções.

Também, quase todos os dias, chegam algumas cartas de agradecimento. Geralmente, manda-se resposta a todos os que enviam carta registrada, mandam ofertas ou incluem selos; depois – entende-se –, também àqueles aos quais convém responder, como, por exemplo, a comunidades. De fato, são muitas, especialmente as de irmãs.

As respostas são evasivas: "o Padre Pio ora e abençoa". Não nos arriscamos a outras coisas. O Padre Pio, sim, pode também lhes dar [respostas] mais precisas, e lembro-me de algum caso especial em que ele tenha feito isso.

Tem conhecimento de fatos extraordinários realizados, como se disse, através de orações e por obra do Padre Pio?

R. Através das cartas recebidas, sim; mas diante dos meus olhos nunca aconteceu nada. Fala-se de algumas coisas, mas são anteriores a minha chegada nesta comunidade.

Conservam-se as cartas?

R. Desde que estou aqui, sim, por disposição do provincial. Antes, quando chegavam entre seiscentas a setecentas por dia, eram queimadas.

O que o Padre Pio diz de todo esse burburinho que acontece à sua volta?
R. Nunca fala disso. Permanece indiferente, como se nada tivesse acontecendo.

Que dizem os jovens do colégio sobre esse seu diretor espiritual?
R. Estão contentes.

Sobre a saúde de Padre Pio.
R. Nunca se pode contar com ele. Algumas vezes está bem e, em outras, sofre. Não se pode fazer um juízo exato, porque não se conhece a origem da doença: não se sabe se são dores reumáticas, constipações etc. Verificou-se a febre a 48ºC; mas ele não fica abatido: levanta-se, movimenta-se e faz tudo.

Sobre os estigmas.
R. Só vi os das mãos. Nunca me aventurei a pedir-lhe para ver os outros, para não mortificá-lo e não lhe tirar a confiança. Numa ocasião em que vertia muito sangue, o da palma da mão, para mim, aparentou ser uma crosta de sangue, enquanto o das costas [da mão] parecia sangue empastado. Tive a impressão de que há um furo cheio de sangue. Pelo que sei, para a chaga do peito usa muitos panos.

A testemunha usa tabaco para fumar ou cheirar?
R. Não, não uso nada.

Mas tem uma caixa com tabaco?
R. No quarto, mas não o uso.

Nunca pôs nada de especial nesse tabaco?
R. Não.

Em particular, alguma vez lhe terá colocado veratrina?

R. Não, mas tenho veratrina. Num outro convento tínhamos uma farmácia para a comunidade, que era numerosíssima; ali não havia farmácia. Um farmacêutico deu-me um grama dela e conservo-a. Uma noite, brincando com os confrades, mostrei o efeito que produz, aproximando-a do nariz. Padre Pio também a experimentou e precisou ir para a cela porque não parava de espirrar.

Com relação à Cronistoria *sobre Padre Pio que se diz que estaria sendo escrita.*

R. Aqui não se escreve; por vezes algum forasteiro deixa o nome com alguma impressão. Diz-se que o diretor espiritual do Padre Pio toma nota de tudo. O diretor é o Padre Benedetto de San Marco in Lamis, que atualmente está em Roma. É verdade que ele se comunica [com o Padre Pio] através de contínuas correspondências. Escreve e, em envelope fechado, manda a carta dentro de outra que endereça ao superior.

Aqui, o Padre Ignazio entrega algumas das muitíssimas cartas de pessoas que fazem pedidos ou agradecimentos.

Como fazem para responder a todas as cartas?

R. Diariamente, de acordo com as possibilidades. As de língua estrangeira são respondidas por algum padre missionário que acaso esteja aqui ou um professor do lugar.

Há mensagens já preparadas, estampas com o autógrafo do padre etc.?

R. Mensagens, não. Estampas com a bênção, a assinatura, por vezes algum pensamento mais longo, para serem enviados e satisfazerem muitas pessoas.

Lidas e aprovadas todas essas coisas, o Padre Ignazio foi dispensado, depois de ter prestado o juramento *de secreto servando* e tocado nos santos Evangelhos. E, em confirmação de tudo, assinou.

Padre Ignazio da Jelsi
Sac. capuchinho

Acta sunt haec per me, Visitatorem Apostolicum
L. ✠ S. Fr. Raphael C., Episc. Volterr. *Visit. Apost.*

10

Segundo depoimento do Padre Ignazio da Jelsi, Capuchinho

17 de junho de 1921 – 11h

Perante o abaixo assinado visitador apostólico, apresentou-se, novamente convocado, no Convento de San Giovanni Rotondo, o *Mui Revmo. Padre Ignazio da Jelsi*, que, prestado sobre os santos Evangelhos o juramento *de veritate dicenda*, depôs e expôs o seguinte:

Há algo a modificar nas respostas dadas no interrogatório anterior?
R. Não.

O Padre Pio já usou ou usa remédios sobre as chagas?
R. Dada a sua virtude, não.

De que doença o Padre Pio sofre?
R. Até lhe deram uma pensão militar pela tuberculose, mas, agora, suspenderam-na porque se verificou que já não possuía mais a doença. Os médicos daqui, pelo contrário, dizem que não tem nada. E, no dizer de Padre Pio, também o exame bacteriológico feito em Nápoles teria dado negativo.

O Padre Pio sofre de doenças nervosas, é neuropata, é histérico?
R. Sempre o tenho visto em estado normal; desconheço que tenha qualquer fenômeno do gênero.

Sobre o retrato moral-religioso de Padre Pio.
R. Ficamos confusos. É bom religioso, humilde, cumpre o que os superiores determinam. É verdade que não tenho tanta intimidade com ele quanto com outros religiosos. É, repito, de tal modo humilde, que nem parece que tudo isso aconteceu à volta dele... E também é obediente.

Tudo isso lido e aceito, o Padre Ignazio foi dispensado, depois de ter feito o juramento *de secreto servando* perante os santos Evangelhos, e, em confirmação de tudo, assinou.

Padre Ignazio da Jelsi
Sac. capuchinho

Acta sunt haec per me, Visitatorem Apostolicum
L. ✠ S. Fr. Raphael C., Episc. Volterr. *Visit. Apost.*

11

Primeiro depoimento do Padre Luigi da Serra Capriola, Capuchinho

17 de junho de 1921 – 8h

Perante mim, o abaixo assinado visitador apostólico, no Convento de San Giovanni Rotondo dos Menores Capuchinhos, compareceu, convocado, o *Mui Revmo. Padre Luigi da Serra Capriola*, que, após prestar o juramento *de veritate dicenda* perante os santos Evangelhos, depôs e expôs o seguinte:

Identifique-se.
R. Chamo-me Padre Luigi da Serra Capriola, sacerdote capuchinho. Sou filho de Francesco, no século chamado Nicola Consalvo, tenho 45 anos e moro neste convento desde setembro de 1919; mas já havia estado aqui cinco anos atrás, tendo permanecido por cerca de um ano e meio, no princípio da guerra.

A respeito do Padre Pio de Pietrelcina.
R. Ensino desde 1919; tive-o como discípulo durante pouquíssimo tempo. Vi-o uma ou outra vez de passagem, em algum convento de estudo. Lembro-me de várias coisas prodigiosas que se diziam dele: que, em Venafro, ficava em êxtase, que uma vez teria escrito uma carta em grego, sem conhecer a língua, enquan-

to ele, indiretamente, podendo,* teria feito compreender um dia que tinha *esquecido* essa língua: portanto, antes, já devia conhecê-la; que em Foggia se ouviam muitos barulhos, quando ele estava em sua cela. E lá os frades também ouviram todas essas coisas que estou contando.

Em Foggia, ele estava doente e não se dedicava ao ministério; só aqui se entregou à vida mais ativa, funções etc. Na verdade, era fama comum que o Padre Pio foi sempre um bom religioso, e os companheiros contam que, quando era estudante, frequentemente o encontravam chorando. A maior parte dos religiosos dava pouco crédito aos fatos "prodigiosos", exceto três ou quatro que contavam essas coisas (o Padre Benedetto, por exemplo). O Padre Benedetto é o diretor: escreve-lhe e nós supomos que algumas cartas publicadas pelo dito padre, no opúsculo *Ai desolati di spirito* [Aos desolados de espírito], são escritas para o Padre Pio. Também dizem que o Padre Benedetto tem todas as anotações para contar sobre a vida de Padre Pio. Cheguei aqui na Páscoa de 1915 e pouco depois o Padre Pio também veio, mais por pressão do guardião, Padre Paolino, do que para mudança de ares. Aqui permaneceu, encontrando-se melhor. Até então, não fazia confissão; deu-lha** o arcebispo, quando começou a difundir-se a fama de fatos prodigiosos. Tendo vindo para cá com essa fama, as devotas o procuravam em busca de conselhos espirituais (ainda não confessava): o que vi [foi] que naquele tempo, de vez em quando, adoecia e suava de modo tão extraordinário que éramos

---

* Embora pudesse saber grego, ou quando pôde esclarecer o que se dizia. (N.T.)

** A autorização de ouvir confissões. (N.T.)

obrigados a mudar-lhe a roupa de baixo. O Padre Paolino dizia que, também então, o termômetro passava dos 40ºC. Eu atribuía isso a uma predisposição natural, enquanto o Padre Paolino apresentava tal fato como um fenômeno sobrenatural. Então, não houve coisas extraordinárias. Conta-se que, por diversas vezes, até se quebraram os termômetros.

Depois, fui chamado para o serviço militar e, entretanto, ainda antes, também o Padre Pio foi chamado.

Quando, depois, voltei do serviço militar para outros conventos, soube pelos jornais as notícias que se difundiam a propósito dele (os fatos do corcunda etc., e também da sua vida, da alimentação, das duas aparições etc.); depois, vim para San Giovanni Rotondo, quando ainda continuava a afluência de pessoas, que tinha chegado ao auge em junho, julho e agosto de 1919. Contudo, de extraordinário, de curas etc., nada vi e, ao que me consta, nada aconteceu, pelo menos aqui. Anteriormente, tinha-se dito que o escrivão do tribunal de San Giovanni tinha obtido a cura de um pé – caíra da escadaria –, mas parece-me que ele mesmo teria duvidado do caso. Também se falava de um rapaz de San Giovanni Rotondo que teria andado sem a bengala: recebi a notícia pelo Padre Paolino, enquanto eu estava em Venafro; quando vim para cá, voltei a ver esse rapaz que já conhecia e que usava duas bengalas; agora se apoia em uma só, mas continua aleijado. Notei que havia uma espécie de frenesi em todos, muito exagero, mas, quando vim para cá, não observei nada do que se dizia.

Também percebi que o Padre Pio celebrava depois de ter confessado muitíssimo, por volta das onze e meia; essa missa era considerada solene: havia uma grande afluência de pessoas a sua espera, e os sacerdotes presentes, forasteiros, consideravam uma honra ajudar na missa de sobrepeliz etc. Pouco a pouco, fomos abolindo isso. A missa era sempre acompanhada com o órgão, e parece-me que era quase sempre cantada. Além disso, foi preciso mudar o horário da escola. Mas também se tocava nas missas lidas. Agora, não, só se canta aos domingos. Em suma, havia muito aparato exterior.

Quanto ao Padre Pio, não dizia sim nem não; deixava fazer. Simplicidade, sempre impassível a qualquer honra etc.

Quanto aos estigmas. Só tive oportunidade de ver os das mãos, no altar, ministrando como diácono; nunca ousei pedir para olhar cuidadosamente. E estive presente quando um médico militar o examinou a fim de verificar se, como tuberculoso, devia receber pensão. Também quando outros visitadores vieram ver os estigmas. Quanto ao resto, sei pelo que disseram os médicos que o visitaram.

Quanto ao perfume, posso testemunhar que também eu o senti, não só no quarto, mas, muitas vezes, passando pelo corredor, junto dele. E, ainda, no quarto onde estou e onde ele dormiu algumas noites, quando estava sendo colocado piso novo no seu, e igualmente onde deixou um pano banhado em sangue. Também senti o perfume do capuz e das luvas.

Não saberia explicar a origem desse perfume.

Sobre a origem dos estigmas.

R. Não se sabe com precisão. Dizem que aconteceram no dia 20 de setembro de 1918, uma sexta-feira, no coro, diante de um crucifixo que, agora, está na biblioteca. As primeiras a aperceberem-se foram algumas devotas que frequentavam a igreja e, depois, o Padre Paolino.

O que pensa dos tais estigmas?

R. Como fato sobrenatural, não saberei testemunhar, porque ouvi dizer que podem existir estigmas de outra natureza e que há muitos estigmatizados. Creio que é um dos sinais de santidade, mas não o único e decisivo, sendo necessários outros. Além disso, devem ser levados em conta outros fatores da vida do estigmatizado.

O que pensa, então, a respeito de Padre Pio? Há outros sinais?

R. Quanto a sua vida, não tenho nada a dizer; de anormal, de vida extraordinária, externamente não vejo nada. Uma vida boa, comum, normal. À noite, mantém-se mais longamente no coro ou na igreja, enquanto estamos ceando; mostra-se mais atento que os outros.

Sobre a prática das virtudes religiosas.

R. Eu não saberia testemunhar nada de extraordinário ou de heroico; tudo comum, como no resto. Creio que foi sempre tratado com respeito. Eu não poderia dizer que exteriormente tenha havido atos não virtuosos.

Aqui, a testemunha nota que o Padre Pio, ao falar com outros, parece dizer alguma coisa em particular: deverão ser jaculatórias; há quem diga que fala com o anjo da guarda...

O que se diz a respeito da pouca alimentação de Padre Pio?

R. Antes, quando ao meio-dia fazia sua refeição conosco, eu via que não comia muito, mas, em suma, comia; agora, come com os colegiais e, por isso, não sei. Então, comia talharim, hortaliça e batatas com azeite, laticínios, algum pão de ló que as devotas ofereciam e, especialmente, fruta. À noite, era mais ou menos igual, mas só que em menor quantidade. Agora, à noite, nem sequer vai [comer] com os colegiais: não desce; ingere qualquer coisa, mudando sempre: sardinhas; depois, começou a tomar um copo de chocolate e a comer fruta, quando tinha. Bebe cerveja. E há noites em que não toma nada.

Sobre o uso de medicamentos.
R. Pílulas, quinino etc., e também usou tintura de iodo nas mãos.

Aqui, a testemunha disse que o Padre Pio esteve gravemente doente na festa da Imaculada de 1919 e em 5 de maio de 1920 e, então, julgávamos que ele morreria; tinha-se difundido o boato de que iria morrer aos 33 anos, idade que estava completando. Curou-se e levantou-se. Diziam que nas festas solenes deveria adoecer: as devotas diziam que sofria por algum pecador.

Lidas e aprovadas todas essas coisas, o Padre Luigi foi dispensado, depois de ter feito o juramento *de secreto servando* perante os santos Evangelhos e, para confirmar tudo, assinou.

Padre Luigi da Serra Capriola
Capuchinho

Acta sunt haec per me, Visitatorem Apostolicum
L. ✠ S. Fr. Raphael C., Episc. Volterr. *Visit. Apost.*

12

Segundo depoimento do Padre Luigi da Serra Capriola, Capuchinho

19 de junho de 1921 – 8h

Perante mim, o abaixo assinado visitador apostólico, compareceu, no Convento de San Giovanni Rotondo, espontaneamente, o *Mui Revmo. Padre Luigi da Serra Capriola,* que, prestando o juramento *de veritate dicenda* sobre os santos Evangelhos, depôs o seguinte:

Ouvi dizer que o arcipreste de Pietrelcina teria afirmado que o Padre Pio já possuía os estigmas interiores desde os cinco anos e que havia relatado outros pormenores.

Lembro-me de dois homens que vieram aqui para agradecer por uma graça obtida.

Recordo-me de ter ouvido o próprio Padre Pio dizer que tinha falado com um velho, que lhe apareceu na hospedaria, falecido há vários anos e cuja identificação o guardião, Padre Paolino, teria conseguido no município. Assim como numa noite, enquanto estava sozinho no coro orando, teria ouvido um barulho que parecia o de uma caixa de cascalho caindo do janelão.

Do mesmo modo, quando, ainda estudante, estava em Sant'Elia a Pianise, viu um enorme cão preto saltar da janela de um quarto onde se diz que teria sido ouvido um barulho – isso foi contado por ele.

Por cartas, sabe-se de outros casos de curas.

Não sei, porém, explicar todos esses fatos externamente prodigiosos, que, se analisados objetivamente, parecem ser algum tipo de distúrbio; porém, subjetivamente, talvez creio que não deva ser nenhum tipo de falha moral.

Ouvi contar que, estando ele doente na hospedaria, era assistido por mulheres e que essas uma vez demonstraram não gostar da presença de uma outra mais velha.

Também se sabe que ele orientava as suas penitentes na hospedaria, uma por uma, coisa de que não gostávamos, especialmente por causa de uma circular enviada propositadamente de Roma. É verdade que devíamos supor que ele não tinha a intenção de cometer uma transgressão: ou antes, dever-se-ia interpretar essa mesma circular favoravelmente. Agora, a propósito, houve certas mudanças e algumas dessas mulheres – que se chamam *filhas espirituais* – ofenderam-se por acreditar que tínhamos duvidado delas. Essas irregularidades são, certamente, causadas pelo fanatismo dos lugares: o Padre Pio é muito simples. Até algum tempo atrás, tais mulheres mantinham-se até tarde, conversando, beijando a mão etc. Por isso, seria muitíssimo bom que se pudessem eliminar completamente as irregularidades.

Creio que o Padre Pio deve ter sido mal dirigido.

A missa que agora o Padre Pio celebra às 10 horas é conventual, o que significa que é *de officio diei*; no entanto, a comunidade não assiste a essa missa, porque [está] ocupada com vários afazeres: assim, foi estabelecido que ele a celebrasse para que não se ficasse com a impressão de ter havido uma repentina mudança. Penso que, se acontecessem novas mudanças, as devotas ficariam doentes: o Padre Pio observou que não poderia ouvir as confissões, caso não se passasse um certo tempo após o término da missa.

Antes, o Padre Pio distribuía as esmolas que lhe mandavam, e fazia isso, dizem, por meio de uma devota chamada a "secretária": essas esmolas eram mandadas para serem usadas como fosse melhor. Supõe-se e julga-se, certamente, que teria a permissão dos superiores precedentes. Esse modo de agir referir-se-ia a tempos passados; quando o superior atual teve conhecimento disso, uma vez, num caso sumamente relevante, teria ficado desagradado e, ao que me consta, daí em diante, isso nunca mais aconteceu.

Tudo isso lido e aprovado, o Revmo. Padre Luigi foi dispensado, depois de ter feito o juramento *de secreto servando* sobre os santos Evangelhos, e, para confirmar tudo, assinou.

Padre Luigi da Serra Capriola
Capuchinho

Acta sunt haec per me, Visitatorem Apostolicum
L. ✠ S. Fr. Raphael C., Episc. Volterr. *Visit. Apost.*

13

Primeiro depoimento do Padre Romolo de San Marco in Lamis, Capuchinho

18 de junho de 1921 – 7h30

Perante mim, o abaixo assinado visitador apostólico, compareceu, convocado, no Convento de San Giovanni Rotondo dos Menores Capuchinhos, o *Revmo. Padre Romolo de San Marco in Lamis*, capuchinho, que, prestando sobre os santos Evangelhos o juramento *de veritate dicenda*, depôs e respondeu o seguinte:

A sua identificação.

R. Chamo-me Padre Romolo de San Marco in Lamis, no século chamado Michele Pennisi de Paolo, tenho 35 anos e resido em San Giovanni Rotondo há treze meses. Sou diretor dos jovens do Colégio Seráfico.

Sobre o Padre Pio de Pietrelcina.

R. Conheço-o bem desde que estou aqui; tinha-o visto uma vez em Foggia, durante poucos minutos. Quando soube que possuía os estigmas, fiquei oito dias tentando encontrar-me com ele. Ouvi dizer, através de seus companheiros e de outras pessoas, que, antes de receber esses estigmas, fora sempre um bom filho e um bom religioso. O Padre Benedetto de S. Maria [*sic*] in Lamis também me relatou esse fato: ele confessava uma mulher que participava regularmente da sagrada comunhão. Um dia, o Padre Pio escreveu-lhe para avisá-lo de que aquela mulher tinha um pecado escondido e que o Senhor estava cansado. O Padre Benedetto procurou descobrir o que seria; a mulher dizia não possuir outro [pecado], de modo que o Padre Benedetto dizia consigo: "Oh! O que o Padre Pio não me obriga a fazer!". Mas, finalmente, objetou: "Vós cometestes tal e tal pecado". E a mulher arrependeu-se. Como não tenho boa memória, não gostaria de errar: o Padre Benedetto tinha outras almas boas, mas quem lhe revelou o pecado escondido parece-me que teria sido precisamente o Padre Pio.

Quando eu era soldado, ouvi falar dos estigmas recebidos pelo Padre Pio. Então, pensei: tinha razão o Padre Benedetto quando, há dois anos, dizia que era Deus que agia nele!

Depois, acabei por encontrá-lo, abri-lhe a minha alma e perguntei-lhe várias coisas: se a minha avó, que morrera de repente, havia sido salva, ao que me respondeu que partira em paz; se eu me uniria a ela no paraíso, e disse que sim. Mas, antes de falar, voltava-se para o outro lado, pronunciando em voz baixa palavras como se falasse com alguém.

E ainda, ao estar com ele na Sexta-feira Santa à noite, questionei acerca da fama que corria de que uma surda-muda haveria de ser agraciada por suas orações no dia seguinte, e perguntei-lhe se ela receberia a graça. O Padre Pio respondeu-me: "A graça, tê-la-á; mas o Senhor não gosta de estar ligado ao tempo".

Por diversas vezes, porém, não sei se por brincadeira, disse-me: *"Statutum est mori senex"*.*

Perante isso, eu me interrogava: ou ele é um impostor ou, então, como pode saber o futuro? E, como não podia considerá-lo impostor, pensava que seria uma alma extraordinária.

Sei de um outro fato que seria insinuado como obra do demônio para prejudicá-lo. Uma vez, o Padre Agostino, agora primeiro definidor, escreveu uma carta ao Padre Pio, que se encontrava em Pietrelcina. No entanto, essa carta chegou tão manchada de tinta que não se podia ler nada. Então, o arcipreste pôs sobre a carta o crucifixo e a mancha desapareceu de modo que se podiam ver os caracteres. O Padre Agostino virou a carta e viu que estava [tão] manchada de tinta que quase não era possível lê-la.

Em Foggia, ouvi contar que foram ouvidos muitos barulhos. Em uma das vezes que isso aconteceu, havia um bispo presente; os religiosos acorreram e, como tais barulhos se repetiram mais vezes, disseram ao Padre Pio: "Ou nos diz o que é ou iremos embora". Segundo o que me contaram, ele respondeu que podiam ficar tranquilos, pois aquilo não iria ocorrer novamente. Parece-me que, desde esse dia, nunca mais se ouviu nada.

Sei, pelo Padre Agostino, que o Padre Pio tinha frequentes conversas com o anjo da guarda, com São Francisco, que era muito combatido pelos demônios etc., e até vencido; com relação a esta última situação, não saberia dizer por quem.

---

* Está determinado que morrerei (*ou* morrerás?) velho. (N.T.)

Caso tenha visto os estigmas, o que pensa deles?
R. Vi os das mãos; tive um certo temor e reverência em pedir para ver os outros. Mas também nunca mais me detive a considerar e a tocar os das mãos. O Padre Pio faz um grande bem com as confissões etc. Como poderia o Senhor permitir esse bem a longo prazo, se os estigmas não proviessem dele?

Caso tenha sentido o perfume, o que pensa a esse respeito?
R. Acho que o senti algumas vezes. Defini-o como uma espécie de lírio. Muitos aperceberam-se dele; se não estou enganado, acho que também o senti. Aliás, posso dizer que o senti por diversas vezes.

Acredita que o Padre Pio use perfumes?
R. Conhecendo a sua alma, creio que não. Sei – pelo que ele me disse – que, de manhã, por causa da pressa, nem sequer cuida da barba.

Tendo em vista que o Padre Pio usa o refeitório junto com V.P. e com os colegiais, que diz da sua alimentação?
R. Come muito pouco, deixando sempre sobrar comida; experimenta de tudo que lhe dão, mas em pouca quantidade. De início, só podia comer hortaliças, mas não conseguia retê-la; também come macarrão; carne, quase nada; fígado de porco, sim; legumes e peixe; pode-se dizer que come de tudo, com exceção de carne, mas a verdade é que come mais ou menos um terço do que eu como. Pão, pouco; bebe cerveja, cerca de meio litro, às vezes um pouco mais. Durante o dia é possível que tome mais meio litro. À noite, o Padre Ignazio dá-lhe um copo de chocolate bastante reforçado. Por vezes, uma maçã ou duas.

Sobre o caráter, sobre o retrato moral de Padre Pio.

R. Com relação ao modo de agir, o Padre Pio parece uma criança grande ou, antes, uma alma simples, porque conta as coisas como se fosse uma criança, embora em assuntos sérios nos faça ficar de boca aberta. Na verdade, digo sinceramente, de uma forma geral e considerando aquilo que observei, não acho que ele pratique as virtudes em grau heroico, excetuando-se uma vez que sofria de fortes dores de cabeça: "Tenho uma dor de cabeça insuportável", dizia. Eu disse: "Vamos compartir um pouco disso". Ele respondeu: "Só tenho isso; e, além do mais, o que me resta?". Desejava ter essa dor de cabeça, e não queria compartilhá-la.

Também é de meu conhecimento que geralmente tem os pés frios, por isso sempre é colocada uma vasilha cheia de água fervente a sua disposição, e ele, por sua vez, nem sente a alta temperatura dessa água, a qual nem sequer se pode tocar com as mãos; pelo menos, é o que ele diz.

Todavia, embora eu não veja virtudes heroicas, noto uma delicadeza de consciência.

Há um decreto que proíbe que se fale com as penitentes fora da confissão. Os superiores notaram que, não obstante esse decreto que é lido publicamente também na sua presença, o Padre Pio continuou com as conversas na hospedaria e na sacristia. Então, como eu ouvia muitos lamentos dos padres e ninguém ousava dizer-lhe nada, porque diziam que ele sabia – já que foi dito publicamente –, fui lhe falar e o fiz entender tal proibição. O Padre Pio, então, me explicou que obedecia aos superiores e que não fazia nada sem autorização. "Aliás" – dizia ele –, "o meu caso é excepcional, pois pôr fim às conversas repentinamente poderia provocar algum escândalo". Em suma, notei um certo desagrado, não sei se era algum tipo de censura ou se havia outras razões. Posso estar enganado, mas achei que ficou aborrecido. Depois que falei com ele, acabaram-se as conversas na hospedaria. Quando lhe insinuei que esse fato poderia ter ido parar em Roma, respondeu-me que haveria de ter muito prazer com isso (não sei se foram estas as palavras precisas) e teria pensado em desculpar-se diante dos superiores; em suma, com base nessas coisas, concluí que agia licitamente, com plena consciência, embora depois tenha dado um basta em tudo aquilo.

Quanto à missa das 10 horas, o superior tencionaria eliminá-la e antecipá-la por causa da comunidade. Mas, o Padre Pio manifestou a dificuldade de confessar caso a missa fosse realizada uma hora mais tarde, por uma razão que não podia dizer a ninguém e que era motivo de vergonha para si mesmo. Noto, porém, que nunca mais os superiores deram ordens claras e decisivas a propósito dele, ao que sei, por causa dessa questão da missa e do parlatório. Ouvi dizer que seria necessário pôr sua obediência à prova, entretanto, ninguém o fez. Mas creio que se lhe dessem, claramente, alguma ordem, ele imediatamente a acataria.

Tendo levado ao conhecimento do superior a dificuldade que ele tinha em antecipar a missa, sugeri que a deixasse continuar às dez, ao que ele consentiu. Depois, à noite, fui ao quarto de Padre Pio e disse-lhe: "Fique tranquilo, o superior disse-me que pode dizer a missa quando quiser", uma vez que ele estava um pouco agitado. Respondeu-me: "Como é possível ficar com a consciência tranquila, sabendo que o superior quer a missa às dez e eu não posso dizê-la?". Isso para notar a sua delicadeza de alma.

Acerca da prática da pobreza.

R. Na verdade, não vejo nenhum heroísmo. Mas é uma criança, um *petit-enfant*.

Parece que não repara em certas coisas. Assim, conversa nos dormitórios, tem no rosário um crucifixo, enquanto as constituições determinam que tal cruz seja de madeira. Talvez alguém a tenha lhe dado; ela é bastante simples, e ele a usa.

A propósito de pobreza, o guardião lamentava-se de que o Padre Pio deveria ter-lhe dado uma soma de dinheiro bem maior; pelo contrário, ele deu-a a um encarregado, ou melhor, parece-me que [é] uma mulher que recebe todo o dinheiro destinado aos pobres. Mas, com respeito a isso, creio que deve obedecer ao que os superiores maiores ordenam; do contrário, não o faria.

Acerca do relacionamento com mulheres.

R. Trata-as normalmente. Costuma usar o tu para dirigir-se a elas; diz o que sente. Mas, em matéria de castidade, é de uma delicadeza extraordinária. Quanto a isso, ninguém duvida de que seja um anjo. E precisamente por isso, o provincial permite que fale na hospedaria.

No meu modo de ver, julgando o Padre Pio um *petit-enfant*, teria necessidade de ordens precisas e claras em todo o seu modo de agir; embora seja piedoso nos conselhos, notei que tem uma inteligência aguda.

Sobre o espírito de Padre Pio.

R. Na minha opinião deve orar muito na cama, pois disse-me que só lá pode fazer isso mentalmente. Enquanto estamos ceando, ele fica no coro rezando. Recolhimento externo, nada. Também não vejo aquela postura devota, pois está sempre apoiado na cadeira, ajoelhado na almofada; diante do Santíssimo exposto, apoia-se no assento de uma cadeira, coberto com uma almofada. Tudo isso talvez por causa dos estigmas e da delicadeza de compleição.

Sobre a regularidade aos atos do coro.

R. Parece-me que foi dispensado, porque uma vez o superior me disse: "Em vez de ficar na hospedaria, poderia vir ao coro". Mas, como de costume, ninguém lhe dizia nada. É o que falei antes: acho que nunca lhe deram uma ordem precisa, mas só conselhos, além da manifestação de intentos etc.

Por que não frequenta o refeitório da comunidade, em vez de ir ao do colégio?

R. Talvez por ser o diretor espiritual do colégio; talvez para não ser motivo de curiosidade entre os forasteiros que frequentam o refeitório.

E a propósito da direção espiritual dos colegiais?

R. É verdadeiramente o diretor espiritual. Deveria ministrar o catecismo, mas sou eu quem o faz porque tenho mais tempo livre. Este ano fará quatro ou cinco conferências e diz não dispor de mais tempo. Confessa os rapazes. No meu modo de ver, a direção espiritual vai bem, porque as confissões são feitas em poucos minutos. De resto, a direção recai mais sobre mim do que sobre o diretor espiritual, porque vendo que ele não pode, eu o substituo.

Em conclusão, tudo considerado, o Padre Pio é um bom religioso, timorato de consciência e que teria necessidade de ordens claras e decididas, uma vez que tem o seu diretor espiritual e creio que o segue às cegas, tendo-lhe muita estima. Pelo que se ouve dizer, suspeito que obedece ao diretor mesmo em relação a alguma coisa do seu comportamento. A propósito, podia manusear o dinheiro, o que para nós é proibido. Mas há obediência.

Todas essas coisas, anexos, anotações, lidos e aprovados, o Padre Romolo foi dispensado, depois do juramento *de secreto servando* que prestou sobre os santos Evangelhos e, para confirmar tudo, assinou.

Padre Romolo de San Marco in Lamis

[O documento impresso não traz aqui a assinatura.]

14

Segundo depoimento do Padre Romolo de San Marco in Lamis, Capuchinho

20 de junho de 1921 – 7h30

Perante mim, o abaixo-assinado visitador apostólico, compareceu espontaneamente o *Mui Revmo. Padre Romolo de San Marco in Lamis*, que, prestando sobre os santos Evangelhos o juramento *de veritate dicenda*, depôs e expôs o seguinte:

Há algo a modificar com relação ao depoimento anterior?
R. Não. Tenho a acrescentar o seguinte: o Padre Pio contava-me que, quando jovem, todas as manhãs se levantava para, às primeiras horas, ouvir e ajudar na missa, e dizia-me isso em razão de eu lhe perguntar por que nunca se saciou de sono.

Assim, para mostrar a sua virtude da castidade, sei por ele que, quando pequeno, estando deitado em sua cama, escondia as mãos debaixo dos cobertores assim que via a mãe entrar no quarto.

Ouvi dizer que num êxtase que teve (do qual devem ter sido testemunhas o Padre Agostino e o Padre Evangelista) dissera: "Como, ó Senhor, podeis ser glorificado em mim? Eu que não sirvo para nada, que nem sequer sou pregador?". E, depois, pedia desculpa ao Senhor, que tratava ora por tu, ora por vós.

O Padre Pio repete muitas vezes as palavras da absolvição sacramental, especialmente *absolvo* e *tuis* (de *peccatis*). Depois, na Santa Missa, noto que a consagração é bastante extensa. Sei pelo guardião que, quando chega nesse ponto, ele sofre uma espécie de perturbação.

Durante uma conversa, disse-me que lhe acontecem as mesmas coisas sobre as quais aconselha as pessoas; não é bom em tomar decisões, tem necessidade de conselho.

Um dia, um rapaz do colégio ouviu o Padre Pio, que estava à janela, pronunciar a fórmula da absolvição sacramental; e o mesmo ocorreu uma outra vez na sacristia, segundo o que uma mulher que o teria ouvido contou ao Padre Ignazio. Digo isso porque não sei se é possível haver relação com os casos de bilocação narrados e, em especial, o de uma absolvição dada por ele a um doente distante que contou aos seus familiares que se tinha confessado com o Padre Pio.

Um jovem estudante capuchinho (alguém ultraescrupuloso) dizia-me que o Padre Pio lhe assegurou que nunca cairá na desgraça de Deus.

Duas ou três vezes, com o seu sorriso habitual, revelou-me sofrer constantemente de dores intestinais, como se tivesse dentro de si uma chama, e também lhe doíam os ossos. Mesmo assim cumpria os seus deveres.

Noto no Padre Pio uma certa disposição – o que se deu pelo menos duas ou três vezes – em julgar (talvez tenha motivos) os superiores.

Lidas e aprovadas todas essas coisas, o Padre Romolo foi dispensado, depois do juramento *de secreto servando* prestado sobre os santos Evangelhos e, em confirmação de tudo, assinou.

Padre Romolo de San Marco in Lamis

Acta sunt haec per me, Visitatorem Apostolicum
L. ✠ S. Frei Raphael C., Episc. Volterr. *Visit. Apost.*

Concluído o depoimento, a testemunha deseja fazer um acréscimo, e o faz sob o mesmo juramento *de veritate:*

As sagradas funções solenes são feitas sempre pelo Padre Pio, de tal modo que, pelo menos uma vez – talvez por necessidade –, o próprio padre guardião lhe serviu de diácono.

Contudo, no meio de tanto alvoroço que se faz sobre ele, noto que conserva sua simplicidade, como se nada estivesse acontecendo. E certa vez se mostrou espantado porque todos vinham observar suas coisas.

De novo, lido o acréscimo e aprovado, o Padre Romolo foi definitivamente dispensado, com o segredo Santo Ofício *de more*,* prestado sobre o santo Evangelho, e assinou.

Padre Romolo de San Marco in Lamis

Acta sunt haec per me, Visitatorem Apostolicum
L. ✠ S. Fr. Raphael C., Episc. Volterr. *Visit. Apost.*

---

* Segredo habitual do Santo Ofício. (N.T.)

15

Depoimento do Padre Lodovico de San Giovanni Rotondo, Capuchinho

18 de junho de 1921 – 11h

Perante mim, o abaixo assinado visitador apostólico, apresentou-se, convocado, neste Convento de San Giovanni Rotondo dos Menores Capuchinhos, o *Mui Revmo. Padre Lodovico de San Giovanni Rotondo*, que, prestando o juramento *de veritate dicenda* perante os santos Evangelhos, assim expôs, depôs e respondeu:

Sobre a sua identificação.

R. Chamo-me Padre Lodovico de San Giovanni Rotondo, no século chamado Giovanni Miglionico di Matteo, tenho 34 anos e resido neste convento há onze meses.

Sobre o Padre Pio de Pietrelcina.

R. É um religioso de santa vida e ficamos admirados em ver como, doente como é, aguenta tanta fadiga de confessionário, ainda mais comendo tão pouco.

Com respeito a fatos extraordinários, devo testemunhar que nunca vi nada. *Ex auditu,* sim, ouvi isso; ouvem-se tantas coisas... Há dois fatos em que me baseio para referir a santidade de Padre Pio: os estigmas e o perfume que exala, porque não é algo natural; não se lava com sabonetes perfumados, não usa perfumes.

Em particular sobre os estigmas.

R. Vejo-os continuamente, quando assisto à missa. Sei que dois médicos foram enviados propositadamente, e disseram não haver uma explicação natural para isso; são algo extraordinário. Só observei os estigmas das mãos; contudo, vi as camisolas banhadas [com sangue] do peito. O professor Festa e outro médico enfaixaram-lhe ambas as mãos e colocaram um selo, e o Padre Pio manteve-as assim durante oito dias. Os médicos o medicavam e, depois, as selavam de novo: diziam que, se fosse algo natural, dentro de oito dias haveria de ficar curado: pelo contrário, passados oito dias, saiu tanto sangue que o padre sequer pôde dizer missa. Ouvi os padres dizerem essas coisas aqui, pois eu não estava presente.

Fale acerca do perfume.

R. Esse perfume é tão forte que não é possível permanecer no seu quarto. O Padre Pio não o sente; diz que, de outro modo, não conseguiria dormir.

É contínuo ou intermitente?

R. No quarto é contínuo; seus objetos – alguns – têm-no sempre, como, por exemplo, o lenço e o solidéu; as pessoas o exalam por ondas.

Em 1919, quando passei por este convento: estava aqui o bispo de Melfi. Quando o bispo ia partir, o Padre Pio acompanhou-o até o adro, já fora do convento; então, ele deixou cair um lenço, que recebi da mão de um padre que o apanhou e levei-o para o meu convento na Úmbria. O lenço ficou vinte dias na mala; depois de tanto tempo, ainda conservava o perfume.

Na gaveta da mesinha de cabeceira que tenho na cela esteve um pano do peito de Padre Pio. Há um ano guardo esse pano e ainda posso sentir o perfume de Padre Pio.

Sobre o retrato moral e religioso de Padre Pio.

R. Ocupa-se muito da oração, prolonga-a, fazendo com que se canse de esperá-lo, especialmente quando faz meditação. Quando fala, além da pessoa com quem conversa, parece que também se dirige a uma outra. Diz-se comumente que fala com o anjo da guarda.

Relativamente à devoção externa, muito devoto, basta olhar para ele: tem o aspecto de um místico profundo.

Acerca das virtudes religiosas, é submisso ao que o superior diz, humilde, quando se encontra com outros, cede o lugar. No que diz respeito à pobreza, observa o que é prescrito pela Regra. Ao contrário, se alguém quer entregar-lhe a esmola da missa, nem sequer recebe o dinheiro na mão, remetendo-o a quem se ocupa disso.

Sobre conversa e relacionamento.

R. Mostra-se delicado e afável com todos, sempre sorridente; certas vezes também faz alguma brincadeira.

E o relacionamento dele com as mulheres?

R. Mostra educação, reserva e, por vezes, também se revelou austero.

Em suma, para mim, é um bom religioso e se distingue de todos os outros.

Lidas e aprovadas todas essas coisas, o Padre Lodovico de San Giovanni Rotondo foi dispensado, depois de ter prestado o juramento *de secreto servando* sobre os santos Evangelhos e, em confirmação de tudo, assinou.

Padre Lodovico de San Giovanni Rotondo
Capuchinho

Acta sunt haec per me, Visitatorem Apostolicum L. ✠ S. Fr. Raphael C., Episc. Volterr. *Visit. Apost.*

16

Depoimento do Revmo. Padre Pietro de Ischitella, Provincial dos Capuchinhos da Província de Foggia

19 de junho de 1921 – 10h

Perante mim, o abaixo assinado visitador apostólico, compareceu, convocado, no Convento dos Menores Capuchinhos de San Giovanni Rotondo, o *Mui Revmo. Padre Pietro de Ischitella, provincial*, que, prestando sobre os santos Evangelhos o juramento *de veritate dicenda*, depôs e respondeu o seguinte:

Sobre a sua identificação.

R. Chamo-me Padre Pietro de Ischitella, no século chamado Paradiso Domenico. Sou filho de Francesco, tenho 41 anos e sou provincial da Província dos Menores Capuchinhos de San Angelo desde 5 de julho de 1919.

Sobre o Padre Pio de Pietrelcina.

R. Conheci o Padre Pio quando o tive [como] estudante de Letras durante seis meses, depois do noviciado e, naquele tempo, pude observar a sua docilidade, obediência e observância exata dos deveres religiosos e da escola. Ele exercia certa influência sobre os companheiros pelos seus modos ingênuos, afáveis, doces e caritativos. Ver o Padre Pio também era motivo de edificação entre a população (estávamos em Sant'Elia a Pianisi). Lembro-me de que, quando se saía em procissão, o povo era atraído pelo seu comportamento composto, que se distinguia entre os companheiros pela modéstia, pelo olhar etc. Depois, perdi-o de vista, porque fui viver fora da província e, durante esse tempo, só tive informações. Assim, uma vez, passando por Foggia, os padres contaram-me que ele sofreu tentações da parte do demônio. Depois, recebi outras informações do Padre Agostino, que o teve [como] estudante depois de mim.

Ao ser eleito provincial, revi o Padre Pio por ocasião da visita feita pelo professor Bignami de Roma. Depois, voltei frequentemente, pelo menos uma vez por mês e, em razão de os religiosos que faziam parte da comunidade serem talvez muito entusiastas, mudei gradualmente a própria comunidade, dando instruções para que não houvesse entrevistas e tudo procedesse regularmente e se mantivesse a máxima reserva. Por isso, tomei oportunas medidas para modificar e diminuir a frequência dos colóquios de penitentes na hospedaria e, agora, ela está fechada, salvo casos excepcionais.

Em relação à pessoa do Padre Pio, antes de tudo, quanto a seu porte externo, apreciei e admirei a compostura e a piedade não afetadas. Parece-me muito natural aquela bondade e aquela piedade que não é fugidia. É este o parecer de todos os que se aproximam dele e da família religiosa, além disso [ele] procura esconder as suas dores com operosidade e ingenuidade especial. Também admiro a sua obediência, especialmente em alguns casos em que, sem dúvida, isso lhe custou sacrifícios, como a visita dos médicos, a remoção de padres que lhe eram afeiçoados, em razão do que sofreu com as disposições tomadas e escreveu-me a propósito. Por isso, vi que ele prefere as ordens precisas dos superiores.

Por isso, admirei a sua pobreza, modéstia etc. Contudo, também vi nele o lado humano: isso pode ser percebido com a sua manifestação diante da remoção dos padres; depois, pediu-me perdão pela carta que me tinha escrito; igualmente a ingenuidade, que é virtude até certo ponto, em razão da qual se deixava levar demasiadamente pelos padres que formavam a comunidade; assim, creio que nessas questões precisa de orientação.

Grande e admirável é a sua humildade diante das manifestações extraordinárias de que se tornou e é sinal.

Também não se pode admitir nele qualquer fingimento, o que se oporia à sua ingenuidade. Vive sempre da mesma maneira.

Quanto à alimentação, ocorre algo tão estranho, que me aconselhei com os médicos para ver se seria o caso de intervir com um preceito de obediência. Há períodos em que não consegue comer nada; momentos em que se apetece de algum alimento, mas, depois, esse alimento passa a lhe causar enjoo. Interpelados, os médicos disseram para não o forçar a nada. No entanto, não pede que se lhe compre aquilo de que mais gosta. Bebe a cerveja que um irmão leigo fazia.

O perfume. Senti-o, sem pensar que fosse dele; só depois me foi dito e, então, tive a ideia de descobrir, pensando que, na sua ingenuidade, o Padre Pio tivesse usado perfumes que talvez lhe levassem. No quarto, não sentia, mas, no horto, sim.

Interessei o padre vigário para que descobrisse, já que estava sempre por perto: ele interrogou o próprio Padre Pio, que lhe disse: "Mas eu não sinto nada".

Sobre o conhecimento geral do Padre Pio, procurei ter o parecer de pessoas sérias, como o bispo de Melfi, o arcebispo de Simla: o juízo foi favorável.

Sobre os estigmas, que pensa relativamente à sua origem?

R. Tudo considerado, depois dos exames médicos, dada a sua permanência etc., não sei a que causa natural podem atribuir-se.

Sobre o relacionamento do Padre Pio com mulheres.

R. Por parte das mulheres, sim, há fanáticas, não sei por que motivo, talvez, por ociosidade, gostam de aparecer como as penitentes do Padre Pio; relativamente ao padre, senti que alguma trata com mais confiança, mas não posso atribuí-lo a um ato malicioso, e sim a ingenuidade. Assim, foi-me referido por uma jovem bastante escrupulosa que não queria fazer a comunhão; ao falar, o Padre Pio ter-lhe-ia dado uma palmadinha nas costas: a mulher passou a dizer que ele a tinha acariciado. O Padre Pio foi advertido.

Quanto à prática da pobreza por parte de Padre Pio.

R. Quando fui eleito provincial, o Padre Pio disse-me que tinha recebido algum dinheiro destinado aos pobres. Fiz[-lhe] compreender que não convinha conservar esse dinheiro; agora, ele o dá ao ecônomo ou a uma sua filha espiritual que faz a distribuição, quando não é ela mesma quem recebe diretamente dos benfeitores. Não é bom que os religiosos se ocupem disso para não parecerem interessados. A senhorita que se ocupa [disso] é séria, insuspeita, prudente e tenho estima por ela.

Aliás, não só não notei nenhuma irregularidade em tudo isso, como também nem sequer o Padre Pio proveu à necessidade da sua família com o dinheiro recebido. Eu é que me encarrego disso, sem que ele saiba de nada.

É verdade que está escrevendo uma Cronistoria?

R. A *Cronistoria* propriamente dita, não: havia pedido que se tomasse nota das coisas notáveis, mas os padres, por causa das suas ocupações, não conseguiram dar conta disso. Ordenei que se conservasse a correspondência, especialmente as cartas que tratam de asserções de graças etc. O Padre Benedetto, sim, recolhe tudo o que é necessário para escrever sobre a vida de Padre Pio.

Tudo isso lido e aprovado, o Revmo. padre provincial foi dispensado, depois do juramento *de secreto servando* prestado sobre os santos Evangelhos, e, em confirmação de tudo, assinou.

Frei Pietro de Ischitella
Capucinho Min. provincial

Acta sunt haec per me, Visitatorem Apostolicum
L. ✠ S. Fr. Raphael C., Episc. Volterr. *Visit. Apost.*

17

Depoimento do Padre Cherubino de San Marco in Lamis, Capuchinho

20 de junho de 1921 – 8h30

Perante mim, o abaixo assinado visitador apostólico, compareceu, convocado, no Convento dos Menores Capuchinhos de San Giovanni Rotondo, o *Mui Revmo. Padre Cherubini* [sic] *de San Marco in Lamis,* que, prestando o juramento *de veritate dicenda* sobre os santos Evangelhos, assim depôs e respondeu:

Sobre a sua identificação.

R. Chamo-me Padre Cherubino de San Marco in Lamis, no século chamado Ciro Martino. Sou filho de Pasquale, tenho 34 anos e vivo neste convento há cerca de um ano.

Sobre o Padre Pio.

R. Parece-me que, considerados os fatos globalmente, ocorre algo de extraordinário.

Os fatos a que me refiro são os dos estigmas, que ocorrem há dois anos e meio, os quais, não obstante os tratamentos prescritos pelos médicos em certos momentos, como tintura de iodo e ligaduras postas no peito, pelo que sei de testemunhas oculares, não cicatrizaram. Ademais, em vez de pus, essas chagas gotejam sangue, como se os tecidos profundos fossem cortados. Além disso, se [fossem] chagas naturais, deveriam provocar náuseas; mas, pelo contrário, às vezes, próximo da sua pessoa, sente-se um suave perfume.

A vida do Padre Pio é de sofrimento contínuo. Dorme pouco; uma vez, por uma afirmação sua, soube que já há alguns meses ele não podia fechar os olhos. Não obstante, trabalha incansavelmente, especialmente ouvindo as confissões e as pessoas que recorrem a ele para receber conselho e conforto. Quanto ao alimento, embora seja suficiente, também consideradas as suas condições de saúde e o seu trabalho, nem sempre é proporcional ao desgaste.

Sobre o caráter e o retrato moral e religioso do Padre Pio.

R. Tanto quanto comportam as suas condições de saúde, ele esforça-se por praticar o mesmo que os outros. Relativamente aos votos religiosos, não há nada a dizer em contrário. Acerca da oração, cumpre os seus deveres e, como a vida ativa o ocupa muito, mantém-se no coro e na igreja mesmo em horários diferentes dos que estão atribuídos à comunidade.

É um religioso bom, que inspira confiança e devoção em quem fala com ele. Também é muito simples, pelo que tem maior necessidade de direção e conselho do que as pessoas que estão à sua volta. E, se algum pequeno inconveniente em relação à população ou aos frades, mas não, porém, ao Padre Pio, aconteceu no passado, isso foi por causa da pouca vigilância de quem estava à sua volta, vigilância essa que não pôde ser exercida por causa das circunstâncias.

Sobre o comportamento do Padre Pio com as mulheres.

R. Trata a todas com afabilidade e doçura, mas é reservadíssimo. E as que convivem com ele frequentemente demonstram uma vida exemplar e devota, mesmo externamente.

Sobre os fatos extraordinários.

R. [Sobre] cada um, não notei nada, mas da correspondência que vem, mesmo de regiões distantes, resulta que muitas pessoas que se recomendaram às orações do Padre Pio agradecem por graças recebidas.

Parece que a missão confiada por Deus ao Padre Pio é a de converter as almas, e, se existe nele algum sinal ultrassensível, será precisamente para chamar as almas para Deus. Por isso, se no passado houve algum inconveniente pela extraordinária afluência de povo, isso aconteceu em razão de um certo favoritismo estimulado mais do que nunca por algum artigo de jornal escrito por pessoas não competentes, mas mundanas.

Lidas e aprovadas todas essas coisas, o Padre Cherubino foi dispensado, depois de ter feito o juramento *de secreto servando*, que prestou sobre os santos Evangelhos, e, em confirmação de tudo, assinou.

Padre Cherubino de San Marco
Capuchinho

[Também neste caso, o documento impresso não traz a assinatura do visitador apostólico.]

Primeiro depoimento do Padre Pio de Pietrelcina, Capuchinho

15 de junho de 1921 – 17h

Perante mim, o abaixo assinado visitador apostólico, no Convento dos Menores Capuchinhos, apresentou-se, convocado, o *Revmo. Padre Pio de Pietrelcina*, que, tendo prestado juramento perante os santos Evangelhos, depôs e respondeu o seguinte:

Seu nome e sua identificação.

R. Chamo-me Padre Pio de Pietrelcina, no século chamado Francesco Forgione. Sou filho de Orazio e tenho 34 anos completos. Encontro-me neste convento desde setembro de 1916.

Narre a sua vida.

R. Entrei no noviciado de Morcone, Província de Benevento, em janeiro de 1902 ou 1903. No ano seguinte, fiz minha profissão dos votos simples e, a seu tempo, regularmente a dos votos solenes. Do noviciado passei para Sant'Elia a Pianisi, Província de Campobasso, para lá estudar Literatura; depois, exceto poucos meses em San Marco alla Catola, fiz todos os estudos filosóficos, durante cerca de três anos, no mesmo Convento de Sant'Elia. Já os estudos teológicos, realizei em Serra Capriola, Província de

Foggia, e em Montefusco, durante quatro anos. Fui ordenado sacerdote em 1910, durante o curso teológico, no segundo ou terceiro ano, como me parece. Nesse período, por diversas vezes retornei para casa por motivo de saúde, devido a febres intermitentes e, mais tarde, a uma broncoalveolite. Estive poucos meses em Foggia, em 1916, depois vim para San Giovanni, onde ainda me encontro. Quanto ao serviço militar, servi ao exército poucos dias, sempre por razão de saúde, porque frequentemente era mandado a convalescer-me, até que fui definitivamente dispensado no mês de março anterior ao armistício. Desde 1915, ano em que fora convocado, passei os poucos dias do serviço militar em tratamento no Hospital de Nápoles e as convalescenças nesse Convento de San Giovanni Rotondo.

Quando foi [declarado] habilitado para o ministério das confissões e pregação?

R. Pregar, nunca preguei; fui habilitado para as confissões de alguns casos ocorrentes na minha terra natal, desde, mais ou menos, o fim da minha ordenação sacerdotal (1911); aqui, o ordinário deu-me a faculdade há cerca de três anos; em Foggia, não confessava porque, por motivos de saúde, nem sequer tinha pedido tal atribuição.

O que tem a dizer sobre circunstâncias aparentemente comuns ocorridas a sua volta e em relação a sua pessoa, por exemplo, em Foggia?

R. Por volta de 1912, passei a ouvir barulhos que, em Foggia, também começaram a ser percebidos por outros doentes que vinham até mim para saber do que se tratava; e apresentavam-se a mim figuras maléficas, ora humanas, ora de animais etc. Há anos, não se repetem esses barulhos nem essas aparições.

Além dos fatos referidos, ocorreram outros de natureza aparentemente mística?
R. Sim, aparições em uma vigília de Nossa Senhora, de São Francisco.

Desde quando começaram a acontecer fatos dessa natureza?
R. Por volta de 1911-1912.

Com o fim das aparições de índole diabólica, outras continuaram ou continuam a ocorrer?
R. Sim, embora mais raras.

Tais aparições ficavam em silêncio ou delas provinham avisos, exortações etc.
R. Sim, eu recebia exortações a respeito de mim mesmo e também censuras, todas acerca da vida espiritual, e também a respeito de outros.

Narre pormenorizadamente os chamados estigmas.
R. No dia 20 de setembro de 1918, depois da celebração da missa, detendo-me em fazer a devida ação de graças no coro, de repente, fui tomado por um forte tremor seguido de uma súbita calma, e vi Nosso Senhor como se estivesse crucificado, mesmo não havendo nenhuma cruz. Ele lamentava-se pela pouca compaixão dos homens, especialmente dos consagrados a Jesus e por ele mais favorecidos. Por isso, ele sofria e desejava associar almas à sua Paixão. Convidou a solidarizar-me com suas dores e a meditá-las; ao mesmo tempo, a ocupar-me com a salvação dos irmãos.

Depois disso, senti-me cheio de compaixão pelas dores do Senhor e perguntei-lhe o que podia fazer. Ouvi esta voz: "Associo-te à minha Paixão!". E, a seguir, desaparecida a visão, caí em mim, recobrei a consciência e vi estes sinais, dos quais gotejava sangue. Antes, eu não tinha nada.

Outras pessoas se aperceberam deles? Como e quando?

R. Ninguém me perguntou diretamente, a não ser o diretor, Padre Benedetto de San Marco in Lamis. Ele não estava aqui... talvez tenha ficado sabendo, então me escreveu e logo a seguir chegou aqui.

O que o senhor fez em relação a essas chagas, desde que apareceram?

R. Passei a usar luvas. De início, para estancar o sangue, utilizei de tempos em tempos iodo; mas um médico disse-me que não o fizesse, porque podia irritar ainda mais. Mandaram-me passar um pouco de vaselina, quando as chagas formassem crostas; usei-a por diversas vezes, mas faz tempo que já não a utilizo, acho que quase dois anos.

Suspendeu-se brevemente a sessão. Depois de as circunstâncias serem devidamente aprovadas e aceitas, o Padre Pio foi dispensado, com o juramento *de secreto servando,* que prestou perante os santos Evangelhos, e, em confirmação de tudo isso que precede, assinou.

Padre Pio da Pietrelcina
Capuchinho

Acta sunt haec per me, Visitatorem Apostolicum
L. ✠ S. Fr. Raphael C., Episc. Volterr. *Visit. Apost.*

19

Segundo depoimento do Padre Pio de Pietrelcina, Capuchinho

15 de junho de 1921 – 19 horas

Depois de quase uma hora, retoma-se a sessão, como anteriormente, e o Padre Pio novamente presta juramento *de veritate dicenda* perante os santos Evangelhos:

Tem algo a modificar nas respostas do interrogatório precedente?
R. Não.

Neste ponto, o inquiridor visita a cela e não encontra medicamentos ou similares dignos de nota.

Fale do "perfume" que se diz exalar dos seus estigmas.
R. Não sei o que responder sobre esta pergunta. Também ouvi o mesmo de pessoas que vieram beijar-me a mão. De minha parte, não sei... não sei distinguir. Na cela só tenho sabão.

Que efeito sente desses estigmas?
R. Dor, sempre, especialmente nos dias em que expelem sangue. A dor é mais ou menos aguda; em certos momentos, não suporto.

O que tem a dizer sobre a sua temperatura, que, por vezes, chegou aos 48ºC?
R. É verdade, e isso acontece quando me sinto mal.

De que mal está falando?
R. Creio que seja mais mal moral do que físico.

Que efeitos experimenta, o que sente?
R. Sentimentos íntimos, julgamentos, representações do Senhor, como numa fornalha... Chamado sempre à consciência.

Fez uso de ácido fênico diluído ou puro?
R. Não, a não ser quando o médico o usou para esterilização, quando me aplicava injeções.

Alguma vez pediu ácido fênico puro a pessoas estranhas ao convento?
R. Recordo-me de tê-lo pedido para uso da comunidade e também do colégio de que [eu] era diretor, quando não havia no convento.

Fez esse pedido de modo que os próprios confrades não ficassem sabendo?
R. Não. Ainda mais que, no passado, [eu] tinha mais contato apenas com o padre guardião. Além disso, teria sido com o único objetivo de preservá-los, uma vez que se tratava de medicamentos sem receita médica.

No passado, fez pedido de veratrina? E para que fim?
R. Sim, recordo-me disso muitíssimo bem. Pedi-a sem conhecer sequer o seu efeito, porque o Padre Ignazio, secretário do convento, uma vez deu-me uma pequena quantidade do dito pó para misturá-lo ao tabaco; então, eu procurei-o mais por brincadeira do que por qualquer outra coisa, para oferecer aos confrades

tabaco que, misturado a uma pequena dose desse pó, é capaz de fazer com que imediatamente se comece a espirrar.

Tudo isso devidamente aprovado e aceito, o Padre Pio foi dispensado, tendo prestado juramento *de silentio servando* perante os santos Evangelhos, e, para confirmação de tudo, assinou.

Padre Pio de Pietrelcina
Capuchinho

Acta sunt haec per me, Visitatorem Apostolicum
L. ✠ S. Fr. Raphael C., Episc. Volterr. *Visit. Apost.*

20

Terceiro depoimento do Padre Pio de Pietrelcina, Capuchinho

16 de junho de 1921 – 16h30

Perante mim, o abaixo assinado visitador apostólico, compareceu, convocado, na sua cela, o *Revmo. Padre Pio de Pietrelcina, capuchinho*, que, tendo prestado *de more* o juramento *de veritate dicenda* perante os santos Evangelhos, assim depôs e respondeu:

Teria algo a modificar nos seus depoimentos anteriores?
R. Não.

A propósito de sua alimentação, além das refeições comuns, não come mais nada?
R. Ordinariamente, não; a menos que esteja doente.

A elevação de sua temperatura a 48ºC, quando começou?
R. Há vários anos.

O que disseram os médicos? O que disseram na tropa?
R. Ficaram admirados, nada mais. Na tropa, também tive febres muito altas, mas eu procurei sempre esconder; uma vez, por sorte, o enfermeiro atribuiu minha temperatura à falha no termômetro.

A propósito dos estigmas, o senhor se recorda de algum fato ocorrido antes da manifestação das chagas?

R. Sentia dores naqueles mesmos pontos, do mesmo tipo das sentidas depois. Essas dores começaram por volta de 1911-1912, nos primeiros anos do meu sacerdócio.

Como e quando se manifestaram essas chagas?

R. Eram avermelhadas e gotejavam um pouco de sangue.

Além do que já relatou antes, recorda-se de ter feito tratamento, curativos, aplicações etc. nas chagas?

R. Além do que já disse, não. Já foi examinada aqui a vaselina ou glicerolato de amido.

E de que origem lhe parecem ser esses estigmas?

R. Não sei. Comuniquei à autoridade, ao diretor.

E o diretor, o que lhe disse?

R. Parece-me que não se pronunciou. Disse-me: "Humilha-te cada vez mais diante do Senhor".

Quem é o seu diretor?

R. O Mui Revmo. Padre Benedetto de San Marco in Lamis.

Mas, estando habitualmente ausente, como o dirige?

R. Por carta, quando pode, e ao vir aqui.

Com que frequência escreve ou vem?

R. Escreve-me mais ou menos uma vez por mês. Agora, já não vem há vários meses, porque está em Roma.

Sobre a perscrutação dos corações que lhe é atribuída.

R. Poucas vezes me ocorreu de intuir com clareza alguma falha ou pecado ou virtude em pessoas que eu não conhecesse.

Lembra-se de ter censurado o doutor Romanelli di Barletta por um palavrão que disse e de que ele já não se lembrava?
R. Sei que lhe fiz alguma advertência, mas não sei exatamente o quê.

Também se fala de bilocações. Que diz disso?
R. Não sei como e nem de que natureza é e, muito menos, lhe dou importância; mas apercebi-me de ter presente esta ou aquela pessoa, este ou aquele lugar; não sei se a mente é transportada para lá ou alguma representação do lugar ou da pessoa se me apresentou; não sei se estive presente com o corpo ou sem o corpo.

Percebeu quando tal estado se iniciava e, depois, notou ter voltado ao normal?
R. Ordinariamente, aconteceu-me enquanto orava, a minha atenção dirigia-se primeiro para a oração e, depois, para essa representação; por fim, de repente, encontrava-me como antes.

Exponha fatos particulares.
R. Uma vez, de noite, encontrei-me junto do leito de uma enferma: a Senhora Maria de San Giovanni Rotondo; eu estava no convento, creio que orava. Terá sido há mais de um ano.

Dirigi-lhe palavras de conforto: ela pedia-me que orasse pela sua cura. Isso em essência. Particularmente, eu não conhecia essa pessoa; tinha-me sido recomendada.

Outro caso. Um homem (por discrição, o Padre Pio não diz o nome) foi-me apresentado ou eu me apresentei a ele, em Torre Maggiore – estando eu no convento –, e repreendi-o e censurei-o pelos seus vícios, exortando-o a converter-se, e, depois, esse homem veio aqui.

Creio que aconteceram outros casos; mas esses são os que tenho lembrança.

Contou a outros esses pressupostos casos de bilocação?

R. Não, de modo algum. É a primeira vez que os relato nesses termos. Parece que nem sequer os dei a conhecer ao diretor espiritual, porque nunca me senti confuso. Essas pessoas falaram-me sobre isso, mas mantive uma atitude reservada; não o neguei nem afirmei.

Fala-se de curas que são consideradas miraculosas, obtidas pelas suas orações. Que diz disso?

R. Não sei. Pedi pelas necessidades das pessoas que se recomendaram a mim: indigentes, necessitadas etc. É o que me consta.

Sobre o caso do juramento de Lucera, um corcunda, que teria voltado para casa restabelecido.

R. Sei que pedi por aqueles que se recomendaram a mim; mas não tenho lembrança desse caso específico porque foram muitos os que me pediram oração.

Sobre o caso do rapaz de San Giovanni Rotondo que andava de muleta.

R. Recordo-me de que esse homem se recomendou para que orasse por ele;[1] ignoro o efeito obtido. É um pobrezinho que ainda frequenta o convento por causa da esmola. Apresentou-se

---

[1] Por uma questão de precisão e dado o juramento, aqui o Padre Pio nota: "A frase habitualmente usada por eles era: "Fatemi grazia" ["Fazei-me graça"], frase pronunciada pela sua ignorância. E eu respondi: "Recomendar-vos-ei ao Senhor, a Nossa Senhora, não sou eu que devo fazer [conceder] as graças".

outras vezes, dizendo: "O Senhor começou a graça e nunca mais a acaba".[2]

Sobre o caso do escrivão do tribunal de San Giovanni Rotondo.

R. Eu estava lá embaixo confessando; ele, lamentando-se do pé, usava a bengala. Por isso, também ele se dirigiu a mim para se recomendar.[3] Como era habitual, disse mais ou menos isso: "Confiai no Senhor, recomendar-vos-ei etc.". Foi isso que aconteceu. De outras coisas, não sei.

Sabe que ocorriam muitos rumores à sua volta? Que eram distribuídas fotografias? Que algumas mulheres traziam tais fotografias ao pescoço? Que se acendiam velas diante da sua imagem?

R. Sim, afora o caso das velas.

Que atitude tomou durante essas manifestações?

R. Quando os fiéis vieram, procurei ouvir todos da melhor maneira possível. Quanto ao uso e abuso de fotografias, sempre repreendi, reprovei isso. Também sei que os superiores agiram antecipadamente.

Diante de toda essa difusão de fama, não encontrou certo perigo para a sua virtude? Não se lembrou de pedir transferência para um lugar onde pudesse servir o Senhor de uma forma mais reservada?

R. Desejei a solidão, porque tenho sido até mesmo agredido. Não pedi nada porque tive sempre a máxima de remeter-me aos superiores, já que têm conhecimento disso.

---

[2] Também aqui o Padre Pio nota: "A frase usada era a seguinte: "*Haveis-me* começado a fazer...". Eu disse: "*O Senhor...*".
[3] Ver nota 1.

É verdade que, por causa de uma doença, foi mandado para a hospedaria? Por quê?

R. Sim, senhor. O superior julgou [melhor] colocar-me [lá] porque estava só (tempo de guerra) e tinha de cuidar da igreja, dar aulas, e tudo o mais.

Mas o superior não teria podido atender aos seus deveres, se V.P. tivesse ficado na sua cela?

R. Não, por causa da assistência.

Por quem era assistido na hospedaria?

R. Pelos benfeitores: naquela ocasião, todos se colocavam à disposição. O padre e um certo Vicenzino etc.

E também as mulheres se colocavam à disposição?

R. Sim. A irmã do padre guardião (Padre Paolino de Casacalenga) e também outras mulheres.

Auxiliavam só durante o dia?

R. Não, também à noite.

Em que ano isso aconteceu?

R. Em 1918 ou princípio de 1919: não me recordo com precisão.

Antes ou depois de ocorrerem os estigmas?

R. Exa., não lembro.

É verdade que, atualmente, há forasteiros morando em San Giovanni Rotondo há alguns meses para vir ao convento encontrar-se com o senhor?

R. Sim, alguns. Uma enferma de Trieste, que precisava mais de ar do que de outra coisa; parece-me também de Trentino. Uma turinesa, que vi no Natal. Frequentam a igreja, vêm à missa, à função, fazem as suas devoções.

Que pensa sobre toda essa afluência de mulheres para prestar serviços, difundir e manter a fama de fatos extraordinários ou considerados como tais?
R. Não saberia dizer.

Parece-lhe normal que um religioso more fora da clausura, que seja assistido por mulheres etc.?
R. Na verdade, normal não é. Entretanto, submeti-me pela obediência, porque havia necessidade.

Sobre o comportamento dessas pessoas.
R. Exa., eu estava doente, que posso dizer?

Mas pareciam ter um comportamento reservado, correto etc.?
R. Isso, sim.

E [que diz] de todas essas mulheres que difundiam, com foi dito antes, a fama de acontecimentos extraordinários?
R. Desconheço isso, Exa.; não sei. Aliás, eu via gente à minha volta, sem saber a razão.

Sobre o seu estado espiritual.
R. Exa., não me fazeis perguntas sobre isso, porque, quando se trata de julgar os outros é fácil, mas, se tenho de falar sobre mim, fico temeroso.

Sobre a oração. Faz oração mental todos os dias? Durante quanto tempo?
R. Habitualmente por duas horas, algumas vezes mais, outras menos.

Sobre o método que usa na oração mental.

R. A preparação; depois, apresento a mim mesmo um tema sobre a vida de nosso Senhor, desenvolvo-o e medito-o, faço o pedido, digo o propósito etc.

A que horas faz essa meditação?

R. Habitualmente cerca de uma hora, uma hora e meia de manhã e, depois, à noite. Além disso, faço a oração em comunidade, durante meia hora à noite.

Sobre a preparação e sobre a ação de graças da Santa Missa.

R. A preparação, segundo a oportunidade, dado o exemplo do ministério; a ação de graças de quinze minutos a meia hora, de acordo com a ocasião.

Que outros atos de piedade particulares faz?

R. O rosário inteiro, como oração habitual. Depois, as jaculatórias etc.

Recita o Divino Ofício com a comunidade?

R. Sim, a não ser nas horas em que habitualmente não me encontro presente.

Faz outras mortificações, além das comumente prescritas? Quais?

R. Não faço: aceito as que o Senhor manda. As mortificações têm-me sido proibidas por causa da minha saúde.

É dado em particular ao estudo?

R. Exa., estou sempre confessando. Por isso, estou sempre a par dos estudos necessários.

Por que via crê que as almas devem ser dirigidas?
R. Pelo caminho da virtude e do cumprimento dos seus deveres.

Crê que se devem dirigir as almas por caminhos extraordinários?
R. Sim, mas quando o Senhor as chama [para ele].

O que sente e pensa dos caminhos do espírito, das vias místicas?
R. Que não se pode entrar neles, a não ser que o próprio Senhor conduza por essa estrada de modo não ordinário.

Sabe quais são as doutrinas da Santa Igreja? Aceitou-as e aceita-as todas integralmente?
R. Oh! Por caridade! Aceitei-as e aceito-as todas integralmente.

Com relação a todas as outras coisas, todos os outros ensinamentos, entende que está sujeito sempre à autoridade da Santa Igreja, à qual, por divina assistência, compete iluminar, dirigir, governar, aprovar e condenar?
R. Sim, Exa. Pela Santa Igreja é o próprio Deus que fala.

Todas essas coisas, com as respectivas anotações, lidas e aprovadas, o Padre Pio foi dispensado, depois de ter feito o juramento *de secreto servando* perante os santos Evangelhos e, para confirmar tudo, assinou.

Padre Pio de Pietrelcina
Capuchinho

Acta sunt haec per me, Visitatorem Apostolicum
L. ✠ S. Fr. Raphael C., Episc. Volterr. *Visit. Apost.*

21

Exame dos estigmas do Padre Pio de Pietrelcina, Capuchinho

17 de junho de 1921

Hoje, às 16h30, trouxeram-me à cela habitada pelo Revmo. Padre Pio de Pietrelcina e, depois, de ele ter prestado o juramento *de veritate dicenda* sobre os santos Evangelhos, na presença contínua do Revmo. Padre Lorenzo de San Marco in Lamis, superior do convento, procedi ao *exame das feridas* que se afirmou que ele tinha nas mãos, nos pés e no peito.

O Padre Pio tem nas mãos umas meias-luvas de lã. Instado a tirá-las, passa-se ao *exame da mão direita*. Na palma da mão nota-se uma larga mancha circular com diâmetro de cinco centímetros, coberta ou formada por pequenas crostas de material sanguíneo, em sua maior parte com rebordos levantados, apresentando, por isso, tendência a cair. As pequenas crostas dividem-se em setores, consoante sinais da dobragem da mão.

Padre Pio, a propósito da permanência dessas crostas.
R. Caídas estas, outras se formam.

Prossegue-se o exame. Ao redor do sinal há uma mancha de sangue ligeiramente aderente à pele, sangue que evidentemente desaparece sob a ação da água, como confirma o Padre Pio.

Parece evidente que não há nenhuma lesão de pele, nenhum furo central ou lateral; por isso, pode ser possível assumir que o sangue que sai da mão e se emplastra nessas crostas surge por transudação da própria pele.

Padre Pio, o sangue sai, de fato, da própria mão?
R. Sim.

Padre Pio, sente dor?
R. Sinto toda a mão adormecida; a dor é mais aguda no centro, internamente.

Sendo pedido ao Padre Pio para que feche a mão, ele o faz de forma a cerrar o punho, mas sem apertar.

A dificuldade que apresenta em apertar a mão é proveniente da camada crustosa ou da dor?
R. Da dor, que se torna mais intensa quando aperto.

* * *

Nas costas da mão direita, na parte central, há também uma mancha circular, menor, com o diâmetro de três centímetros e meio, também ela coberta de crostas, mas maiores, com os rebordos mais levantados e com a aparência de que está prestes a cair.

Contudo, a epiderme que está debaixo das crostas é mais dura que a da palma, é como uma camada crustosa mais sanguínea, mais viva, a que se sobrepuseram as crostas mais densas, mais secas e mais escuras que estão prestes a cair.

Essa mancha não é igual a que se encontra na palma, pois, como se disse, é superficial e facilmente lavável com água.

Também aqui, na mancha das costas [da mão], não há nenhuma lesão. No meio, a crosta é mais aderente e profunda, provavelmente mais côncava.

Padre Pio, [fale] sobre a dor [nas costas da mão].
R. É como a da palma.

Fazendo-se o exame de "perspectiva" com dois dedos alinhados, separados pela palma da mão, parece que o centro da chaga da palma corresponde à orla superior da chaga das costas [da mão], em linha reta.

* * *

Exame da mão esquerda. A mancha na palma tem um diâmetro de cinco centímetros; a das costas, de quatro centímetros.

As características são idênticas às da mão direita e, portanto, não é preciso repetir a descrição; só que, nas costas, a crosta é mais aderente e profunda, não no centro, e sim na orla inferior.

Fazendo-se o exame de "perspectiva", observa-se que a linha reta do centro da chaga da palma coincide com o bordo superior da chaga das costas [da mão], como dito antes.

* * *

Exame do pé direito. O Padre Pio usa meias e sapatos. Tirando-se o calçado, aparece no peito do pé uma pequena mancha com diâmetro de dois centímetros e meio, sem nenhum vestígio de ter vertido sangue recente ou anteriormente. Para explicar: imaginemos uma ferida fechada, cicatrizada, sobre a qual se formou uma epiderme mais delicada e mais branca: é esse o sinal que pode ser visto no peito do pé direito.

Padre Pio, desse sinal sai sangue ou nele se formam crostas?
R. Algumas vezes, sangue em gotinhas; em outras, pequeníssimas crostas que nunca escurecem.

Sob a planta do pé, no meio, encontra-se uma pequena mancha com um centímetro e meio de diâmetro. Também aqui, nenhum vestígio de sangue. Antes, está coberta por uma finíssima camada de pele quase calosa que se vai destacando porque tem o rebordo levantado em toda a volta. Essa pequena mancha devia ser um pouco maior porque, por cima do rebordo superior atual, formado pela dita pele calosa, a distância de meio centímetro, há uma pequena tira de igual pele calosa: no interstício, epiderme nova, fresca e branca. Por isso, depois que cair aquela pele calosa, parece que não ficará nenhum vestígio de sinais especiais.

Fazendo-se o exame de "perspectiva" [O "toque"] com dois dedos, observa-se que o centro da pequena mancha superior parece estar em relação direta com o centro da inferior.

Padre Pio, sobre a dor.
R. É como a das mãos.

* * *

Exame do pé esquerdo. No peito [do pé], há uma pequena mancha como no pé direito.

Parece uma ferida cicatrizada, sobre a qual se formou uma pele nova, ligeiramente colorida, sob a epiderme, com um tom violáceo claro. Em algum ponto, a pele nova tem uma película superficial sobreposta que vai saindo.

A planta desse pé é como a do pé direito; mas a película calosa caiu quase toda, em razão do que os contornos já não podem ser perfeitamente vistos e, quando ela terminar de sair, parece que não ficará nenhum vestígio de sinais especiais.

Quanto ao "toque", o mesmo.

Padre Pio, sobre a dor.

R. Como nas mãos e no outro pé.

Sobre a facilidade em andar.

R. Nem sempre sinto a mesma fadiga. Pouco posso ficar de pé, por causa da dor interna.

* * *

Exame do peito. [Aqui, no original, Dom Rossi reporta-se à imagem da chaga do peito vista por ele, por nós reproduzida no anexo fotográfico]. Na parte esquerda, à altura de três centímetros a partir da última costela, há uma mancha triangular, como poder-se-á ver na figura, de cerca de dois centímetros de lado, cor de vinho. Não há aberturas, cortes, feridas. Acima, à altura de sete centímetros, há outras pequenas manchas difusas, como na figura, mas pequenas: a última, em cima, é um pouco maior.

Padre Pio, sai sangue desse sinal?

R. Algumas vezes, mas nem sempre. Nos períodos de maior intensidade, pode encharcar um pano.

Considerando-se que não há feridas, pode-se legitimamente supor que o sangue é expelido por exsudação.

Padre Pio, esse sinal foi sempre assim?

R. É mais ou menos sempre assim, pelo que pude perceber, pois nunca prestei atenção.

Possui, seja no peito, seja nas costas, outros sinais semelhantes, eczema etc.?

R. Não, nunca tive.

Tudo isso lido e aprovado, o Padre Pio prestou juramento *de secreto servando* perante o santo Evangelho, relativamente a este exame e, em confirmação de tudo, assinou.

Padre Pio de Pietrelcina
Capuchinho

Por sua vez, o Revmo. Padre Lorenzo de San Marco in Lamis, diante do santo Evangelho, prestou juramento sobre a verdade do exposto, resultado de visita e exame a que assistiu, sobre a fidelidade do relatório e sob juramento se obrigou *ad secretum servantum* e, em confirmação de tudo, assinou.

Padre Lorenzo de San Marco in Lamis
Superior capuchinho

Acta sunt haec per me, Visitatorem Apostolicum L. ✠ S. Fr. Raphael C., Episc. Volterr. *Visit. Apost.*

22

Quarto depoimento do Padre Pio de Pietrelcina, Capuchinho

17 de junho de 1921 – 19h

Depois do exame das chagas que aparecem no *Padre Pio de Pietrelcina*, perante mim, o abaixo assinado visitador apostólico, permaneceu o dito Padre, o qual, prestado o juramento sobre os santos Evangelhos *de veritate dicenda*, expôs, depôs e respondeu o seguinte:

Tem algo a modificar nos depoimentos anteriores?

R. Não, nem a acrescentar nem a tirar.

Disse que dedicava mais de duas horas à oração. Como é possível, com tantas audiências e confissões?

R. De manhã, antes de sair do quarto, procuro fazê-la; também durante o dia, quando tenho tempo.

A que horas se levanta?

R. Acordo umas quatro e meia.

Quando faz a oração, consegue manter a ordem da meditação ou se sente tentado a mudar de assunto etc.

R. Habitualmente sigo a ordem; mas, por vezes, acontece de alguma coisa, alguma verdade me chamar mais atenção, e fico ali como quem admira um objeto presente que impressiona mais.

No momento da oração, conserva a noção do lugar, da hora, dos deveres a fazer etc.?

R. Ordinariamente, sim; por vezes, não me apercebo do lugar, das horas, também do que me rodeia, de tudo aquilo que se pode considerar exterior.

Inicia a oração facilmente ou precisa concentrar-se? Desliga-se facilmente da oração ou precisa fazer certo esforço ou permanece rezando durante o tempo disponível?

R. Ordinariamente, não me custa muito dar início ao tema. Em geral, sim, me desligo tranquilamente; mas sente-se um desejo de permanecer: íntimo, espontâneo, não forçado.

Na oração. Não lhe ocorre nada de diferente de ordem mística? Por exemplo, visões...

R. Sim. Visões de personagens celestes.

Trata-se de visões intelectuais ou corpóreas?

R. De visões intelectuais, com os olhos da inteligência.

Isso acontece frequentemente ou de forma isolada?

R. De forma isolada.

Num depoimento anterior disse que, a partir de 1911-1912, começou a sentir dores nos locais onde depois se manifestaram as chagas. Essas dores ocorriam a intervalos ou eram contínuas ou quase contínuas desde 1911-1912 até 1908 [1918]?

R. A intervalos, porque, às vezes, cessavam. Em geral, registravam-se de quinta-feira à noite a sábado de manhã e, algumas vezes, também na terça-feira.

Alguém sabia dessas dores?

R. Creio que o diretor sabia, mas não me lembro ao certo com que precisão. E alguma outra pessoa em particular, como o pároco que era da minha terra, o qual o soube do diretor e creio ter-lhe confirmado, embora não explicitamente. O diretor tinha dito a ele, porque, uma vez que eu estava em casa por causa de problemas de saúde, caso fosse servir-se de mim, por exemplo, para algum transporte fúnebre, deveria ter cuidado em [não] pedir-me isso nos citados dias em que sentia dores.

Dizem que um dia, ao confessar na sacristia, e havendo grande afluência, saiu do confessionário passando sobre a cabeça de todos. É verdade?

R. O fato aconteceu assim: eu confessava na sacristia, num estrado; a sacristia estava apinhada de homens; estava quente; sufocavam; gritavam e faziam alarido, pedindo ajuda. Eu vi que o melhor era ir-me embora, pois, fazendo isso, também eles haveriam de sair; acabei de confessar o primeiro que se encontrava ali; lembro-me, com alguma certeza, de que não podia descer os degraus, pois estavam ocupados; tive forçosamente de passar por cima daqueles homens, pelo menos sobre os primeiros, e sair e, então, voltei-me para mandá-los embora.

O iodo que usou tinha por objetivo estancar o sangue ou desinfetar?
R. Estancar o sangue.

Usou-o em todas as chagas?
R. Sim, também nos pés e no peito. Eu não conhecia sequer sua eficácia. Notei que algumas pessoas, quando se cortavam, usavam tal remédio para estancar o sangue.

Quando solicitou o ácido fênico puro, tê-lo-ia, em segredo, pedido também para os seus confrades, bem como para aplicar injeções nos colegiais?
R. Repito o que já depus, o segredo tinha por motivo que a pessoa que iria trazê-lo não soubesse que se tratava de um medicamento perigoso: não visava aos meus confrades. O objetivo, sim, era o de desinfetar a seringa das injeções, que eu também sei aplicar. Num colégio de adolescentes, isso ocorre frequente e espontaneamente.

Lidas e aprovadas todas essas coisas, o Padre Pio foi dispensado, depois de ter feito o juramento *de secreto servando* perante os santos Evangelhos e, para confirmar tudo, assinou.

Padre Pio de Pietrelcina
Capuchinho

Acta sunt haec per me, Visitatorem Apostolicum
L. ✠ S. Fr. Raphael C., Episc. Volterr. *Visit. Apost.*

23

Quinto depoimento do Padre Pio de Pietrelcina, Capuchinho

17 de junho de 1921 – 21h

Perante mim, o abaixo assinado visitador apostólico, compareceu novamente, às 21 horas, chamado, o *Revmo. Padre Pio de Pietrelcina*, que, tendo prestado o juramento *de veritate dicenda* perante os santos Evangelhos, depôs e respondeu o seguinte:

Tem algo a modificar no depoimento anterior?
R. Não.

Nunca sofreu de doenças nervosas, histeria etc.?
R. Por graça de Deus, não.

Há quanto tempo não aplica nada nas chagas?
R. O iodo, há dois anos; o glicerolato de amido menos: uma vez, o próprio padre provincial o aplicou em mim, porque eu estava perdendo sangue.

Em certas correspondências tinha o costume de tratar por tu a mulheres e também a religiosas.
R. Quase nunca uso *senhora*; digo *tu* ou *vós* indiferentemente.

Quando começaram a propalar-se, com relação à V.P., notícias de acontecimentos que saíam do habitual, algumas mulheres, que pareciam informadas, instadas sobre essas notícias, diziam não poder falar sobre isso porque lhes tinha sido imposto silêncio. Por quem? Por quê?

R. Talvez eu mesmo lhes tenha imposto isso, porque o fato de elas falarem significaria uma humilhação para mim, pelo menos essa foi sempre a sensação que tive.

É verdade que o padre provincial proibiu conversas na hospedaria e, apesar disso, elas continuaram?

R. Sim, porque falei com o padre provincial, que disse: "Por agora, continuai". Não obstante, procurei eliminá-las o máximo possível.

Neste ponto, eu, o abaixo assinado visitador, apesar do juramento já prestado pelo Revmo. Padre Pio, renovo-lhe a exortação sobre a santidade do ato religioso, chamo-lhe [a atenção] *para a gravidade do fato e pergunto-lhe o que pensa precisamente do juramento. E ele responde:* "É o ato mais solene que o homem pode ter, porque se trata de chamar Deus como testemunha da verdade".

Dito isso, convido-o a responder sob a santidade de juramento especial às perguntas seguintes, uma de cada vez, estando ele ajoelhado e com as mãos sobre o santo Evangelho:

V.P. jura sobre o santo Evangelho que nunca usou nem usa perfumes?

E o Padre Pio presta juramento de nunca ter usado, dizendo, além disso, que, independentemente de ele ser religioso, sempre considerou isso repugnante.

V.P. jura, sobre o santo Evangelho, não ter provocado, alimentado, cultivado, aumentado, conservado, direta ou indiretamente, os sinais que traz nas mãos, nos pés e no peito?

R. Juro.

V.P. jura, sobre o santo Evangelho, que nunca usou dermografia, isto é, que nunca fez, por uma espécie de autossugestão, sinais que depois pudessem ser visíveis, com base em ideias fixas ou dominantes?

R. Juro. Por caridade, por caridade! Antes o Senhor me livrasse deles; como lhe ficaria grato!

Confirma a sua fé em tudo aquilo que a Santa Igreja crê e ensina; condena tudo o que a Santa Igreja condena; tenciona ser sempre filho devoto e submisso à Igreja?

R. Sim, tudo, e tenciono jurá-lo e juro-o.

E o Padre Pio jura-o sobre o santo Evangelho, por seu pedido explícito.

Lidas e aprovadas todas essas coisas, o Padre Pio foi dispensado, depois de ter feito o juramento *de secreto servando* sobre o santo Evangelho e, para confirmar tudo, assinou.

Padre Pio de Pietrelcina
Capuchinho

Acta sunt haec per me, Visitatorem Apostolicum
L. ✠ S. Fr. Raphael C., Episc. Volterr. *Visit. Apost.*

24

Sexto depoimento do Padre Pio de Pietrelcina, Capuchinho

20 de junho de 1921 – 16h30

Perante mim, o abaixo assinado visitador apostólico, compareceu, chamado, o *Revmo. Padre Pio de Pietrelcina* que, tendo prestado o juramento *de veritate dicenda* sobre os santos Evangelhos, depôs e respondeu o seguinte:

Tem algo a modificar nos depoimentos anteriores?
R. Não.

Confirma o caso já deposto de se ter encontrado com a doente senhora Massa de San Giovanni Rotondo, embora permanecesse no convento?
R. Sim, confirmo-o.

Mas parece que esse caso deve ser atribuído antes a um estado de alucinação da dita senhora, no auge da sua doença.
R. Eu não me intrometo no estado dessa senhora. Confirmo que me encontrei com ela.

É verdade que, em um caso semelhante, estando no convento em San Giovanni, um dia se encontrou em Foggia, junto do tenente-general, comandante da divisão militar?
R. Exa., não me recordo de nada a esse respeito.

E também foi relatado que se tinha apresentado ao dito general para reclamar de soldados que estavam perturbando e que tinham sido enviados para um convento ou próximo de um convento.

R. Não me lembro, Exa.

E, então, como se explica que um confrade seu de então teria dito: "O caso é certo, porque o próprio Padre Pio disse a uma devota: 'Fiz uma viagem', mas não quis dizer para onde"?

R. Exa., não me consta nada disso. Houve imprudências por parte de pessoas que quiseram divulgar o meu nome mencionando coisas que eu nunca teria pensado dizer nem dado a saber. Era de enlouquecer. E tenho de agradecer ao Senhor, pois a maior graça que reconheço ter recebido a respeito disso é, precisamente, a de não ter perdido a razão e a saúde por tantas mentiras que eram ditas.

Diante dessas "imprudências", não terá procurado esclarecer a verdade e reagir?

R. Também poderia haver verdade em certos casos, mas eu não teria tido prazer se se tivesse falado deles e chegassem ao conhecimento de estranhos: quando me apercebi de tal fato, não deixei de levantar a voz tanto quanto foi possível da minha parte. Aliás, de muitas dessas coisas que se diziam verdadeiras ou também inventadas, o último ou quem menos sabia era precisamente o interessado.

Confirma ter se encontrado junto de algum doente distante e ter ouvido a sua confissão, embora permanecesse no convento?

R. Não tenho nada presente.

É verdade que, uma vez, teria dado a um jovem confrade a certeza de que ele nunca mais haveria de cair em desgraça de Deus?

R. Não me recordo do caso em particular, mas não o excluo porque têm-me acontecido cada vez mais casos semelhantes. Contudo, a frase deveria ser entendida não no sentido de uma certeza moral, mas, sim, no de que se usam meios e se aproveita das graças com as quais se pode estar longe do pecado. Caso tenha dito uma frase semelhante a alguém, não o fiz isoladamente, mas como consequência de outras premissas.

[Aqui, falta no original a formulação da pergunta. Prossegue-se com a resposta do Padre Pio.]

R. Sim! (e aqui o Padre Pio dá uma boa risada). Por vezes, passa-me alguma coisa pela mente e, para formar a minha consciência, penso assim e a frase salta-me aos lábios.

Conhece o grego?

R. Estudei um pouco, mas já não me recordo; nem sequer consigo lê-lo.

É verdade que, uma vez, escreveu uma carta, mesmo sem saber suficientemente essa língua?

R. Carta? Não creio. Quando muito, alguma saudação, fruto de algum conhecimento que eu tinha.

E é verdade que uma carta lhe chegou toda manchada? E foi posto sobre ela o crucifixo?

R. Sim, eu estava em casa; era uma carta escrita em francês, pelo meu diretor de então. E o crucifixo foi me dado pelo pároco da minha terra.

Falou-se de muitas curas acontecidas e imploradas por V.P., com as suas orações. Pelo contrário, pareceram inconsistentes. V.P. tem presente algum caso de curas verdadeiras, certas, totais?

R. Orei, sim: o efeito, conhecem-no as pessoas; eu não o sei.

É verdade que, a propósito de dois jovens mudos, teria prometido a graça para determinado dia – sábado santo – e, depois, não tendo sido então obtida, para outro dia, e assim seguidamente?

R. Nada disso. Foram precisamente eles – os interessados – que, sempre e em toda parte, procuraram dizer e contradizer. Mas quem lhes fez essa promessa? Mesmo humanamente, quem irá fazer uma promessa semelhante, sem ter certeza?

Mas V.P. tinha ouvido dizer tudo isso a seu respeito? E, então, o que fez? Que disse?

R. Eu só disse: "Orai". Diziam: "Em tal dia [o padre] deve fazer a graça, nós a estamos esperando". Eu acrescentava: "Para o Senhor, não se marcam datas".

E, a propósito de morrer aos 33 anos etc., disse alguma coisa?

R. Mas nem em sonhos! Felizmente, morrer não depende dos homens, mas quem sabe, aliás, nessa hora onde estaria eu!!...

Mas, quando afluíam tantas centenas e milhares de pessoas, que pensava V.P.? Que atitude tinha?

R. Eu estava aterrado. Procurava ouvir a todos dentro do possível e trabalhar. Também a comunidade era invadida. Tivemos de recorrer à polícia.

Mas o que dizia essa gente? Por que razão tinha vindo?

R. "Tínhamos de confessar-nos."

Quando a comunidade foi gradualmente mudando, isso desagradou a V.P.?

R. Percebe-se um certo desprazer entre os confrades; encontrar-se num ambiente novo; mas, depois, compreendia, resignava-me à vontade de Deus; dizia: "Senhor, se isto é melhor para mim e para os outros...".

A propósito da assistência que lhe foi prestada na enfermaria pelas mulheres, quando lá esteve doente, confirma tudo o que já depôs? Pareceu-lhe que, então, essas mulheres faltavam com a prudência, a verdade e a reserva?

R. Sim, confirmo. Que faltassem, oh, isso não, não.

A propósito de celebrar às 10 horas. Por que não celebra antes?

R. Há também uma razão física, que não me convém revelar. Mas quando o superior quiser dispor de modo diferente...

Como emprega tanto tempo na consagração, especialmente do cálice? Repete as palavras?

R. Procuro compenetrar-me do mistério, recolher-me, mas não repito, de modo nenhum, as palavras da fórmula.

V.P. saberia explicar-me as diferenças que há entre os sinais das mãos e o dos pés, que parecem cicatrizados?

R. Não permanecem sempre da mesma maneira: por vezes, são mais ou menos evidentes; outras vezes parecem que vão sumir, mas, na verdade, não desaparecem. Depois, voltam, reflorescem. E isso me acontece com todos os sinais, sem excluir o do peito.

Há quem diga que tem algum sinal na cabeça.

R. (Rindo) Oh! Por amor do Senhor! Que quer que eu responda?! Algumas vezes, encontrei manchinhas na fronte ou na cabeça, mas não lhes dei nenhuma importância nem nunca me passou pela cabeça dizê-lo a alguém!...

Concluindo, confirma de novo, sob a santidade do juramento, todos e cada um dos depoimentos feitos nesses dias e, especialmente, em relação ao chamado perfume e aos sinais?

R. Sim, Exa.

Tudo isso lido e aprovado, o Padre Pio foi dispensado, depois de ter prestado o juramento *de secreto servando* sobre os santos Evangelhos e, para confirmar tudo, assinou.

Padre Pio de Pietrelcina

Acta sunt haec per me, Visitatorem Apostolicum
L. ✠ S. Fr. Raphael C., Episc. Volterr. *Visit. Apost.*

Ordem cronológica das sessões

Número	Dia	Hora	Depoimento de	Testemunho
1	14 de junho de 1921	21h	Côn. Arcipreste Prencipe	1
2	15 de junho de 1921	8h30	Côn. Arcipreste Prencipe	2
3	15 de junho de 1921	17h	Padre Pio	18
4	15 de junho de 1921	19h	Padre Pio	19
5	16 de junho de 1921	9h	Padre Lorenzo, Superior	6
6	16 de junho de 1921	10h	Padre Ignazio	9
7	16 de junho de 1921	16h30	Padre Pio	20
8	17 de junho de 1921	8h	Padre Luigi	11
9	17 de junho de 1921	10h	Padre Lorenzo, Superior	7
10	17 de junho de 1921	11h30	Padre Ignazio	10
11	17 de junho de 1921	16h30	Exame dos estigmas	21
12	17 de junho de 1921	19h	Padre Pio	22
13	17 de junho de 1921	21h	Padre Pio	23
14	18 de junho de 1921	7h30	Padre Romolo	13
15	18 de junho de 1921	11h	Padre Lodovico	15

Número	Dia	Hora	Depoimento de	Testemunho
16	18 de junho de 1921	16h30	Côn. arcipr. Prencipe	3
17	18 de junho de 1921	19h	Côn. Palladino	4
18	19 de junho de 1921	8h	Padre Luigi	12
19	19 de junho de 1921	10h	Padre Pietro, provincial	16
20	19 de junho de 1921	17h	Côn. Palladino	5
21	20 de junho de 1921	7h30	Padre Romolo	14
22	20 de junho de 1921	8h30	Padre Cherubino	17
23	20 de junho de 1921	11h	Padre Lorenzo, superior	8
24	20 de junho de 1921	16h30	Padre Pio	24

Carta do Padre Pio à religiosa
Irmã Giovanna Longo Brigid.,
Via delle Isole, Roma

26-01-1920[1]

Minha sempre caríssima filha, Jesus seja sempre todo teu, olhe para ti com olhos benevolentes, te assista em tudo com a sua graça vigilante e te torne sempre mais querida do seu Divino Coração. Com estes votos sinceríssimos que te faço assiduamente diante de Jesus, venho dar resposta à tua última, que se me tornou sobremaneira grata pela operação divina em ti. Por ela dou vivíssimas graças a Deus e suplico-lhe que continue *as suas divinas operações*. Tu, porém, não temas pelo que em ti se vai operando. *A causa é única e só a Deus*; e nada de sinistro poderá acontecer-te, se continuares a submeter-te humilde, paciente e confiadamente às suas divinas operações. Tranquiliza-te *pelo estranho fenómeno que te aconteceu na noite de onze para doze do mês corrente. A sua causa foi precisamente aquela que tu mesma imaginaste*. Admira, espanta-te e dá a Deus os devidos agradecimentos.

Gostarias de saber quem é causa do teu grande padecer com alegria e lamentar o que ardentemente desejas; fazer-te ine-

---

[1] Deve ser 21 (1921), como se vê no carimbo dos correios.

briar na dor e sofrê-la com extremo afã! Não sabes que só Deus pode conciliar os dois opostos na alma e transformar *in pace amaritudo tua amarissima?* [... transformar *em paz a tua muito amarga amargura?*] Portanto, deixa que o amor exerça as suas sublimes e tremendas excentricidades. Depois, exorto-te que, de quando em quando, confiras coisas do teu espírito com o Mui Revmo. Padre Benedetto. *Quero-o eu e basta, e nada de mal te acontecerá.* Sugerir-te isto não deve gerar em ti a suspeita de que eu não queira ter para ti e sempre aquela direção plena e total ou, então, que eu duvide das operações divinas no teu espírito, mas antes deve gerar em ti e confirmar-te na justa convicção de que tal sugestão será para o teu espírito de grande ajuda. Expliquei-me? Se eu não conhecesse a bondade e a doutrina do dito padre, nunca te teria sugerido quanto até agora te disse. Tudo o que me dizes *na tua* [carta] a meu respeito, gostaria de convencer-me, mas em vão. Ora a Jesus que me dê um pouco de luz refletida e me alivie desta última *pena,* que por ele vou aguentando, sempre que ela seja melhor para mim. Para te dizer a verdade, minha filha, não posso respirar com este *peso tremendo* que me oprime. E também vejo que com este enorme peso que me tomba na alma, me é de sumo incômodo na direção das almas, e Deus não queira que eu seja para essas almas impedimento no seu maior avanço.

De resto, se, em razão de tudo o que sinto, deve deduzir-se que tenho de me retirar da direção, faça-mo saber e eu inclinarei a cabeça aos divinos quereres.

Muitos cumprimentos à Revma. madre superiora, à madre mestra e também a todas as outras religiosas, e diz-lhes que me recomendem à divina Piedade, que outro tanto faço eu sempre por elas. Saúda a minha irmã e juntamente com ela paternalmente te abençoo.

Assinado: Padre Pio Cap.

Acta sunt haec per me, Visitatorem Apostolicum
L. ✠ S. Fr. Raphael C., Episc. Volterr. *Visit. Apost.*

Quesitos propostos ao Padre Pio relativos à carta anterior e as respostas dele

1. *O Revmo. Padre Pio de Pietrelcina reconhece que escreveu e enviou a carta de que se junta cópia, transcrita palavra por palavra do original, carta que começa com as palavras: "Jesus seja sempre etc." e acaba: "Paternalmente te abençoo".?*

    R. O Padre Pio de Pietrelcina reconhece ter ele próprio escrito e enviado a carta de que lhe foi apensa cópia, transcrita do original, carta que começa com as palavras: "Jesus seja sempre etc." e termina: "Paternalmente abençoo".

2. *Quais são as chamadas divinas operações que andariam ou andavam a acontecer na pessoa a quem a carta foi enviada?*

    R. O referido padre não se lembra de quais são as assim chamadas "divinas operações" que andariam ou andavam a acontecer à pessoa a quem endereçou a carta, tendo já passado tanto tempo desde que escrevera a dita carta e não conhecendo a carta da pessoa que a ele fora endereçada.

3. *Em que é que o Revmo. Padre Pio se apoia ou se apoiava para afirmar que a causa dessas "operações" "é única e só a Deus"?*

   R. O referido padre, embora não conhecendo a referida carta e não se recordando nem do conteúdo nem dos fatos específicos, responde com toda a segurança de consciência que apoia as suas asserções em certos critérios deduzidos de sãs doutrinas, aprovadas pela Santa Madre Igreja e pelo conhecimento que tem de dita alma por tê-la guiado, dirigido e confessado durante vários anos.

4. *Em que teria consistido o estranho fenômeno ocorrido na pessoa a quem se endereçava a carta, na noite de 11 para 12 de janeiro de 1920? Deem-se explicações precisas e pormenorizadas.*

   R. O Padre Pio não tem absolutamente presente o que na carta da referida pessoa lhe era exposto e, portanto, não pode dar nenhuma explicação sobre tudo o que lhe é perguntado.

5. *Qual teria sido a causa desse estranho fenômeno, no dizer da pessoa na qual teria acontecido?*

   R. O Padre Pio responde como antes, isto é, que não se recorda de nada.

6. *Como é que o Revmo. Padre Pio pode confirmar que a causa foi precisamente aquela.*

   R. O Padre Pio não pode responder a esta pergunta, porque deveria ter presente o fato que lhe era submetido.

7. *Ao exortar a religiosa, a quem a carta era endereçada, a conferir, de vez em quando, coisas do espírito com o Mui Revmo. Padre [Benedetto, o Padre] Pio acrescentava: "Quero-o eu e basta, e*

nada de mal te acontecerá". *Tinha medo do que essa direção pudesse lhe causar?*

R. O Padre Pio, ao exortar a religiosa a conferir, de vez em quando, coisas do espírito com o Mui Revmo. Padre Benedetto, assegurando à dita Irmã que nada de mal lhe haveria de acontecer de tal direção, dizia-o para afastar o temor da alma dela de não ser talvez bem entendida pelo dito padre nas coisas do seu espírito. E o Padre Pio sugeria-lhe que nada temesse a propósito, dado que também era conhecida do referido padre antes de entrar no claustro.

8. *A que* pena, *a que* peso tremendo *o Revmo. Padre Pio alude ao terminar a carta?*

R. Naquele tempo, o Padre Pio encontrava-se numa grande aridez espiritual e sob uma tremenda tentação que lhe vinha da parte de satanás, que lhe sugeria que não se ocupasse com absolutamente nada do bem alheio.

9. *O Revmo. Padre Pio conserva ainda a carta da religiosa, a que se alude no final da carta de que se junta cópia? Em caso afirmativo, apresente-a.*

R. O Padre Pio não conserva de fato a carta da dita religiosa.

Tudo o que atrás escrevi, em resposta aos quesitos, juro sobre os santos Evangelhos que está plenamente conforme com a verdade, como, sob a santidade do mesmo juramento, afirmo e declaro que manterei sobre tudo inviolável o segredo do Santo Ofício.

San Giovanni Rotondo, 2 de agosto de 1921

Padre Pio de Pietrelcina Cap.

As referidas respostas e a declaração final são todas da mão do Padre Pio.

Acta sunt haec per me, Visitatorem Apostolicum
L. ✠ S. Fr. Raphael C., Episc. Volterr. V*isit. Apost.*

APÊNDICE

O Padre Benedetto de San Marco in Lamis, capuchinho

1. É precisamente *per accidens,* e não sei quanto meu dever, que faço uma brevíssima alusão a este padre de quem se duvidou que teria influenciado muito no moral do Padre Pio de modo a provocar-lhe até – por sugestão e inconscientemente – os estigmas!

2. Discuti esta dúvida no seu lugar [próprio] e parece-me que pude dissipá-la, mas não pude deixar de notar que talvez o Padre Benedetto, com toda a sua boa vontade e as suas virtudes – pintaram-mo como um ótimo religioso –, e também com a sua doutrina, não seja o *ideal* dos diretores nos caminhos da mística.

3. Por quê? Pouquíssimas palavras. Nos depoimentos, transcrevo cópia de correspondência do Padre Benedetto dirigida ao Padre Pio. Agora, destes exemplares de correspondência, a meu prudente juízo, parece que a *mística* do Padre Benedetto é:

I. Demasiado *elegíaca*. É um contínuo suspirar, um chorar sem parar. E a mística, a verdadeira mística, não é assim: é mais confiante, mais serena, mais alegre, porque mais alta.

II. *Curiosa*. O Padre Benedetto quer que o Senhor fale: recomenda ao Padre Pio que o interrogue a propósito dos flagelos públicos e das condições especiais da alma dele, Padre Benedetto; e, depois, escreva, comunique as respostas do Céu, mas imediatamente, mas exaustivamente, por obediência. Como é muito mais reservado o trato dos verdadeiros místicos com o Senhor!

III. *Invasor.* Com que ansiedade o Padre Benedetto procurou em Roma a aprovação *ad confessiones* para as religiosas! E como não suspirou pela nomeação como extraordinário nas casas religiosas, onde haveria de encontrar almas "místicas" para dirigir! E quando encontrou relutância numa alma (nas brigidinas), como não recomendou ao Padre Pio para que, com a sua autoridade, conduzisse as filhas ao Pai! E, quando, nessa mesma casa, embateu com uma superiora enérgica, como se irritou contra essa "cabeça-dura!".

Os verdadeiros místicos faziam assim? Criam desse modo? Erigiam-se em mestres? Obstinavam-se em querer sê-lo a todo custo? Procuravam almas para dirigir?

IV. Se a tudo isso se acrescentar – o que me foi dito em visita apostólica e que, por outro lado, se conclui – que o Padre Benedetto, com toda a sua ciência e experiência, é demasiado *crédulo,* demasiado *entusiasta* diante de tudo o que tenha caráter de extraordinário e de sobrenatural, poder-se-á dizer que a sua "mística" *não é prudente* e, portanto, não é boa.

4. Dado tudo isso, quem de direito terá maneira de prover a tudo o que for necessário e com maior conhecimento de causa. *Limitar a sua atividade, especialmente onde, pelo demasiado zelo, possa levar confusões de espírito* (há exemplos em mosteiros de Roma); *vigiar as suas publicações*;[1] talvez seja um ótimo conselho *chamá-lo das alturas da "mística", para si e para as almas que dirige, às mais simples vias da ascética,* e caso se lhe faça entender isto convenientemente, *ser-lhe-á dito ao mesmo tempo (mas poder-se-lhe-á dizer com maior fruto, mesmo com uma alusão explícita) que sistema deverá no futuro usar na direção, pessoal ou por escrito, do Padre Pio de Pietrelcina.*

† Fr. R. C. *Bispo*

Trechos de correspondência do Revmo. Padre Benedetto de San Marco in Lamis, capuchinho, dirigida ao Revmo. Padre Pio de Pietrelcina, capuchinho (a. 1913-1921)

1

San Marco, Perdono 1913*

Breviter.** O Padre Benedetto alude a uma alma que faz revelações que se referem a ele; diz que tem muitas e graves prova-

---

[1] O Padre Benedetto publicou um pequeno trabalho espiritual com o título de *Ai desolati di spirito* e, agora, está redigindo outro: *Le vie del divino Amore*, no qual se deverá considerar "a alma, desde o princípio da devoção até os últimos graus de oração".

* Perdono di Assisi: concessão da indulgência plenária na porciúncula, no dia 2 de agosto de cada ano. (N.T.)

** Resumidamente. (N.T.)

ções diretamente da bondade dessa alma. (Nota: também noutra carta se alude a essa mesma alma.)

2

San Marco la Cartola, 9 de março de 1916

Caríssimo filho, gostaria de dar-vos razão, mas não posso porque distorceria a verdade. Como superior e confessor, teria a obrigação rigorosíssima de condenar-vos e advertir-vos no todo ou em parte se houvesse ilusões, enganos e defeitos. Também seria obrigado, por consciência, a confirmar-vos o abandono de Deus ou o perigo de merecê-lo sempre que houvesse motivo para acreditar nisso, porque, assim, colocar-vos-ia no caminho do arrependimento e do regresso a ele.

Portanto, não podeis pensar que eu, constituído juiz exterior e interior de uma alma, queira, para consolá-la, pronunciar uma sentença diferente da verdade e embalá-la num sonho fatal para o seu destino eterno. Nesse sentido, a caridade seria ódio funesto e a piedade uma crueldade impiedosa.

Portanto, a não ser que me julgueis um pérfido, deveis tranquilizar-vos com as minhas garantias e considerá-las como juramento. Nem sequer vos é lícito supor que eu julgue com ligeireza e sem uma convicção íntima causada por uma luz que a Bondade e Sabedoria divina não nega aos ministros chamados a fazer as suas vezes na terra; de outro modo, seria estulto se ousasse guiar-vos sem conhecer o caminho para que Deus vos tem. Por isso, estai calmo e acreditai – pelo menos com a ponta do espírito e até quanto for possível – naquilo que vos disse e que vos repito.

A noite em que estais imerso e perdido é uma provação dolorosíssima, mas amabilíssima pelo fruto que dela advém ao espírito. Ela ordena-se a extinguir o entendimento humano para que suceda o entendimento divino e, assim, despojado do modo comum de pensar e do exercício ordinário das faculdades mentais, possais ascender ao puramente sobrenatural e celeste.

Daqui, é-vos fácil argumentar que não só podeis esperar o regresso de Deus à alma, mas que também ele já opera em vós, com um agir cuja atividade e eficácia são semelhantes à sua intensa predileção por vós.

Ao adorável fim, há pouco referido, deveis também reportar as dificuldades em acreditar que, então, assume o aspecto de infidelidade nas coisas reveladas. Com essa escuridão, Deus quer dispor-vos para a visão espiritualíssima da sua beleza e grandeza.

O fenômeno experimentado no íntimo reduz-se a um *toque* ou a um *abraço de união*, e o Senhor vo-lo deu a fim de confortar-vos para que aguenteis a tempestade seguinte que me descrevestes.

O conhecimento da nossa indignidade é uma luz salutar, e nós a possuiremos perfeitíssima no santo paraíso. Contudo, ela não provém de culpas atuais, mas da revelação que tendes do miserável ser humano, visto sem a graça. Culpas, não as tendes e, se houvesse alguma enfermidade, deveríeis gloriar-vos dela como o Apóstolo das Gentes, sem ter falta de confiança ou temer o abandono.

Não vos preocupeis em distinguir o bem do mal, porque é inútil. Sempre que operardes segundo os atos comuns, a objeção do superior e os ditames do confessor, estai indefectivelmente certo de que fareis o bem, mesmo que não saibais reconhecê-lo como tal.

3

San Marco, 17 de agosto de 1916

... É boa a sensação de estar na paz eterna, mas é preciso moderá-la: é melhor fazer a vontade divina na terra do que gozar no Paraíso. Sofrer, e não morrer. É doce o purgatório, quando se pena por amor de Deus. Por isso, as outras provações estão todas marcadas pela predileção divina e [são] pedras preciosas para a alma... Estai, pois, seguro de que os combates interiores não são um perigo para a fidelidade, mas ocasião de méritos preciosos que têm nome de coroa e de palma.

4

San Marco, 2 de dezembro de 1916

... As tentações de blasfêmia, de desespero etc., são mercadorias oferecidas pelo inimigo, mas rejeitada e, portanto, destituídas de mal. Se o demônio faz estrépito, é um ótimo sinal: o que aterroriza é a sua paz e concórdia com a alma humana.

5

San Marco, 6 de agosto de 1917

... Na vossa consciência, desde o uso da razão até este momento, nunca houve pecados mortais e graves ingratidões, e digo-vos isso com plena autoridade e conhecimento. Se, portanto, se vos apresenta a visão de uma vida pecaminosa e ingrata, a ponto de haverdes merecido algumas vezes o desdém de Deus, e também que possa tê-lo ofendido mortalmente, essa visão é falsa e, por isso, diabólica, e o tormento que daí resulta só pode ser atribuído à mesma causa; portanto, deve ser desprezado e evitado.

Se, ao contrário, o martírio é produzido por conhecimento de defeitos e pequenas culpas involuntárias, que nem sequer são veniais, da vida passada, e isso pelo sentimento da infinita fidelidade que se deveria a Deus, então, a causa operante é o Espírito Santo. Mas também nesse caso o martírio não pode ser apreendido como pena expiatória, mas transfiguradora, isto é, de delicado amor.

6

San Marco, 28 de agosto de 1917

Piuccio* caríssimo, só mais um pouco e serás consolado. Oferece a Deus a provação atual para me poupares e também a muitos outros de semelhantes martírios. Sacrifica sobre o altar do coração o amor crucificado e encontrarás o conforto desejado. Imagino a tua desolação e gostaria de poder aliviar-te, mas quem consegue subtrair uma alma dos abraços do Onipotente? Quanto às penas interiores, consola-te repensando nas minhas repetidas declarações: o teu inimigo não é o teu Senhor, mas o Senhor está todo voltado para o crescimento do teu espírito.

[Ele] está sempre calado no céu? Quererá, portanto, quebrar a cana rachada e extinguir o pavio fumegante? Não, não é

---

* *Piuccio*, termo diminutivo carinhoso referente ao Padre Pio (piozinho). (N.T.)

possível e em nome da obediência. Interroga-o de novo, escrevendo-me a sua resposta com solicitude.

Recomenda esta alma em pranto pela desolação universal e, em especial, pela pobre província. Abençoo.

7

San Marco, 22 de setembro de 1917

... Não podes nem deves morrer como militar: nunca, jamais terás essa obediência...

Relativamente às penas do teu espírito, não penses nelas de modo nenhum: é cruz querida pelo Divino Amor, e mais nada. As trevas não te amedrontem. Mantém-te firme naquilo que te declara mais vezes por voz e em escrito... Ah, como está amargurada a minha alma! Nem uma palavra nem um raio de esperança tens para me revelar, que possa suster em tamanha agonia? E como podes ver um Pai tão aflito e não dizer pelo menos que estamos no princípio do fim? Portanto, Israel será destruído? Meu filho, livra-me, e imediatamente, desse pesadelo que me esmaga e fala claramente, com exatidão e positivamente.

8

San Marco da Catola, 14 de outubro de 1917

Piuccio caríssimo, recebi a tua última (sic), em que me dizes que estás com febre: espero que o Senhor rapidamente te queira libertar da dura provação que permitiu para os seus adoráveis fins e talvez para salvar outros confrades... Meu filho, como queria estar ao teu lado para consolar-te. Mas tenho confiança de que, no fim do mês, nos veremos em San Giovanni Rotondo. Ordeno-te, pela santa obediência, que peças ao Senhor essa graça.

Por agora, digo-te que as depressões morais são artes do maligno, enquanto nada existe que te possa fazer temer e perder a confiança: isso te asseguro na plenitude da minha autoridade de superior e diretor. Não temas as sombras, porque nelas fala-te Deus, e não te espantes com o martírio interior, pois é um efeito do teu amor e uma marca do amor do sumo bem. Esteja certo dessa minha afirmação e, por nada, queiras titubear...

Se for a hora, faz-me saber alguma coisa acerca do termo do flagelo: suplico-te isso com pranto nos olhos.

9

7 de junho de 1918

... não é a Justiça, mas o amor crucificado que te crucifica e te quer associado às suas penas amorosíssimas, sem conforto e sem outro apoio além das ansiedades desoladas. A justiça não tem nada a reivindicar em ti, mas nos outros; e tu, vítima, deves, pelos irmãos, o que ainda falta à Paixão de Jesus Cristo...

Repito que o Senhor está contigo e é ele que, por amor, te suspende no duro patíbulo da sua cruz.

10

San Marco, 27 de agosto de 1918

... nada de abandono, nada de justiça vingadora, nada de indignidade da vossa parte merecedora de rejeição e de condenação. Tudo o que acontece em vós é efeito de amor, é provação, é vocação a corredimir e, portanto, é fonte de glória. Posto isso como certo e indubitável, caem as ansiedades e as trepidações que o inimigo suscita com a sua malvada vontade de atormentar e que o sumo bem permite sempre com o objetivo já mencionado.

Declarar-vos *um espinheiro* que atormenta o amável Senhor e entender essa indignidade com uma realidade evidente, fúlgida, que nem sequer deixa lugar à sombra do oposto, é uma solene mentira, uma cena com cores vivas e brilhantes que o grande artista das trevas, tão pérfido quanto excelente em dar aos seus quadros o realce com fortes claro-escuros, vos apresenta. Não é *absolutamente* verdade que tenhas correspondido mal à graça nem procurado com a infidelidade o afastamento de Deus, a repulsa do seu amplexo e uma inimizade inconciliável. *Dominus tecum.* Ele, o amor paciente, sofredor, impaciente, acabrunhado, pisado e torcido no coração, nas vísceras, entre as sombras da noite e mais da desolação no horto de Getsêmani, está convosco associado à vossa dor e associando-vos à sua. Eis tudo, eis a verdade e a única verdade. A vossa não é nenhuma purga, mas uma *união dolorosa.*

O fato da ferida cumpre a vossa paixão como realizou a do Amado na cruz. Virão a luz e a alegria da ressurreição? Espero-o, se assim lhe agradar. Beijai a mão que vos transverberou e abraçou dulcissimamente com essa chaga que é selo de amor.

11

San Marco, 19 de outubro de 1918

Meu filho, diz-me *tudo* e claramente, e não por alusões. Qual é a ação da personagem? De onde corre o sangue e quantas vezes ao dia ou por semana? Que aconteceu às mãos e aos pés? E como? Quero saber tudo de fio a pavio e por santa obediência.

Os teus lamentos têm base em que e onde? Como podes dizer que Deus ignora o teu espírito, se te sangra o coração de amor fortíssimo na doçura e dulcíssimo na violência? Como podes dizer-te abandonado, se te dilacera de amor?...

Temo – Ai de mim! – grandemente pela minha alma. Creio que Deus faz rugir a calamidade em volta de mim e eu sou em grande parte a sua causa...

12

San Marco, Santo Estêvão* de 1918

Caríssimo *piuccio*, não compreendi bem de que trevas pretendes falar, as quais, como dizes, te envolvem todo. Enquanto o Infinito Amor, na imensidão da sua força, reservando-se no pequeno vaso da tua existência, te faz experimentar a impossibilidade de sustentá-lo, pelo que te parece ser conquistado e anulado, o que significam as trevas? Pretendes dizer a escuridão de não saberes penetrar ou explicar a operação que acontece em ti ou uma escuridão que precede e acompanha essa mesma operação? Creio que se trata do enfraquecimento do espírito finito, devorado pelos transportes da caridade infinita. Portanto, sê preciso ao escrever-me e nunca mais queiras velar a realidade dos fatos amorosos com palavras que, de algum modo, escondem a sua beleza.

Doravante, em ti, as penas de preparação acabaram e não resta senão te sujeitares ao martírio necessário de te sentires inca-

---
* Dia de Santo Estêvão: 26 de dezembro. (N.T.)

paz, enquanto és viador, para carregar o peso de um amor imenso. Portanto, fala-me simplesmente das fases desse amor e dos seus dulcíssimos abraços e ímpetos, porque já não é o caso de falar de outra coisa. E diz-me sempre tudo e frequentemente. O que é essa pena no coração que o transverbera como uma lança? É o complemento da crucifixão: Jesus foi não apenas pregado, mas também traspassado por uma lança. Desejo, pois, que se daí sair sangue, nele embebas um lenço branco e mo envies em carta registrada.

13

San Marco, 13 de novembro de 1919

... A dúvida que te assalta de nem sequer estares na graça de Deus e que, por conseguinte, os teus gemidos não são por ele escutados, não tem fundamento, porque é impossível que a alma agonize martirizada pelo zelo da glória divina e da salvação dos seus irmãos e não tenha a caridade como causa, apoio e vida...

Como já te anunciei, estás no último estádio, embora ainda não tenha saído perfeitamente do outro. Mais um pouco de coragem e o batismo consumador virá.

Recomendo-te máxima docilidade na obediência, a que deve ceder tudo, mesmo o sentimento mais querido e a própria caridade. Também gostaria de mais coragem ao avisar os confrades que te rodeiam sobre os seus defeitos e, por vezes, graves. Quanto desperdício não aconteceu nesse lugar, quantas infrações aos nossos santos usos, e tu nunca levantaste a voz e nem sequer me referiste o que notaste e que certamente desagradava ao

Senhor. Depois, em particular, parece-te boa a permanência no lugar de Padre Plácido contra as disposições havidas, deixando só o Padre Paolino no ensino, enquanto a escola está formalmente aberta? Por vezes, sou tentado pela suspeita de que te parece bom tudo o que está junto de ti e te manifesta afeição. Se estiver enganado, diz-mo.

14

San Marco, 20 de fevereiro de 1920

... Um prelado (tentado pela ilusão, parece-me) deseja saber por que é que o Senhor tê-lo-á sempre contradito em cada empresa piedosa e se terá... desígnios sobre ele: tem setenta anos!

... Estou redigindo aquele epistolário que será intitulado *Le vie del Divino Amore* [As vias do Divino Amor], com que se considera a alma desde o princípio da devoção até os últimos graus de oração. Contudo, não sei como farei quanto ao último. Disse-te que me era impossível, e tu insististe para que eu tentasse. Verei. Mas certas coisas não se sabem tratar se não se experimentam.

15

San Marco, 13 de outubro de 1920

... Num sonho recente foi-me entregue um menino inteiramente tornado em chaga pela varíola, mas era convalescente? Que devo pensar disso? Eu tomei-o por um dos habituais jogos de fantasia noturna. O sentimento de piedade que despertou em mim foi tão profundo, que me obriga a inclinar-me a crer que pudesse tratar-se de uma revelação. Infelizmente, o Senhor está chagado; mas como julgá-lo adolescente?

16

San Marco, 20 de outubro de 1920

... Antes de tudo, repito-te o meu conceito sobre as forças contrárias que interiormente te combatem. A última a prevalecer será a que te fará achar doce a morte pela vida dos irmãos, e será essa a hora de ir para o Pai. Antes, porém, deve tornar-te doce o viver e o penar por eles.

A crise não pode estar próxima, a não ser que o referido critério e a predição daquele espírito fracassem. É preciso mais um pouco.

Depois, aqui, como o Padre Benedetto tinha de fazer os exames para as confissões no vicariato, pede ao Padre Pio que o recomende a alguém que conheça em Roma.

17

Roma, 8 de novembro 1920

Ontem à noite, veio aqui o Dom Santopaolo: obrigado. Esperemos que as recomendações me ajudem realmente. Entretanto, o demônio faz-me ver as coisas escuras e difíceis, baseando-se no fato de que os procedimentos para a minha autorização deverão ser longos. Oh! Diz a Jesus que faça rapidamente como ele sabe fazer e não me deixe ser ludibriado por satanás! Faz-me esse favor solícita e ardentemente. Quanto a mim, já não sei a que santo recorrer. Espero uma palavra por Dom Valbonesi e Dom Cani...

Verifica teu espírito o que eu predisse e verás cumprir-se até a última as minhas precisões. Por isso, coragem e em frente até a consumação de ti pelos irmãos!

13

Roma, 14 de novembro de 1920

... Ontem, fui examinado em privado por um bispo e *pro una vice,** tanto para os fiéis como também para as Irmãs... Agora, pede a J.C. que faça com que eu seja nomeado extraordinário nas brigidinas para a nossa crucificada Irmã Benedetta e Irmã Giovanna...

Esta manhã, fui ter com Dom Cerretti, por ele chamado, e mostrou-se muito cortês e afável...

Também Dom... se mostrou delicado e gentil comigo,... deseja uma oração pela conversão de um sacerdote e por um amigo caído na desestima dos seus superiores, para que seja novamente benquisto.

Depois, quer saber *expressamente* se pode estar tranquilo com a admissão entre as Carmelitas de uma jovem contrariada pela família e que quer fugir de casa para realizar o seu desígnio... Ele é o encarregado das Irmãs de Roma e, se se sentir favorecido, poderá fazer-me bem.

Teresa manda-me dizer que estão e estarão a cumprir-se sobre mim os desígnios divinos, aludindo àquela visão de que te falei. Eu, ao contrário, temo no íntimo da minha alma ser tratado

---
* De uma vez só. (N.T.)

como mereço e ser esmagado pelo rigor humano e divino. Interroga o Senhor e, sobretudo, pede-lhe que tenha piedade de mim.

19

Roma, 21 de dezembro de 1920

... Se eu fosse mais humilde e tivesse corajosamente abnegado a mim mesmo, a sua (de satanás) arte seria frustrada. Mas, embora o deseje, não consigo isso; portanto, ele continua a divertir-se com a minha impotência. Por que não dizes ao Senhor que me dê, finalmente, o necessário e absoluto desprezo e que eu me saiba abandonar totalmente nele? É um heroísmo de que bem sabe que eu não sou capaz e para o qual é necessário uma graça heroica. Por isso, não se espere de mim mais do que a miséria sempre antiga e sempre nova...

Orai para que Deus me atribua uma comunidade religiosa onde haja almas que se possam confortar e os superiores sejam propensos a deixar-me exercer livremente o ministério apostólico...

20

Roma, 31 de dezembro de 1920

Piuccio caríssimo, recomendo-te que desprezes o tormento causado pelas péssimas sugestões de Satanás, porque infundadas e ridículas. Assim fossem também as minhas! Mas desta vez será verdade o que a minha alma receia? Diz-mo, por caridade, e, de todo o modo, obtém-me aquela calma que queres para ti.

Com as brigidinas ou, melhor, com as superioras, estou novamente de relações tensas; desagradar-me-ia que tivesse de tomar a resolução de nunca mais voltar lá por [causa d] aquelas nossas queridas criaturas que estão lá e que nos pertencem. Reza para que Deus evite a temida ruptura definitiva.

Depois, faço-te saber que não sei por que a Irmã Giovanna nunca mais se aproximou da confissão: será que julga que pode dispensar-me? Se lhe escreveres, sem de modo nenhum lhe dares a perceber que to contei, exorta-a a tomar mais luz que puder e demonstra-lhe que os santos e as santas não se contentaram com um braço de ajuda nos caminhos do espírito, mas com cem, excetuado o caso de algum diretor iluminado e de segura suficiência.

21

Roma, 4 de janeiro de 1921

... Ouve, *piuccio*, façamos um acordo. Sempre que escrever, quero respostas que pelo menos garantam o recebimento e *quanto antes* satisfeitos as perguntas, os pedidos e as recomendações feitas. Sempre me habituei a responder a todos, e dos meus filhos, especialmente deles, quero um afeto traduzido em prática, amor preferencial e submissão incondicional.

22

Roma, 6 de janeiro de 1921

... Consolo-me com a colheita abundante e que Deus alargue indefinidamente a messe, amém. Vejo cada vez mais limitada a minha atividade e com sucesso penoso, escasso. Que não me humilhe e castigue segundo o mérito! Gostarias de saber quem é causa de tanto padecer com alegria e lamentar o que ardentemente desejas; deixares-te inebriar na dor e sofrê-la com extremo afã! Não sabes que só Deus pode conciliar os dois opostos da alma e transformar *in pace amaritudo tua amaríssima?* Portanto, deixa que o amor faça as suas excentricidades.

Ri-te com todo o coração do modo como Deus me vai tratando; mas eu também gostaria de rir de mim e não posso. Não posso porque devo temer-me demasiadamente; embora saiba que a caridade *expellit timorem*.* E quando é que a caridade será vitoriosa sobre o eu prepotente e tenaz? Por mim, poderei esperar um triunfo completo e também incompleto, sobre mim, enquanto ele me deixa comigo e permite que eu seja eu? Já que [ele] sabe quem sou, faça finalmente com que eu saiba o que quer dizer [eu] estar nele e ele em mim, apressando, porventura, a luz reveladora de toda a minha realidade. Diz-lho, inteirinho, ao nosso caro, que não convém tanta demora e que, se quer que eu e tu tenhamos mais paciência, te dispense do dever de meu filho, e a mim do de considerá-lo como meu único bem.

Agora, duas perguntas, a que responderás *já, distinta e exaustivamente*: qual é o teu pensamento acerca da nova "Istituzione della Foresti" e o que julgas necessário fazer pelo seu bom andamento e resultado? O que pensas *intimamente* das brigidinas e que aconselhas que se deva fazer pelo seu bem e pela consequente glória de Deus? Repito que deves ser explícito, categórico, e tudo em razão da santa obediência.

---

* A caridade, o amor, expulsa o medo. (N.T.)

23

Roma, 11 de fevereiro de 1921

... Inútil dizer-te que as tuas preocupações são brigas do habitual falsário, antigo intriguista; como não creio necessário repetir-te que o desejo ardente de corredimir deve prevalecer até ao último e unir-te à prolongada agonia merecedora da misericórdia implorada sobre os frios e obstinados. Assim será e sempre verás na ebriedade da dor a impaciência do sofrimento unido à alegria do sucesso.

24

Roma, 25 de fevereiro de 1921

... Fica sabendo que a Irmã Maria Lilia está aqui, desde há vinte dias, ainda em convalescença. Soube-o apenas no dia 20 e fui vê-la, mas recusou-se resolutamente a confiar algo do seu espírito e fiquei desconcertado com isso, temendo que as minhas insistências fracassadas sejam uma punição pela minha vaidade e escassez de humildade. Consulta o Senhor sobre isso e diz-me o que se deve pensar dessa criatura e se devo dar ouvidos ao meu propósito de nunca oferecer a caridade a ninguém se não for insistentemente solicitado, porque penso que exibi-la desagrada a Deus.

Ainda não te disse que, desde o Natal, nunca mais pus os pés nas brigidinas, desgostosíssimo com a superiora.

25

Roma, 18 de março de 1921

... Surja e ressurja verdadeiramente o meu coração de todo o langor, sombra e tormento, e desvincule-se de toda a mais tenaz ligação, e levante-se em plena liberdade para o seu bem, para o seu tudo. Vou cada vez mais conhecendo este terrível *eu* e parece-me que não é a luz da ciência que ilumina a noite do próprio amor e desfaz a densa ilusão, mas um reflexo experimental de realidade assustadora e que desperta mais profundo e alicerçado esse receio habitual...

Quero saber tudo *distintamente* desde há um ano a esta parte, e *por obediência*; quero que dores e alegrias me sejam narradas no seu pormenor, nos seus períodos e no seu progresso, embora sejam referidas mês a mês.

26

Roma, 26 de março de 1921

Compreendo a tua cruz e consequente angústia, mas ela é a cruz de Jesus, esmagadora e, no entanto, amada... mas farás bem em revelar-me sempre o íntimo, como referi na minha penúltima, sendo um dever teu e um direito meu conhecer. Pelo menos, de quando em quando, é necessária uma prestação de contas sumária, mas exaustiva e clara. Não ignores tudo o que for útil para a direção ter a alma *explicada* diante de si e saber a sua *história* posterior. O que não se diz perdeu-se, e Deus não tem prazer nisso.

27

Roma, 20 de abril de 1921

... Aqui, o ministério apostólico fora de casa é considerado quase um vaguear e o mais belo mérito é o de estar pregado aos deveres interiores habituais. Diz fortemente ao Senhor que me constitua de modo a ter liberdade de ação, plena e indiscutível. Quero ver se, dessa vez, desta única vez, sabes contentar-me plenamente. Se eu não tiver esta graça, amuarei *seriamente* e confiarei mais nos estranhos do que nos filhos. É necessário que eu seja *absolutamente* satisfeito.

28

Roma, 24 de abril de 1921

... A tempestade interior e turbilhonante tem por detrás de si a tentação íntima, persuasiva e resistente de aspirações fundadas no amor-próprio e na tristeza de ver a Providência condenar-me à inação ou a uma atividade não correspondente ao zelo e à força interior. Na verdade, espero poder finalmente exclamar: "*Deus meus et omnia...*".*

Como tu mesmo percebes, contigo há uma simples e estúpida contradição de satanás, e ora te impele para a presunção, ora para o desencorajamento. Precisas esperar que passe. Continua a confiar na bondade de Deus, porque nos é proibido não confiar.

---

* Meu Deus e [meu] todo. (N.T.)

29

Roma, 4 de junho de 1921

... Quero socorro de orações, de palavras e informações sobre o teu eu invisível...

30

Sem data

... Uma alma de Barletta ouviu o Senhor dizer que deve pôr-se nas mãos do confessor e depender dele totalmente. Quer saber se: 1º) poderá ser uma ilusão; 2º) de que modo se deve entender; 3º) se essa obediência exclui qualquer outra direção, de modo que se deva concluir que não será bem entendida por outros.

31

Sem data

... Pede também (ao Senhor) que te diga se os eventos que me afligem serão de expiação ou de simples provação e que me reserva no futuro. *Quero sabê-lo* e deves dizer-mo.

32

Sem data

... Não te agites com os impulsos, embora nunca devas ficar quieto. Se o Senhor não te dá a graça da perene e contínua doçura, é para deixar-te uma base de exercício na santa humildade. Sempre que o freio te escapar, impõe-te imediatamente, por penitência, mostrar-te depois duas vezes mais suave...

Eis a resposta aos quesitos:

1º É mais que lícito recomendar os pobres, especialmente ocultos, do que os ricos e generosos.

2º É lícito distribuir pelos pobres as ofertas recebidas para esse objetivo, porque nisto se exige simplesmente a vontade dos dadores e de modo nenhum se exerce o domínio.

3º Seria imputável receber dinheiro sem que os dadores exprimissem de nenhum modo o objetivo; mas, quando determinam o seu uso, mesmo que seja de modo disjuntivo, então não há ofensa dos nossos deveres, porque é um uso no âmbito dos seus desejos.

...

Agora, eis o que te peço. Reza para que o Senhor:

1º Console os aflitos e os enfermos que se me recomendam.

2º Despedace na província o flagelo da ambição e disperse as línguas maledicentes.

3º Volte para Deus uma pessoa cuja vida redunda em mal para o povo.

4º Ilumine a cabeça-dura da superiora das brigidinas e torne livre a pobre Margherita, para receber o meu auxílio espiritual.

Conforme com a cópia.

L. ✠ S. Fr. Raphael C., Episc. Volterr. *Visit. Apost.*

TERCEIRA PARTE
Aprofundamentos

Capítulo I

DOM RAFFAELLO CARLO ROSSI

> *O Cardeal Raffaello Carlo Rossi,*
> *insigne professor de Teologia e Mística [...],*
> *foi mestre de virtude e de doutrina*
> *não só com os escritos e a pregação,*
> *mas também com a prática de uma vida santa.*
>
> Cardeal A. Ottaviani

Além do Padre Pio, outro indiscutível protagonista da visita apostólica de 1921, encarregado do frade estigmatizado, foi o futuro Cardeal Raffaello Carlo Rossi.[1] Equilíbrio, cultura, santidade de vida, dotes de governo, perspicácia e sabedoria foram as características da sua vida e também desta investigação. Mas quem era exatamente esse bispo, depois elevado a encargos de máxima responsabilidade na Igreja universal?

Carlo, o primogênito de três varões, nascera em Pisa, em 28 de outubro de 1876, sendo filho de Francesco [Rossi] e Maria Palamidessi. Sua família era abastada e pôde garantir-lhe uma boa formação, humana e intelectual. No entanto, a sua meninice foi sacudida por um drama. Conhecida por seu aspecto atraente, a mãe dele teve uma breve relação com um advogado da cidade e, depois de ter sido descoberta pelo marido, foi definitivamente afastada da família. Tratara-se de um grave episódio e não de uma relação estável, mas o marido foi

---

[1] Para a bibliografia de Dom Raffaello Carlo Rossi, remete-se à nota 20 da introdução da primeira parte.

inabalável e decidiu romper qualquer relação com ela. A partir daí, com a ausência da esposa, Francesco Rossi confiou os filhos a uma jovem mulher, Emma Negrini.

Carlo sofreu muitíssimo com o acontecido. Não foi pouca a influência que esse incidente teve sobre sua vida: com um caráter delicado e sensível, esteve sempre muito próximo de sua mãe. Encontrava-se com ela, aconselhava-a, exprimia-lhe o seu amor e esteve junto dela para sugerir-lhe que aceitasse as dificuldades como purificação do seu coração. Já era consultor do Santo Ofício, quando, em 1911, a notícia da doença da mãe – um tumor no seio – o impeliu a ir rapidamente para junto dela. Quando chegou a Pisa, encontrou-a já morta e, por ela, decidiu fazer o máximo do que estava a seu alcance: celebrar a Santa Missa, ainda antes do funeral.

A sua caminhada vocacional tinha amadurecido rapidamente. Aos quinze anos, sentiu que era chamado pelo Senhor e pediu ao pai para entrar no seminário. Perante a negação, esperou alguns anos. Inscreveu-se na Faculdade de Letras e Filosofia da Universidade de Pisa, onde teve como professor Giuseppe Toniolo, sociólogo de grande notoriedade e homem de notáveis virtudes cristãs.

Ao completar 21 anos, pôde seguir livremente a sua inclinação vocacional e, depois de alguma reflexão sobre a família religiosa em que devia inserir-se, decidiu entrar na Ordem dos Carmelitas Descalços – em 3 de outubro de 1897 –, tomando o nome de Frei Raffaello. Vestiu o hábito carmelita em 19 de dezembro de 1898 e, em 20 de setembro de 1901, fez os votos perpétuos, consagrando as promessas com um voto especial de perseverança até a morte:

Eu, Frei Raffaello de San Giuseppe [é este o texto do seu voto], carmelita descalço, por minha livre vontade e plena consciência, *para maior glória de Deus, para o incremento espiritual e o feliz estado da nossa ordem,* prometo a Deus onipotente, à Santíssima Virgem Maria do Monte Carmelo e à nossa Santa Mãe Teresa, a estabilidade na vocação, de modo que, no futuro, qualquer coisa que eu possa fazer ou até pensar contra esta estabilidade e perseverança (que Deus não permita) seja para mim pecado grave até a morte.[2]

Ordenado sacerdote, em 21 de dezembro de 1901, por Dom Ferdinando Capponi, arcebispo de Pisa, foi enviado a Roma para completar os seus estudos em Teologia Dogmática e Teologia Moral na Universidade Gregoriana. Naquele tempo, na prestigiada faculdade teológica ensinavam mestres excepcionais, dentre os quais se contava o futuro Cardeal Louis Billot. Carlo, agora Frei Raffaello, teve-os como professores, estabelecendo importantes amizades também com alguns colegas de estudo, como Eugenio Pacelli, o futuro Pio XII.

Concluídos os estudos, foi enviado para Florença, ao Convento de San Paolino. Distinguiu-se por sua doutrina e pela radicalidade de suas opções de fé. O fato levou os superiores a confiarem-lhe cargos de importância e, em 1909, foi chamado a Roma, para o Santo Ofício, como coadjutor com direito de sucessão. A partir daí, os cargos sucederam-se uns atrás dos outros.

---

[2] BONDANI, Valentino; BONDANI, Vito. *A servizio della Chiesa.* Roma, 1977, pp. 18-19.

No dia 6 de agosto de 1910, recebeu a nomeação de consultor da Sagrada Congregação dos Seminários e Universidades dos Estudos e, em 9 de julho de 1919, foi designado visitador apostólico do Seminário Regional de Molfetta, na Apúlia. Nesse cargo, destacou-se pelo pormenor das suas observações e pela sabedoria das sugestões e soluções propostas perante alguns problemas. Ao mesmo tempo, Frei Raffaello assumiu a administração ordinária do Colégio Inglês, em Roma, cargo que desempenhou de modo brilhante.

Rico de espiritualidade, com dotes de governo, ecônomo capaz, em 22 de abril de 1920, aos 44 anos, foi eleito bispo de Volterra. Frei Raffaello era um homem humilde e pediu para não ser consagrado, mas em vão. Recordando esse momento, escreveu a seu irmão: "Dispensaria esse peso demasiado grave para os meus ombros; tu sabes que não sou um colosso; mas o Santo Padre foi tão firme que tive de inclinar a cabeça e obedecer".[3]

Consciente do peso apostólico e das responsabilidades que se preparava para assumir, durante os exercícios espirituais que precederam a consagração, escreveu:

> Como bispo, manterei os meus olhos fixos em Jesus, pastor eterno das almas, e nos exemplos e ensinamentos do Divino Mestre procurarei e encontrarei a norma do ministério episcopal. Olharei para os apóstolos, de quem sou sucessor indigno, e, para mim, será um incitamento a fazer com que me relembre bem o seu zelo e a sua fortaleza evangélica até ao martírio. *No*

---

[3] Ibid., p. 31.

desempenho cotidiano dos deveres de bispo servir-me-á de modelo constante o santo arcebispo de Milão, São Carlos, cujo nome, não sem algum desígnio, me foi dado no santo Batismo... De resto, a minha vida resumir-se-á em três palavras: oração, mortificação e apostolado. Os meus olhos estarão sempre elevados para o Senhor: quero viver junto de Jesus no sacramento, consumir-me diante dele no silêncio da adoração e do amor. Em tudo e sempre me mortificarei nas grandes e nas pequenas coisas: dever e necessidade para um bispo mais do que para um religioso... No apostolado, não tomarei repouso: velarei, assistirei, chamarei. Pregarei sempre: quererei que o meu clero seja educado para o apostolado; exigi-lo-ei mediante um comportamento ativo na busca e na guarda das almas.[4]

Em Volterra, Dom Rossi trabalhou apaixonadamente. Empenhou-se em promover a instrução popular, procurou melhorar a vida das paróquias, favoreceu as obras missionárias pontifícias e reavivou a devoção eucarística. Foi o primeiro a demonstrar com o seu exemplo a importância da visita ao Santíssimo Sacramento. Foi no seminário que, de modo especial, gastou suas energias. À luz da sua experiência, seguiu de perto a organização da vida seminarística e a dos estudos, os superiores e os próprios alunos do seminário.

Enquanto era tomado pelos inícios da sua atividade apostólica, mesmo no meio de outros cargos "romanos", em maio de 1923 foi chamado a Roma para desempenhar o prestigiado posto

---

[4] Id., *Pastore e maestro*, Milão, 1971, pp. 23-24.

de assessor da Congregação Consistorial, ou seja, a atual Congregação para os Bispos.[5] Porém, tinha-se apaixonado pela vida pastoral e, quando lhe chegou a notícia da nomeação através de uma carta do Cardeal De Lai, respondeu e escreveu:

> Ema. Revma., sentimentos opostos suscitou em mim a veneranda carta de V. Ema. Revma. Dentre os primeiros, manifesto necessariamente o da confusão sentida com o anúncio, o da gratidão pelo novo testemunho da suma benevolência do Santo Padre e da paterna estima de V. Ema. Revma. Reconheço que não sou merecedor nem de uma nem de outra [...]. Mas, depois, preciso de manifestar também os outros sentimentos experimentados. Ema., em nada desejando estar fora da vontade de Deus, que sei manifestar-se pela do sumo pontífice, eu já vivia da vida do ministério, que, para mim, tem as maiores e mais santas atrações, e sentiria, não o escondo, o afastamento das almas. Não me desagradam os incômodos e os pesos do apostolado: exercitar-me nele sem repouso, como os apóstolos, como São Carlos, é um conforto e uma consolação para mim.
>
> V. Ema. recorda-se de que não desejei nem procurei o episcopado; agora que, por vontade de Deus, sou o que sou, o meu sonho seria consumir-me pelas almas no ministério... E consumir-me precisamente aqui, no meio deste clero, que está sinceramente a meu lado, deste povo que muitas vezes já vi nos lugares da diocese apinhar-se à minha volta e ouvir-me e, sobretudo, no meio dos

---

[5] Na realidade, naquele período, a Congregação Consistorial tinha tarefas mais vastas do que a atual Congregação para os Bispos.

meus bons e queridos seminaristas (escrevo deste piedoso local do seminário), que são parte da minha alma. Por um duplo motivo: como religioso e como bispo, devo e quero obedecer ao Santo Padre; quando ele quiser precisamente de mim o sacrifício, oferecê-lo-ei certamente ao Senhor; mas, enquanto me for lícito humilhar aos seus pés uma súplica, peço-lhe com viva instância que me deixe no meio destes filhos que vejo crescer diante dos meus olhos em número e virtude. Deixá-los seria para mim – por que não dizê-lo com toda a candura? – um forte rasgão. E como é o momento das mais humildes e francas expansões, creio que poderia dizer com toda a verdade que também o seria para eles. Uma vez mais, perdoe-me Ema. esta linguagem singular.[6]

Também nessa circunstância, o Santo Padre foi inabalável, e Dom Rossi teve de preparar-se para desempenhar esse cargo até 1930. O trabalho foi árduo, por causa das condições de saúde do Cardeal De Lai, seu superior direto. A quantidade de compromissos chegou a tal nível que, sendo diretor espiritual de alguns sacerdotes, foi obrigado a admitir que já não tinha condição de escrever-lhes em tempos razoáveis. Muitas foram, nesse período, as incumbências particulares desempenhadas por Rossi. Foi especialmente envolvido nos trabalhos preparatórios para a formalização da concordata entre a Santa Sé e o Estado italiano e para o bom êxito do tratado concluído em 11 de fevereiro de 1929; reconhecendo os seus méritos, Pio XI nomeou-o "primeiro representante da Sé Apostólica para a concretização da concordata".

---

[6] Id., *Pastore e maestro*, cit., pp. 334-335.

Pela altíssima estima em que era tido, em 30 de junho de 1930, foi elevado à dignidade cardinalícia com o cargo de secretário da Sagrada Congregação Consistorial.

A partir de então, foi-lhe confiada a introdução de uma centena de causas de beatificação e canonização; depois, tornou-se presidente da comissão cardinalícia para o santuário de Pompeia, tendo promovido concretamente a sua ampliação e a difusão de sua espiritualidade. Foi um dos promotores da reforma do *breviário* e, em particular, salvou da extinção certa a Pia Sociedade de São Carlos, fundada por Dom Scalabrini. Foi para essa família religiosa uma espécie de segundo fundador, deu-lhe uma constituição jurídica, salvou as vocações em dificuldade, promoveu novas e, desde 1930 até o dia de sua morte, foi logicamente eleito superior-geral do Instituto Scalabriniano. Por tal família espiritual demonstrou de modo luminoso a sua prudência cristã e a sua sabedoria de pastor.[7]

Mostrou-se sensível aos temas sociais e, nesse âmbito, distinguiu-se por iniciativas e intervenções, obtendo os louvores de Giorgio La Pira.[*]

Embora coberto de honras, o Cardeal Rossi continuou sendo um homem humilde e pobre. Seu quarto de dormir, no apartamento no Palácio da Chancelaria, em Roma, demonstrava-o plenamente. Um leito apoiado em dois bancos, uma pobre escrivaninha, uma cadeira e nada mais.

---

[7] Sobre esse tema, remete-se para os já citados Valentino Bondani e Vito Bondani, *Paternità di servizio*. Raffaello Carlo Card. Rossi e gli Scalabriniani, Roma, 1981.
[*] Célebre político italiano (1904-1977), opositor de Mussolini, muito influente no pós-guerra, não só na Itália; durante muitos anos foi presidente da Câmara de Florença. (N.T.)

Sobrecarregado de trabalho, esgotado pelos compromissos, Dom Rossi começou a não se sentir bem no início de 1947. Por causa de problemas circulatórios, o médico do papa, doutor Galeazzi, prescreveu-lhe repouso absoluto. Aparentemente, as condições de saúde melhoraram. Mas faleceu repentinamente na noite de 16 para 17 de setembro de 1948, em Crescano del Grappa, onde se encontrava para um tempo de repouso.

Na sua mesa de estudo estavam o Evangelho, a *Imitação de Cristo* e, aberto, o *Proficiscere*, ou seja, *L'arte de ben morire,* do Padre Petazzi, sj.

Atualmente, encontra-se em curso seu processo de beatificação, mas certamente esse silencioso protagonista da vida de São Pio de Pietrelcina e da Igreja do séc. XX está destinado a ser redescoberto e reavaliado por seus dotes intelectuais e suas elevadas qualidades morais. De fato, o que espanta, ao ler as biografias e as obras a ele dedicadas, é a completa ausência de qualquer referência à visita apostólica efetuada em San Giovanni Rotondo, em 1921. Enquanto os biógrafos se mostram perfeitamente cientes de todas as suas visitas apostólicas e dos cargos por ele desempenhados, calam-se sobre a investigação realizada sobre Padre Pio. Faz parecer que, voluntariamente, se estendeu um véu de silêncio sobre essa página importantíssima da vida do futuro cardeal. Talvez, no passado, falar de Padre Pio pudesse ofuscar ou comprometer algo. Na realidade, para o Cardeal Rossi, a investigação sobre ele lançou mais luz do que sombras sobre sua iluminada prudência e sua sabedoria profunda. Por duas razões.

Em primeiro lugar, o seu juízo positivo e lisonjeiro sobre o frade estigmatizado foi confirmado pelos fatos e, portanto, Dom

Rossi soube reconhecer a santidade de Padre Pio antes de muitos outros que haveriam de segui-lo.

Em segundo lugar, ele é o primeiro a efetuar uma averiguação teológica sobre os estigmas do capuchinho em nome do Santo Ofício, concluindo, mesmo perante acusações e suspeitas, a favor da sua proveniência sobrenatural.

Portanto, a história prepara-se para receber um novo filão de estudos sobre o Cardeal Rossi e o Padre Pio.

Capítulo II

DOM ROSSI, PADRE BENEDETTO E A *CRONISTORIA DI P. PIO*

Introdução

Nas últimas linhas do seu relatório, Dom Rossi formula uma severa avaliação da direção espiritual do Padre Benedetto e pede que se requisite a *Cronistoria di P. Pio* que vinha escrevendo.

A propósito, depois de alguns esboços biográficos sobre o religioso, ofereço algumas considerações sobre a atitude do diretor espiritual de Padre Pio e transcrevo integralmente o documento posteriormente requisitado pelo Santo Ofício.

Padre Benedetto Nardella de San Marco in Lamis

Nascido em 16 de março de 1872, depois de ter tomado o hábito de capuchinho em 11 de novembro de 1890, o Padre Benedetto foi ordenado sacerdote em 11 de dezembro de 1898.

Com brilhantes qualidades intelectuais, imediatamente se evidenciou e, por suas qualidades de governo, foi eleito superior da sua província monástica de Foggia, de fevereiro de 1908 a julho de 1919.

Conheceu Padre Pio no dia 25 de abril de 1903, em Morcone e, desde essa época, as relações entre os dois intensificaram-se, até se tornarem estáveis a partir do dia em que o Padre Benedetto passou a ser seu superior.

A relação entre os dois terminou em junho de 1922, quando, depois e como consequência da visita apostólica de 1921, o Santo Ofício enviou a ordem de interromper a direção espiritual de Padre Pio.

Sem nunca mais poder ver o seu discípulo, o Padre Benedetto morre em San Severo, em 22 de julho de 1942.[1]

A direção espiritual de Padre Benedetto

Como já vimos anteriormente, ao terminar o seu relatório, Dom Rossi formula um severo juízo sobre a qualidade da direção espiritual do pai espiritual de Padre Pio, mas a sua avaliação deve ser redimensionada. De fato, o religioso capuchinho demonstra que não se deixa entusiasmar pelos fenômenos místicos do seu discípulo. Não difunde o boato dos fatos extraordinários, recusa as ofertas em dinheiro para a obtenção da fotografia do estigmatizado, escreve apontamentos e não a biografia do Padre Pio, esperando que – é ele próprio quem o declara – seja o Senhor a pronunciar a última palavra no dia da morte do seu filho espiritual. Aliás, numa carta declara que nunca desmentiu as acusações

---

[1] Para outras informações úteis, cf. *Epistolario*, pp. 51-54.

contra o seu discípulo para provar a sua indiferença diante da fama extraordinária do Padre Pio.

Informado do fenômeno dos estigmas invisíveis, faz poucas perguntas a seu filho espiritual e, depois de ter notícia delas, nunca mais volta ao assunto. Também depois da estigmatização visível, não se dirige imediatamente ao Padre Pio. Deixa passar quatro meses e meio antes de verificar pessoalmente o que aconteceu. Uma atitude absolutamente nada curiosa! Aliás, com verdadeira prudência, não acredita ingenuamente nos estigmas, mas decide sujeitá-los a uma visita médica, a do doutor Romanelli.

Perante a exigência do Santo Ofício, certamente muito dolorosa para ele, é nosso dever sublinhar que o Padre Benedetto mostra grande humildade. De fato, até o dia da sua morte, não só escolherá nunca mais voltar a San Giovanni Rotondo, aceitando não rever o querido rosto de Padre Pio, como nem sequer lhe escreverá.

Quanto às interrogações feitas ao seu discípulo acerca do seu futuro, de acordo com o nosso ponto de vista, elas podem ser avaliadas de modo menos severo, ao se estudar toda a correspondência. De fato, nela se evidencia com que retidão e prudência o Padre Benedetto tinha guiado o Padre Pio. Futuramente, dedicaremos um estudo aprofundado sobre sua sabedoria e sua maturidade espiritual.

O documento

Finalmente, atenhamo-nos à *Cronistoria* pedida por Dom Rossi ao Santo Ofício. Trata-se de um documento guardado em ACDF, Dev. Var., 1919, I, *Cappucini*, Pe. Pio da Pietrelcina, fasc.

II, doc. 24b. Graças a uma cópia guardada no "Archivio P. Pio", o texto tinha sido em parte publicado, com algumas variantes textuais em relação ao original, em R. Fabiano, "Una biografia di Padre Pio incompiuta e il suo autore", em *Studi su Padre Pio*, 3 (2002), pp. 393-403.[2]

Contudo, no documento que se segue, publicamos pela primeira vez, como parte integrante da *Cronistoria*, outros apontamentos presentes no pequeno caderno em que o Padre Benedetto tinha anotado os esboços biográficos de Padre Pio. Trata-se de nove interessantes máximas da vida espiritual dele, das quais emergem algumas linhas-guia da direção espiritual do jovem capuchinho.

Também a essa fonte, necessitada de um estudo histórico e de uma interpretação teológica dos fenômenos místicos a que alude,[3] dedicaremos um próximo aprofundamento.

---

[2] Devo a cortês indicação bibliográfica à amizade e à vasta erudição do professor Luciano Lotti, que aqui agradeço vivamente.

[3] O leitor poderá facilmente verificar que o Padre Benedetto apontou de modo lacônico expressões teologicamente imprecisas. Absolutamente em nada ignorante a respeito de teologia ou mística, com essas expressões ele pretendia certamente memorizar a notícia de fatos e fenômenos que, depois, no futuro, haveria de pormenorizar pessoalmente.

Capítulo III

CRONISTORIA DI P. PIO – PADRE BENEDETTO DE SAN MARCO IN LAMIS

1º Por volta dos três anos – O rosário – Orações etc.

2º Por volta dos cinco anos, sentiu a necessidade de entregar-se totalmente a Deus.

3º Aos cinco ou seis anos – No altar-mor apareceu o Coração de Jesus; fez menção de aproximar-se do altar e pôs a mão na cabeça – Testemunhando que gosta e confirma a oferta de si a ele e a consagração a seu amor.

4º Sente firme propósito e cresce o ardor de amá-lo e dar-se todo a ele.

5º O rosário – As orações da manhã – Viva atração por ir à igreja – Assistir à missa, às funções, às outras práticas devotas – Gosto de estar na igreja – As vexações diabólicas começaram por volta dos quatro anos de idade – Aparecimentos do diabo em figuras raramente repugnantes, mas frequentemente ameaçadoras, horríveis, medonhas. Era um tormento ver apagar a luz e ficar sujeito a essas representações *todas as noites* invariavelmente. Não podia dormir – Ao começar a adormecer, logo era perturbado etc., etc.

6º Não se lembra de sonhos nem de visões – Doenças comuns – Transitórias.

7º Crescia o apego à piedade, à Igreja, e o terror diabólico aumentava o desejo de unir-se a Deus – A devoção mais terna e a confiança eram na Virgem e em São José.

8º Insistia em fazer a primeira comunhão desde a infância e pedia ao avô que o levasse ao pároco – O pároco resistia, por causa do hábito de então de admitir à primeira comunhão aos onze anos. Chorava por causa da rejeição.

9º As festas ou solenidades – Então, a frequência era dissuadida pelos sacerdotes.

10º Aos dez anos, começaram as provações de satanás.

11º Aos catorze anos sentiu a vocação para a ordem.

12º "Nadar" na alegria – Anulado e aniquilado em si em toda a sua potência e perfeita oblação e abnegação de si mesmo.

13º-14º Início do noviciado – Grande piedade e admiração até o pranto sobre a Paixão de nosso Senhor, todos os dias – No ano do noviciado, de repente, cessaram as vexações – Preocupação antes de entrar nele, de sofrer... sozinho... na cela.

15º A tranquilidade e o recolhimento foram habituais no noviciado e também depois. Continuou sempre o dom do pranto habitual como estudante.

16º Por volta dos vinte anos, teve início o dom dos êxtases.

17º Nunca oculares – Imaginários sim e, também, vivíssimos algumas vezes da Paixão e de cenas – Frequente e continuamente da Sagrada Família. Em figuras fixas e atuantes – Jesus e Maria faziam carinhos – Jesus criancinha divertia-se – Permuta de afetuosas demonstrações entre todos os três – No segundo e no terceiro ano de religião, experimentou a presença espiritual de Deus – De modo fixo – Continuou sempre.

18º As vexações corporais de satanás por volta do primeiro ano de sacerdócio. Em horríveis formas humanas e animais – Insultos – Ameaças – Pancadas. Torções dos braços, dos membros, das vísceras – Em Foggia, o barulho tinha por motivo o despeito de não poder conseguir o seu intento, afastá-lo de Deus, da oração, etc. etc. Em Foggia, estando sonolento, tinha perdido o uso das faculdades mentais e a união com Deus era contínua – O corpo sofria com o enfraquecimento por causa da doença, privações de alimento – Medicamentos de Costellino – Ano de 1916 – Voltou da visita militar e em Foggia sofreu o fenômeno anteriormente referido.

19º-23º Após o noviciado, foi para Sant'Elia (1904) (1905) – Depois, para San Marco, em 1906 – Em San Marco de novembro até maio – Depois, para Sant'Elia, terminada a filosofia – Depois, para Serra, começando a teologia em Serra durante um ano – As dores de cabeça começaram na

Sexta-feira Santa e continuaram durante todo o tempo em Serra – Adoeceu dos olhos pelo pranto contínuo – Em Serra cessou o pranto.

24º Por volta de 1907 – Aparecimento do mal torácico.

25º Por volta de 1909 – Foi para casa.

26º Por volta de 1907 – Foi para Sant'Elia por ordem médica.

27º Primeira vez de casa para Serra – Segunda vez para Montefusco – Terceira vez em Morcone, ordenado diácono em 1909 – Sacerdote, 10 de julho de 1910[1] – Fomos a Nápoles em 1911, partindo de Morcone – Em Nápoles três dias – Em Venafro alguns meses conservamos apenas as espécies sacramentais.

28º Nunca fez exame de filosofia – Embora a tenha cursado.

29º Cursou toda a dogmática – A Moral, sozinho, em casa, com um sacerdote.

30º Aprovado para as confissões em Benevento, em 1911.

31º Ao regressar de Venafro, obtém a dispensa do Ofício e da missa de Nossa Senhora.

32º A ferida do peito de 5 para 6 de agosto, por volta das 8h00, enquanto confessava os religiosos. A chaga na extremidade, no dia 20 de setembro de manhã, na ação de graças, depois

---

[1] Recordamos que a data exata da ordenação sacerdotal do Padre Pio é o dia 10 de agosto de 1910.

da missa. Alocução de nosso Senhor com os braços abertos, sem saber se ele se encontrava na cruz. Raios e feridas.

34º A desnutrição não foi habitual, mas segundo a necessidade.

35º Experimentou os tormentos do inferno, ao ver os condenados sofrerem. Cerca de dois antes (1919), em cada período de 10 ou 15 dias, acontecia aquele tormento. Experimentadas as penas dos sentidos e do dano. Encontrar-se como se a alma e o corpo estivesse entre os condenados e os demônios – Para salvar outros e a si mesmo, se a graça não o tivesse ajudado, daquele lugar a que estava destinado.

Aparecimento da Santíssima Trindade por diversas vezes – Advertências de ser mais que nunca misericordioso com as almas – Tranquilizações contra as ansiedades e as dúvidas e inquietações – Revelações de almas necessitadas de serem chamadas, exortadas etc.

36º Quando se comunicava, nosso Senhor revelava o seu desgosto com relação a algumas almas, que se saracoteiam etc., etc., como também as complacências com outras almas.

37º No Perdão de Assis desse ano foram dadas menos de um milhão de indulgências.

38º Algumas frases de Padre Pio:

— A religião é a única tábua de salvação para o náufrago no mar proceloso da vida.

— A razão suporta as desgraças, a coragem combate-as, a paciência e a religião superam-nas.

- Tende sempre um coração de juiz para vós mesmo, um coração de filho para Deus e de mãe para o próximo.

- Só se escapa ao amor-próprio com o amor sincero a Deus.

- Para desprezar o mundo, basta dar ouvidos à razão; para desprezar-se a si mesmo, é necessário ouvir a Deus.

- O juízo humano ensina-nos a esconder o nosso orgulho; só a religião de Cristo o destrói.

- Quem não se priva de algum prazer permitido, está bem próximo a abandonar-se aos proibidos.

- Os escrúpulos são como o calçado que impede de caminhar porque é demasiado apertado – Desprezai-os.

- Se mantivermos verdadeira paciência com relação às penas desta vida, seremos mártires, embora sem a espada do carrasco.

Capítulo IV

A ESTIGMATIZAÇÃO DE PADRE PIO: HISTÓRIA E TESTEMUNHOS

A primeira notícia dos estigmas de Padre Pio remonta a uma carta de 8 de setembro de 1911, endereçada ao Padre Benedetto de San Marco in Lamis. Na missiva, o Padre Pio escreve:

> Depois, ontem à noite, sucedeu-me uma coisa que não sei nem explicar nem compreender. No meio da palma das mãos apareceu um pouco de vermelhidão, mais ou menos com a forma de uma moeda, acompanhada também por uma dor forte e aguda no meio daquela vermelhidão. Essa dor era mais sensível no meio da mão esquerda, de tal maneira que ainda perdura. Também debaixo dos pés sinto um pouco de dor. Esse fenômeno já quase há um ano se vai repetindo, mas já fazia algum tempo que havia cessado. Contudo, não se inquiete se só agora lho digo; porque me deixei vencer sempre por aquela maldita vergonha. Também agora se soubesse quanta violência tive de fazer-me para dizer-lho![1]

---

[1] *Epistolario*, p. 234.

O fenômeno continua a repetir-se e, alguns meses depois, em 21 de março de 1912, o Padre Pio escreve ao Padre Agostino Daniele de San Marco in Lamis: "De quinta-feira à noite até sábado, como também na terça-feira, é uma tragédia dolorosa para mim. O coração, as mãos e os pés parecem-me que são traspassados por uma espada, tamanha é a dor que sinto".[2]

Inicialmente, os seus pais espirituais não aprofundam a questão. Depois, no dia 30 de setembro de 1915, o Padre Agostino escreve ao Padre Pio: "Diz-me: 1º) Desde quando Jesus começou a favorecer-te com as suas visões celestes? 2º) Concedeu-te o dom inefável dos seus santos estigmas, embora invisíveis? Fez-te provar e quantas vezes sua coroação de espinhos e sua flagelação?".[3]

No dia 4 de outubro, o Padre Pio envia a sua resposta, mas não responde às perguntas. Prevalece o escondimento e a necessidade de manter em segredo o que vive:

> Perdoai-me se não dou resposta àquelas interrogações que me fizestes na vossa última [carta]. Para dizer-vos a verdade, sinto uma grande repugnância em escrever aquelas coisas. Não se poderia, ó pai/padre, por agora, adiar a resposta a essas vossas perguntas?[4]

Mas o Padre Agostino não estava nada disposto a deixar passar em vão as suas iniciativas e, alguns dias depois, em 7 de outubro, voltou a escrever-lhe:

---

[2] Ibid., p. 266.
[3] Ibid., p. 659.
[4] Ibid., p. 663.

Por fim, pedes-me que adie as respostas às minhas perguntas. Para dizer a verdade, sinto no meu coração que devo insistir: creio que essa insistência não desagradará a Jesus nem tu deves ter repugnância em obedecer: porque, não duvides, tudo será para glória de Deus e nossa salvação. Responde-me também com uma [carta] confidencial: Jesus far-me-á manter segredo; tu sabes que eu nunca falei, a não ser a almas, às quais Jesus quer e quando ele o quiser. Portanto, por que tanta relutância? Deves ser sincero, deves dizer-me tudo: antes ora a Jesus que te faça desvendar-me também alguma outra coisa que eu não sei ou não me lembro de interrogar-te.[5]

O Padre Pio prepara-se para obedecer, mas o seu texto, datado de 10 de outubro de 1915, é revelador do afastamento e da repugnância com que fala. Eis as suas palavras:

Na vossa resoluta vontade de saber ou, melhor, de receber uma resposta àquelas vossas interrogações, não posso deixar de reconhecer a vontade expressa de Deus e com mão tremente e coração trasbordante de dor, ignorando-se a verdadeira causa, disponho-me a obedecer-vos. A vossa primeira pergunta é que quereis saber desde quando Jesus começou a favorecer a sua pobre criatura com as suas visões celestes. Se é que consigo adivinhar, elas devem ter começado não muito depois do noviciado [ano de 1903]. A segunda pergunta é se me concedeu o dom inefável dos seus santos estigmas. A isso deve-se responder

---

[5] Ibid., pp. 665-666.

afirmativamente, e a primeira vez que Jesus quis dignificar essa sua pobre criatura com esse favor, tais estigmas eram visíveis, especialmente numa mão, e já que essa alma com tal fenômeno ficou bastante aterrorizada, orou ao Senhor para que lhe retirasse esse fenômeno visível. Desde que isso aconteceu, nunca mais apareceram; contudo, desaparecidas as feridas, nem por isso desapareceu a dor agudíssima que se faz sentir, especialmente em algumas circunstâncias e em determinados dias. A vossa terceira e última pergunta é se o Senhor ter-me-ia feito experimentar, e quantas vezes, a sua coroação de espinhos e a sua flagelação. Também a resposta a essa última pergunta deve ser afirmativa; acerca do número, eu não saberia determiná-lo, só consigo dizer que esta alma há vários anos padece disso e quase uma vez por semana. Parece-me ter-vos obedecido, não é verdade?[6]

Depois, segue-se um longo momento de silêncio epistolar sobre esse assunto.

As notícias relativas a dons místicos particulares são retomadas em agosto de 1918, ao acabar a Primeira Guerra Mundial.

Antes dos sinais da Paixão, o Padre Pio recebe a transverberação. Em 21 de agosto, ao escrever ao Padre Benedetto, conta acerca do seu "superlativo martírio":

> Por força dessa [obediência], induzo-me a manifestar-vos o que aconteceu em mim desde o dia 5 à noite e durante todo o dia 6 do mês corrente. Não consigo dizer-vos o que aconteceu

---

[6] Ibid., p. 669.

nesse período de superlativo martírio. Estava eu a confessar os nossos rapazes, na noite do dia 5, quando repentinamente fiquei aterrorizado ao ver uma personagem celeste que se me apresenta diante dos olhos da minha inteligência. Segurava na mão um tipo de instrumento, semelhante a uma longuíssima lâmina de ferro, com uma ponta bem afiada e de onde parecia sair fogo. Ver isso e observar a dita personagem enterrar com toda a violência aquele instrumento na alma, foi tudo uma coisa só. A custo soltei um lamento, sentia-me morrer. Disse ao rapaz que se retirasse, porque me sentia mal e já não tinha força para continuar. Esse martírio durou, sem interrupção, até a manhã do dia 7. O que sofri nesse período tão doloroso, não sei dizer. Até as vísceras eu via serem arrancadas e esticadas com aquele instrumento, e tudo era devassado. Desse dia para cá, fiquei ferido de morte. Sinto no mais íntimo da alma uma ferida que está sempre aberta, que me faz sofrer assiduamente.[7]

O fenômeno místico não se conclui imediatamente. O Padre Pio continua a sofrer e, dali a alguns dias, no dia 5 de setembro, escreve ao Padre Benedetto:

Vejo-me submerso por um oceano de fogo, a ferida, que me foi reaberta, sangra e sangra sempre. Por si só, ela bastaria para dar-me a morte mais de mil vezes. Ó meu Deus, e por que não morro? Ou não vês que a própria vida para a alma que tu chagaste é o seu tormento? És tão cruel que permaneças surdo

---

[7] Ibid., p. 1065.

aos clamores de quem sofre e não quer confortos? Mas que digo?... Perdoai-me, padre, estou fora de mim, não sei o que digo a mim mesmo. O excesso da dor que me causa a ferida que está sempre aberta torna-me furibundo contra o meu querer, faz-me sair ficar fora de mim e leva-me ao delírio, e sinto-me impotente para resistir.[8]

Estamos no vértice desse itinerário místico. No dia 20 de setembro, acontece um fato que marca para sempre a vida do frade estigmatizado. Mesmo na dramaticidade de tudo o que acontece, o Padre Pio é avesso a falar disso. Assim, de modo muito vago, no dia 17 de outubro, escreveu ao Padre Benedetto:

> Quem me libertará de mim mesmo? Quem me tirará para fora desse corpo de morte? Quem me estenderá a mão para que eu não seja envolvido e tragado pelo vasto e profundo oceano? Será necessário que eu me resigne a ser envolvido pela tempestade que cresce cada vez mais? Será necessário que eu pronuncie o *fiat* ao olhar para aquela misteriosa personagem que me chagou todo e não desiste da dura, áspera, aguda e penetrante operação, e que nem dá tempo ao tempo para que cicatrizem as chagas antigas, uma vez que já sobre essas vem abrir outras novas com suplício infinito da pobre vítima? Por amor de Deus, meu padre, vinde em meu auxílio, por caridade! Todo o meu interior "chove" sangue e, por diversas vezes, os meus olhos são obrigados a resignar-se a vê-lo escorrer também para fora. Por amor de Deus! Cesse

---

[8] Ibid., pp. 1072-1073.

em mim esse suplício, essa condenação, essa humilhação, essa confusão! O meu ânimo não consegue poder e saber resistir.[9]

Abertas, pela misteriosa personagem, "novas chagas" sobre "chagas antigas" são um fato demasiado original para que o Padre Benedetto não o receba com espanto. Aliás, o seu filho espiritual lamenta que "chova sangue" do seu interior e até do exterior da sua pessoa. A condenação, a humilhação e a confusão que esses fenômenos lhe provocam são para o seu diretor espiritual motivo urgente para intervir.

Por isso, no dia seguinte, com tom paternal, mas simultaneamente de ordem, o Padre Benedetto escreve:

> Meu filho, diz-me tudo e claramente, e não por alusões. Qual é a ação da personagem? De onde escorre o sangue e quantas vezes ao dia ou por semana? Que aconteceu às mãos e aos pés? E como? Quero saber tudo de uma ponta à outra e por santa obediência.[10]

No dia 22 de outubro de 1918, o Padre Pio responde-lhe:

> O que vos direi a propósito do que me perguntais a respeito de que modo aconteceu a minha crucifixão? Meu Deus, que confusão e que humilhação experimento em ter de manifestar o que tu operaste nesta tua mesquinha criatura! Estava eu no coro, na manhã do dia 20 do mês passado, depois da celebração da

---

[9] Ibid., p. 1090.
[10] Ibid., p. 1091.

Santa Missa, quando fui surpreendido pelo repouso, semelhante a um doce sono. Todos os sentidos internos e externos, bem como as próprias faculdades da alma, se encontraram numa quietude indescritível. Em tudo isso, houve silêncio total à minha volta e dentro de mim; repentinamente, sucedeu-se uma grande paz e abandono à completa privação total e uma trégua na própria ruína. Tudo isso aconteceu como num relâmpago. E, enquanto tal fato se ia operando, vi-me diante de uma misteriosa personagem, semelhante à vista na noite de 5 de agosto, que se diferenciava dela somente por lhe escorrer sangue das mãos, dos pés e do peito. A sua vista aterrorizou-me; eu não saberia dizer-vos o que sentia naquele instante. Sentia-me morrer e estaria morto, se o Senhor não tivesse intervindo para sustentar o coração que eu sentia saltar-me do peito. A visão da personagem retira-se e apercebi-me de que mãos, pés e peito estavam perfurados e expeliam sangue. Imaginai o tormento que então experimentei e que continuamente experimento quase todos os dias. A ferida do coração verte sangue assiduamente, em especial de quinta-feira à noite até sábado. Meu pai/padre,* morro de dor pelo suplício e pela confusão subsequente que sinto no íntimo da alma. Temo morrer exangue, se o Senhor não ouvir os gemidos do meu pobre coração e não retirar de mim isso. Jesus, que é tão bom, far-me-á essa graça? Ao menos, tirará de mim essa confusão que experimento por causa desses sinais externos? Para ele levantarei forte a minha voz e não desistirei de implorar-lhe

---

* Mais ou menos todos os religiosos, mas especialmente as religiosas, usam tratar indiferentemente – consoante as ordens, famílias ou institutos religiosos – os/as superiores/as, mestres/as de noviços/as etc., por pai/padre, mãe/madre. (N.T.)

que, pela sua misericórdia, retire de mim não o suplício, não a dor, porque o vejo impossível e sinto que quer inebriar-me de dor, mas esses sinais externos que são para mim uma confusão e uma humilhação indescritível e insustentável.[11]

O Padre Benedetto deseja ver isso claramente. No fim do mês de fevereiro, vai ter com o Padre Pio, "durante alguns dias", em San Giovanni Rotondo e verifica pessoalmente o acontecido.[12] No dia 3 de março de 1919, escrevendo ao Padre Agostino, conta:

Nele não há manchas ou marcas, mas verdadeiras chagas perfurantes nas mãos e nos pés. Depois, observei a do peito: um verdadeiro rasgo que verte continuamente ou sangue ou humor sanguíneo. À sexta-feira, é sangue. Vi que ele mal se aguentava

---

[11] Ibid., pp. 1093-1095. O Padre Emilio de Matrice, na época seminarista de quinze anos no colégio de San Giovanni Rotondo, recorda: "Na manhã de 21 de setembro de 1918, mal nos aproximamos do Padre Pio e apercebemo-nos de que tinha uma chaga nas palmas das mãos, que caminhava com uma certa dificuldade e que tinha o rosto mais vermelho do que o costume. Começamos a indagar o porquê de tudo isso, mas só soubemos pelo Padre Paolino, alguns dias depois, que o nosso Padre Pio tinha recebido do crucifixo do coro as chagas do Senhor, isto é, os "estigmas" de Jesus no coração, nas mãos e nos pés. No fim, o Padre Paolino recomendou-nos que nos mantivéssemos calados, que não falássemos dos estigmas com ninguém e que fôssemos verdadeiramente bons com o Padre Pio, que tanto sofria. Alguns dias depois, embora não falasse das suas chagas, o Padre Pio permitiu que beijássemos com reverência as palmas das suas mãos chagadas. Nós, os colegiais, mantivemo-nos calados; mas – não sei como foi – não passou muito tempo e o fato dos estigmas recebidos passou a ser rapidamente de domínio público. Os jornais mandaram a San Giovanni os seus melhores colaboradores, que, durante vários dias, escreveram páginas inteiras sobre o Padre Pio e San Giovanni Rotondo. Rapidamente nasceu assim o fenômeno do "Frade Santo do Gargano". Depressa, a pequena igrejinha se tornou meta de peregrinações de todas as partes da Itália e do mundo". A memória do Padre Emilio de Matrice, intitulada *I ricordi del cuore*, é encontrada no "Archivio Padre Pio", sez. II (dactiloescritos), n. 6, agora publicada em *Le stimmate*, pp. 78-79.

[12] Ibid., n. 527, pp. 1128s.

de pé; mas deixei-o, pois podia celebrar; e quando diz missa o dom é exposto ao público, porque tem de manter as mãos levantadas e nuas.[13]

No dia 24 de abril de 1919, o Padre Benedetto informa o ministro-geral* da ordem:

> Revmo. padre geral, até agora eu me tinha calado por um certo sentimento de reserva que nasce espontaneamente em semelhantes circunstâncias e pela delicadeza do ministério espiritual, que aconselha a esconder os dons do Grande Rei. [...] Nos inícios de março quis ir pessoalmente verificar *de visu* o que haveria. Era sexta-feira e, logo que chegou a noite, observei-lhe comodamente as mãos: estavam perfuradas e sangrando; no peito, vi um rasgão de vários centímetros úmido de sangue e o pano que lhe era aplicado – peguei nele – molhado em água e sangue.[14]

No dia 28 de novembro de 1919, ao escrever ao capuchinho francês, Padre Edouard d'Alençon, eminente estudioso do franciscanismo, o novo ministro da província capuchinha, Padre Pietro di Ischitella, oferece uma breve descrição dos estigmas:

> Em suma. Na palma das mãos observa-se uma crosta de cor vermelha escura e arredondada, com a largura de uma moeda,

---

[13] Agostino de San Marco in Lamis, p. 288.
* Superior-geral da Ordem dos Capuchinhos. (N.T.)
[14] *Transumptum processus in Curia Sipontina constructi super vita et virtutibus servi dei Pii a Pietrelcina*, Manfredonia, 1989, vol. XXVI, pp. 711-712.

com contornos nítidos, parcialmente destacada da cútis. Uma crosta idêntica, mas um pouco mais pequena, encontra-se nas costas das mãos. Semelhantemente, na planta e no peito dos pés. No tórax, à esquerda, observa-se uma espécie de cruz, cuja haste mais longa, disposta obliquamente, vai da quinta à nona costela, por cerca de seis centímetros, enquanto a haste transversal mede mais ou menos a metade da maior. A pele, de cor vermelha acastanhada, está quase sempre sangrando, de modo que ensopa diversos panos por dia. A impressão desses sinais aconteceu, precisamente, na tarde de 20 de setembro de 1918[15] e até agora conservam-se quase inalterados.[16]

Dentre os testemunhos desse período distingue-se o de Dom Costa, bispo de Melfi e Rampolla, que, em setembro de 1919, escreve ao ministro da província, Padre Pietro de Ischitella:

> Embora eu tenha vindo até aqui não já com o espírito de investigação, mas simplesmente como simples fiel, movido pelo desejo de me edificar e implorar graças para mim, para os meus queridos e para a minha diocese, não pude, aliás, deixar de observar, de interrogar e de, assim, fazer uma ideia da personalidade do Padre Pio. As minhas impressões reduzem-se a uma única, isto é, falei e conversei com um santo. Os estigmas, nos quais pude dar quentes beijos e que, depois dos exames de pessoas competentes, não se podem razoavelmente pôr em

---

[15] Um erro de Padre Pietro de Ischitella. Como conta o Padre Pio, a estigmatização acontece de manhã, depois da Santa Missa.
[16] *Le stimmate*, p. 61.

dúvida, são bocas suficientemente eloquentes, como as que representam o selo do amor, que Deus estampa naqueles que lhe são mais caros e mais intimamente unidos pela fé viva e pela caridade ardente.[17]

---

[17] Ibid., p. 67.

Capítulo V

QUADRO CRONOLÓGICO DA VIDA DE PADRE PIO

1887 – 25 de maio. Francesco Forgione nasce em Pietrelcina (Benevento), filho de Grazio e Maria Giuseppa De Nunzio. No dia seguinte, recebe o Batismo.

1891 – As vexações diabólicas começam por volta dos quatro anos. Aparece o diabo sob a forma de figuras raramente repugnantes, mas ameaçadoras. "Era um tormento ver apagar a luz e ficar sujeito a essas representações todas as noites invariavelmente. Não conseguia dormir. Ao começar a adormecer, logo era perturbado" (*Cronistoria* de Padre Benedetto).

1892 – Aos cinco anos, surge o desejo de consagrar-se a Deus e, no ano seguinte, aparece-lhe o Sagrado Coração de Jesus, "testemunhando que gosta e confirma a oferta de si a ele e a consagração a seu amor" (ibid.).

1899 – Recebe o sacramento do santo crisma e abeira-se pela primeira vez da Eucaristia.

1903 – Ingressa na ordem dos capuchinhos, no noviciado de Morcone (Benevento). Toma o nome de Frei Pio de Pietrelcina.

1904 – Faz votos simples, depois de ter sido transferido para Sant'Elia a Pianisi.

1907 – É transferido para Serracapriola. Faz a profissão dos votos solenes. "Com cerca de vinte anos, tem início o dom dos êxtases".

1909 – Inícios de julho: é transferido para Morcone. 18 de julho: recebe a ordem do diaconado. Inicia-se um longo período de permanência em Pietrelcina, interrompido espaçadamente até 1916 por motivos de saúde. Fim de setembro: vai a Montefusco. Meados de novembro: dirige-se a Gesualdo.

1910 – 10 de agosto: depois da dispensa para antecipar a Ordenação, é ordenado sacerdote na catedral de Benevento pelo arcebispo Paolo Schinosi. Nesse ano, verificam-se as primeiras aparições dos estigmas.

1912 – De quinta-feira à noite até sábado, repete-se o fenômeno da estigmatização invisível. Verificam-se vexações diabólicas. "Vexações corporais de satanás, por volta do primeiro ano de sacerdócio. Em horríveis formas humanas e animais. Insultos. Ameaças. Pancadas. Torções dos braços, dos membros e das vísceras. Em Foggia, a causa do barulho era o despeito de não poder conseguir o seu intento: afastá-lo de Deus, da oração" (ibid.).

1915 – Confessa, a pedido do Padre Agostino de San Marco in Lamis, ter sofrido quase todas as semanas, há vários anos, a "coroação de espinhos" e a "flagelação". Chamado pelo exército, obtém a licença de convalescença por um ano.

1918 – 16 de março: dispensado definitivamente do serviço militar por broncoalveolite dupla. 30 de maio: oferece-se como vítima pelos pecadores para que a guerra acabe. 5-7 de agosto: fenómeno da transverberação. 20 de setembro: Jesus crucificado aparece-lhe e diz-lhe: "Associo-te à minha Paixão" e estigmatiza-o.

1919 – Primeiras visitas médicas aos estigmas. Em maio, a do doutor Luigi Romanelli, acompanhado do padre provincial, Padre Benedetto de San Marco in Lamis; em junho e em julho, uma nova visita do doutor Romanelli; no mês de julho, por mandato do Santo Ofício conferido por Padre Giuseppe Antonio da Persiceto, visita médica do professor Amerigo Bignami, docente de patologia médica na Regia Università de Roma. Foi acompanhado pelo novo provincial, o Padre Pietro da Ischitella. O professor Bignami prescreve que se enfaixem as chagas do Padre Pio por alguns dias. Durante oito dias, dos estigmas enfaixados é expelida uma notável quantidade de sangue e, por fim, decide-se interromper a experiência. Passados poucos dias, o ministro-geral da ordem envia o doutor Giorgio Festa, médico romano conhecido na cúria generalícia da ordem. O Padre Pio aceita o pedido de sujeitar-se a uma nova visita médica, embora Bignami o tenha feito sofrer ao pretender "cravar" um alfinete na sua mão. Primeiros tumultos populares perante a ameaça de uma transferência de Padre Pio.

1920 – 18 de abril. Agostino Gemelli visita o Padre Pio durante poucos minutos. Despedido rapidamente por Padre Pio, envia no dia seguinte uma dura avaliação do estigmatizado ao Santo Ofício. Entretanto, o Padre Pio assegura-lhe que o Senhor abençoará a futura Universidade Católica.

1921 – 14-21 de junho: primeira visita apostólica decretada pelo Santo Ofício. O bispo de Volterra, Raffaello Rossi, chega secretamente e dá início às perguntas sobre o capuchinho, bem como interroga-o. Até 1939, não ocorrem outras visitas apostólicas promovidas diretamente para levar a cabo averiguações sobre Padre Pio. Até essa data, é a única investigação com os depoimentos do Padre Pio.

1922 – Recebido o relatório do visitador apostólico, os cardeais do Santo Ofício escrevem ao ministro-geral dos capuchinhos, mas não tomam nenhuma providência punitiva, declarando apenas que Padre Pio continuasse a ser observado; que se evite toda "singularidade e rumor"; que "não dê a bênção ao povo"; que, "por nenhum motivo, ele mostre os assim chamados estigmas"; que interrompa, com o Padre Benedetto de San Marco in Lamis, "toda a comunicação, mesmo epistolar"; que os superiores da ordem se preparem para transferir o Padre Pio, quando o clima popular o permitir; que o Padre Benedetto entregue a *Cronistoria*. Nesse período, chegam ao Santo Ofício novas calúnias de Dom Gagliardi, que, depois, se revelaram infundadas.

1923 – O Santo Ofício afirma que não se confirma a sobrenaturalidade dos fatos atribuídos ao Padre Pio e exorta os fiéis a conformarem-se com essa declaração. É proibido ao Padre Pio celebrar a Santa Missa em público. Manifestação popular de três mil pessoas diante do convento. É concedida ao Padre Pio a permissão para celebrar na igreja. Exorta-se à sua transferência. Ameaças de morte da parte de alguns fascistas, caso isso acontecesse.

1923-1926 – Chegam ao Santo Ofício constantes acusações de Dom Gagliardi e de alguns sacerdotes da povoação de San Giovanni Rotondo. São eles os provocadores das suspeitas e também os causadores das ansiedades do Santo Ofício.

1929 – Nova ordem de transferência do Padre Pio. Dilação concedida pelo Santo Ofício por causa dos tumultos.

1931 – 23 de maio. O Santo Ofício comunica a proibição de o Padre Pio celebrar em público e também lhe é retirada a permissão de ouvir as confissões. Grande sofrimento do capuchinho.

1933 – 16 de julho. O Padre Pio é novamente autorizado a celebrar em público e gradualmente é-lhe restituído o direito de ouvir as confissões.

1935 – 10 de agosto. Vigésimo quinto aniversário de sacerdócio do Padre Pio: grande concurso de fiéis.

1940 – É instituída uma comissão para a fundação de uma clínica segundo os propósitos do Padre Pio.

1941 – O ministro-geral da ordem pede e obtém de Dom Ottaviani, assessor do Santo Ofício, a permissão para o Padre Pio confessar na igreja também à tarde.

1942 – A princesa Maria José de Piemonte, juntamente com a princesa, filha do rei da Bélgica, e uma grande comitiva visitam o Padre Pio.

1943 – Reinicia-se o afluxo de devotos ao convento. Presença maciça de soldados de todos os graus e nações.

1946 – 2 de junho. O Padre Pio desloca-se até sua terra para as votações políticas. Fá-lo-á sempre nos anos seguintes.

1947 – Inicia-se a construção da *Casa Sollievo della Sofferenza* [Casa Alívio do Sofrimento], que é inaugurada em 5 de maio de 1956.

1948 – Abril. O Padre Karol Wojtyla encontra-se com o Padre Pio e confessa-se a ele.

1954 – 19 de fevereiro. Sua Ema. Revma. Dom G. Montini escreve em nome de Pio XII: "O fervoroso interesse do Revmo. Padre Pio de Pietrelcina pela saúde de Sua Santidade junta-se, com particular consolo, aos testemunhos universais de afeto de todo o mundo católico. Agradecendo ao bom padre pela sua caridade filial e pelas orações que tão atenciosamente solicita a outros, o augusto pontífice formula votos cordiais a sua pessoa e a seu ministério e envia-lhe de coração a bênção apostólica".

1956 – 2 de julho. Lançamento da primeira pedra da nova igreja a ser construída em San Giovanni Rotondo.

1959 – O Padre Pio fica curado da pleurite, enquanto a estátua de Nossa Senhora de Fátima faz uma parada em San Giovanni Rotondo.

1960 – 30 de julho a 17 de setembro. Visita apostólica de Dom Carlo Maccari, que faz um relatório negativo.

1961 – Novas disposições do Santo Ofício, também sobre a duração da Santa Missa do Padre Pio.

1962 – Muitos bispos, participantes do Vaticano II, vão cumprimentar o Padre Pio. Dom Wojtyla escreve ao Padre Pio. Pede e obtém a graça por uma médica chamada Wanda Poltawska.

1963 – Novos contatos epistolares entre Dom Wojtyla e o Padre Pio. O bispo polaco pede pela primeira vez orações por si próprio e, passados 15 dias, torna-se arcebispo de Cracóvia.

1964 – O Cardeal Ottaviani, como chefe do Santo Ofício, comunica a vontade de Paulo VI de que "o Padre Pio volte ao seu ministério em plena liberdade".

1968 – A saúde de Padre Pio declina. Alguns estigmas começam a fechar-se, sem deixar qualquer vestígio. Em julho, os das costas das mãos. Depois, gradualmente, todos os outros. Em 23 de setembro, às 2h30, Padre Pio morre, enquanto repete: "Jesus, Maria, Jesus, Maria".

1983 – 20 de março. Abre-se oficialmente o processo de conhecimento da vida e das virtudes do servo de Deus, Pio de Pietrelcina. Reúne-se uma imponente documentação.

1997 – 20 de março. Padre Pio é declarado venerável.

1999 – 2 de junho. Padre Pio é declarado beato.

2002 – 16 de junho. Perante uma multidão enorme, João Paulo II proclama a santidade de Padre Pio e estabelece a sua memória litúrgica obrigatória.

ÍNDICE

Agradecimentos..5
Prefácio 9
Lista dos documentos citados 29

Primeira Parte
Um novo ponto de partida

Introdução 33
Capítulo I – Um inquisidor no convento 45
    "Vai falar com o Padre Pio"..45
    Chegada a San Giovanni Rotondo 48
    O aspecto do estigmatizado 49
    Inicia-se a investigação 52
    As dúvidas do inquisidor 53
    Três pontos de acusação: pobreza, castidade
    e obediência...55
    O segundo grau de juízo 61
    O inquisidor, o inquirido e os estigmas........................63
    A noite do inquisidor...66

    Um perfume de violetas em uma fornalha......................68
    Quem és, Padre Pio?..70
    O regresso...70
Capítulo II – Os interrogatórios do inquisidor 73
    Os depoimentos das testemunhas 73
    Os interrogatórios de Padre Pio 78
    A identidade da "misteriosa personagem".....................85
    O diálogo com o Crucificado..87
    A missão de Padre Pio..89
Capítulo III – Os estigmas de Padre Pio diante
do inquisidor 93
    As verificações dos médicos..93
    O exame dos estigmas..94
    O exame da mão direita e da mão esquerda 94
    Os estigmas dos pés: um aspecto variável 96
    Exame dos pés direito e esquerdo.................................97
    O estigma no peito: as observações anteriores 98
    "Uma mancha triangular no peito" 102
    A autenticidade dos sinais da Paixão 103
    Os dados adquiridos..106
    Uma pergunta sobre outras hipotéticas chagas 107
    O problema 108
    A notícia da chaga no ombro 109
    Um dado histórico certo: novo ponto de partida........110
    Conclusão 113

Segunda Parte
"Voto" – A investigação de Dom Raffaello Carlo Rossi (Inédito)

Retrato moral-religioso de Padre Pio..................................126
Fatos extraordinários "ad extra"..139
Fatos extraordinários na pessoa de Padre Pio....................146
Conclusão 174
Depoimentos..177
    Depoimento 1 178
    Depoimento 2 181
    Depoimento 3 184
    Depoimento 4 192
    Depoimento 5 196
    Depoimento 6 198
    Depoimento 7 207
    Depoimento 8 211
    Depoimento 9 215
    Depoimento 10 220
    Depoimento 11 222
    Depoimento 12 228
    Depoimento 13 231
    Depoimento 14 240
    Depoimento 15 243
    Depoimento 16 247
    Depoimento 17 252

Depoimento 18 255
Depoimento 19 259
Depoimento 20 262
Depoimento 21 271
Depoimento 22 277
Depoimento 23 281
Depoimento 24 284
Ordem cronológica das sessões.......................................290
Carta do Padre Pio à religiosa Irmã Giovanna
Longo Brigid. 292
Quesitos propostos ao Padre Pio 295
Apêndice 299

Terceira Parte
Aprofundamentos

Capítulo I – Dom Raffaello Carlo Rossi 325
Capítulo II – Dom Rossi, Padre Benedetto e a
Cronistoria di P. Pio 335
   Introdução..335
   Padre Benedetto Nardella de San Marco in Lamis........335
   A direção espiritual de Padre Benedetto 336
   O documento 337
Capítulo III – *Cronistoria di P. Pio* – Padre Benedetto
de San Marco in Lamis..339
Capítulo IV – A estigmatização de Padre Pio:
história e testemunhos...345
Capítulo V – Quadro cronológico da vida de Padre Pio....357